Fee Zschocke

Er oder ich

Männergeschichten

Rowohlt

Veröffentlicht im Rowohlt Taschenbuch Verlag GmbH,
Reinbek bei Hamburg, April 1983

Umschlagentwurf Manfred Waller
(Foto der Autorin von Jacques Schumacher)
Satz Sabon (Linotron 404)
Gesamtherstellung Clausen & Bosse, Leck
Printed in Germany
680-ISBN 3 499 15109 x

Ich kenne keinen außer mir, der so verzweifelt konsequent einer wahrscheinlich infantilen, dummdreisten Utopie von so etwas wie ... Liebe hinterherrennt und den immergleichen graugrünen Erfahrungen hilflos gegenüber steht.

R. W. Fassbinder

MANUEL

Manuel war meine erste große Liebe. Ich war sechzehn, als ich ihn kennenlernte.

Es war eine Liebe, die drei Jahre lang eigentlich nur in meinen Träumen existierte. Und sie zerbrach, als ich versuchte, diesen Traum zu verwirklichen.

Wir sahen uns selten. Manuel studierte in Paris, ich lebte in Bremen. Wir hatten keine gemeinsame Sprache. Wir hatten keine gemeinsame Vergangenheit, wir hatten keine gemeinsamen Freunde, keine gemeinsamen Interessen.

Dennoch war es leicht, Manuel zu lieben, weil ich alles in ihn hineingeheimnissen konnte, all die wilden, romantischen Träume einer Sechzehnjährigen von der *passion mortal*, der großen, unsterblichen Leidenschaft. Ich liebte nicht Manuel, sondern meine Vorstellung von ihm: *Manuel, mon amour.*

Er lebte in mir einzig durch seine Briefe. Sie kamen fast wöchentlich, lange, melancholische Briefe auf französisch, die ich mühsam mit dem Wörterbuch dechiffrierte. Sie handelten vom Mond und von den Schmetterlingen und von düsteren Nächten, in denen seine Liebe ‹einsam unter den Sternen schlief›, von Blumen und, natürlich, vom Tod. ‹Der Tag, an dem ich aufhören werde, zu träumen … Ich muß in diesen Schwingen schlafen, um auf ewig die Augen der Nacht betrachten zu können. Ich denke in meinen leeren Stunden an Dich. Ich denke an unsere Stunden am Ufer. Ich denke, daß ein Blatt mich mit Kälte umarmt hat, und ich kehre zurück zu den strengen und schönen Steinen.›

Manuels Briefe waren eine Anhäufung poetischer Metaphern, hinter denen sich der wirkliche Manuel verbarg wie hinter einem undurchsichtigen Vorhang. Es gab nur selten einen realen Bezug in diesen Briefen, sie waren, genaugenommen, total unpersönlich. Er schrieb nie, wie er lebte in Paris, wovon er lebte, ob er Freunde hatte oder Freundinnen, wie sein Sprachenstudium voranging, was ihn bedrückte oder glücklich machte. Alles Banale, Alltägliche blieb ausgeklammert.

Manuel – mysteriös, introvertiert, distanziert, eine Herausforderung durch seine Unerreichbarkeit – war ein Grundmuster für viele meiner späteren Beziehungen. In ihm war das alles schon vereint: meine Neigung, Gegensätze zu eliminieren. Meine Neigung, aussichtslose Beziehungen über einen langen Zeitraum hinweg trotzig aufrechtzuerhalten. Meine Neigung, in einer Partnerschaft weniger die Gefühle des anderen zu berücksichtigen als die eigenen. Die Tendenz, genau dann in das Leben eines Mannes zu treten, wenn er sich in einer Krise befindet, beruflich oder privat, mir also unterlegen ist. Die Unsicherheit meinen eigenen Gefühlen gegenüber. Der Reiz des Unergründlichen, Andersartigen, das sich mir entzieht.

Manuel paßte in die Traumwelt, in der ich damals lebte, eine Welt, die bevölkert war von Seiltänzern und Marktschreiern, Malern und Musikern, Zigeunern und Drop outs aller Art. Bei ihnen fand ich das, was ich suchte: das Exotische, das Abenteuer, ein Leben, das mir bunter schien, rastloser, aufregender als mein eigenes.

Ich besuchte jeden Zirkus, der in die Stadt kam, stundenlang saß ich in der Nachmittagsvorstellung und zeichnete die Artisten – Dompteure, Equilibristen, Clowns. Ich freundete mich mit Zigeunern an, ich ging auf ihre Plätze nahe den stinkenden Schutthalden am Rande der Städte, versuchte, ihre Sprache zu lernen, brachte Zigeunerkindern das Lesen und Schreiben bei, bis die ‹Söhne des Windes› wieder auf schwermütigen Wanderstraßen hinaus in die Ferne zogen. Und ich war geradezu süchtig nach dem Krach und dem Neonglanz und dem Flitter der Rummelplätze. Inmitten einer drängenden Menschenmenge, den Geschmack von türkischem Honig und Zuckerwatte auf den Lippen, betäubt von den heiseren Stimmen der Anreißer und Losverkäufer, dem Rattern der Achterbahnen, der Musikwoge einander übergellender Schlager wie *Sixteen Tons* oder *Sail Along Silv'ry Moon* – fühlte ich mich lebendig. Meine Reisen machte ich in ‹Hansteins Wellenflug›, meine Hemmungen reagierte ich im Auto-Scooter ab, indem ich wie eine Verrückte herumkurvte und alle rammte, meine ersten Petting-Erlebnisse hatte ich im Wohnwagen eines neapolitanischen Zauberkünstlers.

Meine Sehnsucht nach Freiheit und Abenteuer war eine Reaktion auf die Isolation, in die ich mich geflüchtet hatte. Jahrelang war ich ‹anders› gewesen als die anderen und hatte darunter gelitten; nun zog mich selbst das Andersartige an.

Das Flüchtlingskind, der ‹Quiddje›, war lange Zeit der weiße Rabe, auf dem die anderen herumhackten. Auf dem Heimweg wurde ich verprügelt; ich hatte niemanden, der mir beistand. So wurde ich ein schwieriges kleines Mädchen, das vor lauter Angst stotterte, wenn es in der Klasse etwas sagen sollte. Ich haßte die Schule, ich war miserabel in allen Fächern, bis auf Deutsch. Eng an die Mauer des Schulhofs gedrückt, hoffte ich jedesmal, daß die große Pause rasch vorübergehen würde, weil niemand mit mir spielen wollte. Wenn ich wenigstens hübsch gewesen wäre ... Aber ich war ein ziemlich garstig aussehendes kleines Ding: ich mußte schon früh eine Brille tragen, wenn ich müde war, begann ich heftig zu schielen, und dann fehlten mir auch noch zwei Jahre lang meine Vorderzähne.

Im Kinderhort war ich jedesmal froh, wenn ich still auf dem dämmrigen Flur sitzen und die dreckigen Kämme der anderen Kinder waschen konnte: so mußte ich wenigstens nicht die Erfahrung machen, abseits zu stehen, verspottet oder verprügelt zu werden.

Eines Tages entlud sich meine Wut über all diese Hänseleien in einem plötzlichen Ausbruch. Als Hartmut, der größte Rabauke der Klasse, mich mal wieder an den Haaren riß und «Brillenschlange! Brillenschlange!» schrie, warf ich mich blitzschnell auf ihn und schlug wortlos auf ihn ein, immer wieder. Nie werde ich das Gefühl des Triumphs vergessen, als ich auf Hartmuts Armen kniete, er lag unter mir, wehrlos, krebsrot im Gesicht, und mußte mit anhören, wie die Klasse johlte.

Von diesem Tag an ließ man mich in Ruhe; es entstand eine Art luftleerer Raum um mich, die Andersartige. Eine Freundin hatte ich nie. Ich war verschlossen und mißtrauisch, ich liebte nur Tiere. Die, sagte ich altklug schon als Achtjährige, können einen wenigstens nicht enttäuschen. Vor Menschen hatte ich Angst, auf die größten und bissigsten Hunde hingegen ging ich furchtlos zu, und es passierte nie etwas.

Ich schuf mir meine eigene Welt, die für mich realer war als die Welt draußen, die Welt der Sportfeste, der Kindergeburtstage, der Klassenausflüge. Mein winziges Zimmer war mein Universum. Ich las wie eine Besessene, besonders gern Märchen, ich zeichnete wie eine Besessene, ich konnte stundenlang still dasitzen und mir phantasievolle Geschichten ausdenken. In diesen Geschichten war ich natürlich immer etwas ganz Großartiges, eine Prinzessin, eine Förstersfrau, die ein Rehkitz vorm Verhungern rettet, oder eine mutige Löwenbändigerin.

Aber dann, so mit zehn, zwölf Jahren, begann ich, mich selbst am Schopf zu packen, ich krempelte mich um, wurde witzig, schlagfertig und, ganz allmählich, auch hübscher. Die Schulhof-Erfahrung wirkte lange nach: Ich war unglücklich, wenn ich nicht überall sofort Mittelpunkt war – also tat ich alles, um origineller, ausgeflippter zu sein als andere. Pu, der Bär, und Pippi Langstrumpf, die lebendigsten Gefährten meiner Kindheit, wurden endgültig dorthin verbannt, wo sie hingehörten: zwischen die Buchdeckel.

Ich entdeckte die Außenwelt, entdeckte, daß es Spaß machte, beliebt zu sein, hing nächtelang in Jazzkellern herum, tobte mich beim Rock'n'Roll aus, fand gestärkte Petticoats toll und ‹Cuba Libre› und überweite Pullover und Sartre und Camus und Chris Barber und hastige Rumknutschereien in der Geisterbahn oder auf Parties.

Kurz, ich war eine ziemlich normale Sechzehnjährige, als ich Manuel kennenlernte, neugierig auf das Leben, mit all seinen Gefahren und Möglichkeiten, bereit, mich auf alles Neue, Aufregende zu stürzen.

Natürlich bleibe ich stehen, als ich eine Menschenansammlung auf der Bremer Sögestraße bemerke. Natürlich dränge ich mich durch, um zu sehen, was da los ist. Und natürlich lerne ich sofort Jaime kennen, den jungen Spanier, der da zusammen mit ein paar Freunden seine Bilder auf dem Pflaster ausstellt. Von Kunst verstehe ich schließlich was, nachdem ich sogar einen Abendkurs in der Kunstschule besuche und mir immer groß vorkomme, wenn ich mit meiner überdimensionalen Zeichenmappe durch die Stadt gehe.

Mich interessieren die Bilder, die da auf der Erde liegen, Aquarelle, Kohlezeichnungen, Radierungen. Ich gehe in die Hocke und überlege mir, welches ich wohl kaufen würde.

«*Ça te plait?*» fragt jemand neben mir. Ich sehe auf und blicke in Augen von einem fast durchsichtigen, eisigen Blau, wie Gletscher im Sonnenlicht.

«Ja», sage ich, «sehr.»

Manuel lächelt, schlägt den Kragen seines Regenmantels hoch und reicht mir ein Blatt.

«Möchtest du es haben? Ich schenke es dir.»

«Vielen Dank», sage ich verwirrt, «aber ich möchte lieber eins kaufen.»

Ich entscheide mich für ein zartes Landschafts-Aquarell in fein abgestuften Blautönen. Es soll 20 Mark kosten. Soviel Geld habe ich nicht dabei.

«Den Rest», sage ich zu Jaime, «bringe ich euch morgen.»

«Morgen», sagt Jaime, «sind wir in Hamburg.» Und dann, nach einer Pause: «Warum kommst du nicht mit?»

Und ich sage so spontan, wie man nur mit Sechzehn sein kann: «Warum nicht? Klar, ich komme mit nach Hamburg, da war ich sowieso noch nie! Wo treffen wir uns?»

So fahren wir fünf zusammen los, Jaime, der Maler, Heriberto, Tomás und Manuel, alles Studenten. Manuel ist der einzige, der mir nicht gefällt. Er schüchtert mich irgendwie ein. Die anderen lachen, albern rum, sprechen sogar ganz gut Englisch – Manuel sitzt am Steuer, schweigt und blickt mich gelegentlich von der Seite mit seinen eisblauen Augen an. Ich verstehe ihn nie, wenn er mich mal was fragt, weil mein Schul-Französisch ziemlich mager ist und er einen so fürchterlichen Akzent hat, daß es eher wie Spanisch klingt.

Nachmittags versuchen wir auf dem ‹Dom› in Hamburg, Jaimes Bilder zu verkaufen. Wir gehen durch die Bierzelte, keiner will sie haben, wir bieten sie bis spät abends an, vergeblich.

Für eine Übernachtung in der Jugendherberge reicht das Geld gerade noch. Am nächsten Morgen gießt es in Strömen. Es ist Sonntag, die Läden sind zu, ohnehin sind wir pleite. Hungrig sitzen wir auf einem großen, leeren Parkplatz im Auto, die Stimmung ist gedrückt.

Plötzlich sehe ich, wie eine ältere Frau auf eine der Mietskasernen zugeht, die den Platz begrenzen, eine Eingebung, ich steige aus, laufe zu ihr hin und sage: «Pardon – wir sind Studenten aus Paris und 'abben so große 'unger, vielleicht Sie 'abben eine kleine bißchen Brot für uns?»

«Na klar, min Deern», sagt die Frau resolut, «Hunger muscha woll nich sein, den hatten wir im Krieg genug! Denn komm man fix mit rauf!»

Oben, in der kleinen dunklen Wohnung, packt sie ein, was sie finden kann, Brot und Mettwurst und ein Stück Käse und Apfelsinen, sogar eine halbe Tafel Schokolade treibt sie noch auf.

Vor lauter Rührung achte ich gar nicht mehr auf meinen französischen Akzent.

Beladen mit Lebensmitteln stürze ich die Treppen hinunter, zum Auto. Großes Hallo. Auf einmal sind wir alle guter Laune. Ich sitze hinten und schmiere Brote, schäle Apfelsinen, teile die Schokolade auf. Als ich hochschaue, sehe ich in Manuels Gletscher-Blick. Er hat den Rückspiegel so gestellt, daß ich nur seine Augen sehen kann, blaue Augen unter tief in die Stirn fallenden Haaren, glatt und schwarz wie Rabenfedern, Augen, die mich nicht loslassen, Augen, bei denen ich alles vergesse, die Schokolade und meine fettigen Finger und auch die Tatsache, daß ich Heriberto eigentlich netter finde als Manuel, weil er viel lustiger ist.

«Au revoir, pequeña», sagt Manuel beim Abschied und küßt mich auf die Wange, «ich werde dich wiedersehen.» Er sagt immer *pequeña*. Kleine. Und er kommt wirklich nach Bremen, ein paar Wochen später.

Ich bin verunsichert, ich kann nicht viel anfangen mit ihm. Es gibt so viele Barrieren zwischen uns, die Sprach-Barriere, die kulturelle Barriere und all die Kilometer, die uns trennen. Ich kann Manuel nicht einordnen, er ist, was ich mal war, anders als die anderen. Er kommt aus Galicia, einem regenreichen, melancholischen Landstrich nahe der portugiesischen Grenze. Sein Vater ist Weinbauer, das nächste Dorf ist drei Kilometer von dem Hof entfernt, auf dem Manuel mit seinen neun Geschwistern aufwächst, vier Brüder und fünf Schwestern. Eine Schwester ist Missionarin in Afrika, und so erscheint mir Manuel auch immer, mystisch und allem Weltlichen etwas entrückt.

Er macht in all dieser Zeit nie einen Annäherungsversuch, wenn er mich besucht. Es bleibt bei einem keuschen Kuß oder ein paar Minuten dicht aneinandergeschmiegt im Auto. Manuel ist eine Liebe, die sich nie verausgabt, weil sie sich nicht erfüllt.

Er schenkt mir den *Don Quijote* mit der Widmung: «Dies Buch – geschrieben auf spanisch, übersetzt ins Deutsche und Dir zugeeignet auf französisch – ist der beste Ausdruck all meiner Gefühle», und ich ackere mich durch die 1100 Seiten, um Manuel näherzukommen. Ich finde es ganz romantisch, seine Dulcinea zu sein, aber ich fühle mich immer ein wenig schuldbewußt, weil ich nicht so bin, wie er mich sieht, rein und unschuldig.

Natürlich bin ich noch Jungfrau – aber eine, die längst den Sex entdeckt hat. Ich bin das, was die Amerikaner einen *prick teaser* nennen, bis hierhin und nicht weiter. Mit meiner Clique fahre ich fast jedes Wochenende hinaus in das Künstlerdorf Worpswede, wo wir auf dem Barkenhof wilde Feste feiern und wo jeder mal seinen Ehrgeiz dreinsetzt, die ‹eiserne Jungfrau› doch zu knacken, ich fließe fast weg beim Petting auf schummrigen Parties, ich bin schrecklich verknallt in Walter, einen smarten blonden Reporter, dem Gegenteil von Manuel – aber Manuel ist der einzige, der bleibt von all diesen mehr oder weniger unschuldigen Flirts, weil er nicht versucht, was alle versuchen: mich zu überrumpeln. Ich will es nun mal nicht, so en passant, mit jemandem, den ich nicht liebe. Irgendwo hab ich mal gelesen, daß der ‹erste Mann› im Leben einer Frau sehr wichtig ist für ihre weitere sexuelle Entwicklung, also warte ich auf ‹den Richtigen›. Später habe ich dann Orgasmusschwierigkeiten, weil ich mich zu lange zu stark unter Kontrolle hatte, immer die Angst vor dem einen, winzigen Moment der Schwäche, wo ‹es› passiert, unwiderruflich.

Ich träume nach all diesen kontrollierten Herumknutschereien von Manuel, steigere mich regelrecht hinein in die Illusion der großen, reinen, wahren Liebe, lese immer wieder seine Briefe, die weiterhin regelmäßig kommen, wenn auch nicht mehr so häufig, und die immer mit dem Satz enden: *Mon amour – Manuel.*

Manuel, denke ich, ist wohl ‹der Richtige›. Schließlich liebe ich ihn, und Paris ist dafür viel besser geeignet als Bremen – und überhaupt, ich bin achtzehn, es wird Zeit. Ich inszeniere meine Defloration. Ich mache ihm ein Geschenk.

Manuel steht an der Gare du Nord, als ich ankomme, ohne ein Lächeln, schweigsam, zurückhaltend: «*Bonjour, pequeña*», küßt mich flüchtig auf beide Wangen. Ich finde ihn schön und sehr fremd, ich habe ihn acht Monate nicht gesehen.

Nach langem Suchen findet Manuel ein billiges Zimmer für mich in einem schäbigen Hotel. Nachts huschen die Ratten im Licht der Laterne über den Hof, einmal schreit eine Frau, gellend, als würde sie ermordet, dann ist Stille. Das Zimmer ist trostlos. Eine nackte Glühbirne, schmuddeliges Bettzeug, der Wasserhahn tropft, tack-tack-tack.

Ich möchte diese Sache hinter mich bringen; am zweiten Abend nehme ich Manuel mit hinauf. Ich sage: *«Tu viens avec moi?»* und komme mir vor wie in einer Filmszene, irgendwie toll. Manuel sagt gedehnt: *«Si tu veux ...»* und folgt mir ohne Hast.

Und wir bringen es hinter uns, anders kann man es nicht nennen. Manuel beschränkt alles auf den Akt der Entjungferung. Keine zärtliche Geste, kein Wort. Es ist demütigend und es tut weh. Als es vorbei ist, dreht er sich um und sagt: *«Nous sommes comme des animaux.»*

Er zieht sich an und geht.

Ich starre gegen die Decke und lausche dem Wasserhahn. Tack-tack-tack-tack.

Manuel verzeiht mir nicht, was ich getan habe. Ich, sein Traum, seine platonische Liebe, bin wie alle anderen, all die Frauen, die sich ihm in dem Hotel anbieten, in dem er als Nachtportier arbeitet, um sich sein Studium zu verdienen. All die Frauen, die ihm nichts bedeuten, die ihn benützen zu diesem schmutzigen Sex.

Ich laufe zwei Wochen durch Paris und versuche, die mißlungene Inszenierung zu bewältigen. Ich wollte es besonders gut machen, und es ist schiefgegangen. So was kommt vor. Na schön, ich habe mit dem Mann schlafen wollen, den ich meinte zu lieben, was ist so schlimm daran? Ich will nicht, daß die Liebe für mich von nun an etwas Schmutziges, Verbotenes ist, etwas, das nur Tiere tun und für das man verachtet werden muß! Ich wehre mich dagegen, ich will nicht ewig diese Worte hören: *«Nous sommes comme des animaux ...»* Aber ich werde diese Worte noch lange hören, sie haben Widerhaken.

Ich sehe Manuel ein paarmal, er spricht nie von dem, was vorgefallen ist. Aber sein Verhalten mir gegenüber ist anders geworden, herablassender: Ich, seine Dulcinea, bin eine Frau wie all die anderen.

Am letzten Tag treffen wir uns in einem alten Café in Saint-Germain-des-Prés, umgeben von Spiegelwänden, wir trinken Kaffee und sehen uns stumm da sitzen. In einer plötzlichen Aufwallung schreie ich in den Spiegel hinein: «Ich hasse dich!» Und Manuel antwortet lächelnd meinem Spiegel-Bild: «Ich liebe dich.»

Ich stehe auf und gehe.

Ich werde nie den Tag vergessen, an dem ich dich zum erstenmal gesehen habe. Wir stellten in Bremen unsere Bilder auf dem Pflaster aus, und da erschien plötzlich ein junges Mädchen von fünfzehn, sechzehn Jahren, mit so einer ‹Was kostet die Welt›-Attitüde, die Hände in die Taschen ihres dicken Wintermantels gestemmt.

Diese Erinnerung ist sehr lebendig in mir. Wir befanden uns ja gerade auf einer Reise durch Europa, wir haben in Belgien gemalt, in Frankreich, in Holland und auch in Deutschland, aber der erste Mensch, der sich wirklich für unsere Bilder interessierte, war dieses junge Mädchen da in Bremen. Das war etwas Neues für mich, das zog mich sofort an. Und ich hatte den Eindruck, daß sich dieses junge Mädchen auch von mir angezogen fühlte. Warum, weiß ich nicht. Ich weiß nur noch, daß du rot wurdest, als ich dich ansprach und schnell wieder den Blick auf die Bilder senktest.

Am nächsten Tag fuhren wir wohl alle zusammen nach Hamburg, um die Freundin von Heriberto zu besuchen, aber daran kann ich mich nur noch vage erinnern. Das alles ist ja zwanzig Jahre her. Du hast mir erzählt, daß du bei diesem Hamburg-Besuch den *coup de foudre* erlebt hast, als du meine Augen im Rückspiegel sahest, aber das weiß ich nicht mehr. Bei mir hatte es eben gleich am ersten Tag gefunkt. Als du da auf dem Boden hocktest und dir ganz versunken Jaimes Bilder angucktest.

Du schienst mir ganz anders zu sein als all die Frauen, die ich bis dahin auf dieser Reise getroffen hatte, jemand Besonderes, Ungewöhnliches, und so kehrte ich ein paar Wochen später nach Bremen zurück, allein.

Ich erinnere mich noch sehr gut an Bremen, an das Haus deiner Mutter, an dein Zimmer, das voller Bücher war, die in einem Bord standen, dessen Bretter einfach auf Backsteine gelegt waren. Ich blieb zehn Tage in Bremen, und Walter, einer deiner Freunde, besorgte mir irgendwo ein Zimmer, mit Frühstück.

Du warst damals wohl gleichzeitig in uns beide verliebt, in Walter und in mich, und ich hatte immer den Eindruck, daß du dich nicht so recht zwischen uns beiden entscheiden konntest. Das beschäftigte dich eine Zeitlang sehr. Mal warst du mehr in mich verliebt, mal in Walter, denn schließlich war er da, wenn du ihn sehen wolltest, du konntest dich mit ihm in deiner Sprache unterhalten, es gab all die Probleme nicht, die wir beide hatten.

Walter war eine Realität, während ich für dich etwas Exotisches war – und damit natürlich auch attraktiv. Alles Ausgefallene, Exotische zog dich damals wohl magisch an. Und ich war jemand, den du nie ganz verstehen und vor allem nicht beherrschen konntest, ich war geheimnisvoll, introvertiert, schweigsam und düster – Heriberto nannte mich immer den ‹Raben›. Und du interessiertest mich aus dem gleichen Grund, ich fand dich kompliziert, schwer durchschaubar – dazu kam noch der Konflikt mit Walter ...

Ich fand Walter übrigens sehr sympathisch, obwohl er ja sozusagen mein Rivale war. Er war sehr offen und sehr pragmatisch, nicht so ein Träumer wie ich. Mit Walter fuhren wir dann ja auch noch einmal nach Hamburg, und an diesen zweiten Hamburg-Besuch erinnere ich mich besser. Wir haben eine Nacht durchgemacht, auf der Reeperbahn, und morgens hast du ein bißchen im Auto gedöst, und ich habe mit meinem Kugelschreiber auf deine Hand geschrieben: «*Te quiero*», weißt du das noch? Und du hast die *Bild*-Zeitung verkauft, morgens auf diesem Markt, richtig, dem Fischmarkt. Dieses Bild sehe ich ganz deutlich vor mir, das war sehr typisch für dich, die Befreiung, die darin lag, Dinge zu tun, die man als Frau normalerweise eben nicht tut – sich morgens auf den Fischmarkt zu stellen und wie ein Mann die Schlagzeilen auszurufen. Der Zeitungsverkäufer hat sich amüsiert.

Aber all das erschien mir damals etwas aufgesetzt, denn so warst du eigentlich nicht. Du suchtest dich in dieser Zeit selbst, genau wie ich, du versuchtest dir darüber klarzuwerden, was du eigentlich vom Leben erwartetest, du machtest eine Lehre in irgendeinem Verlag, als Verlagsbuchhändlerin, aber du hattest schon damals den Traum zu schreiben, Journalistin zu werden, und wußtest nicht, ob du das schaffen würdest.

Und so fand ich, daß wir uns in einigen Dingen sogar ziemlich ähnlich waren. Ich habe dich niemals so gesehen, wie du dich gerne darstelltest – oberflächlich, munter, ein bißchen überdreht. Für mich warst du ein Mädchen, das mir sehr nachdenklich schien und eine Menge Probleme hatte. Wir waren zwei junge Menschen, die ihren Weg suchten, und in diesem Augenblick haben wir uns getroffen. Aber es war klar, daß wir diesen Weg nicht gemeinsam gehen würden.

Meine Beziehung zu dir, die immer vollkommen in der Schwebe blieb, spiegelte meine ungeklärte Lebenssituation. Wenn ich dich ein oder zwei Jahre später kennengelernt hätte, wäre alles sicher ganz anders gelaufen. Du hättest für mich etwas Endgültiges sein können, aber so waren die Umstände dagegen. Ich fühlte mich sehr verunsichert und belastet. Ich hatte vier Jahre auf eine Stellung im Finanzministerium in Madrid hingearbeitet und war dann unter den vielen Bewerbern doch nicht in die engere Wahl gekommen. Vier Jahre Studium waren also für die Katz gewesen, ich war wieder am Punkt Null angelangt. Ich war wirtschaftlich in keiner Weise gesichert, ich wußte nicht, wo mein Platz in dieser Gesellschaft war und wie ich ihn finden sollte. Mir blieb nichts anderes übrig, als wieder ganz von vorn anzufangen. Ich hatte versucht, mich auf der Journalistenschule in Madrid einzuschreiben, war aber dort ebenfalls nicht angenommen worden. Also ging ich erst mal mit Heriberto, Jaime und Tomás auf diesen Europa-Trip, um mir über meine Ziele klarzuwerden. Das war meine Situation, als ich dich traf. Später hatte ich dann die Möglichkeit, eine Dolmetscherschule in Paris zu besuchen, um Deutsch und Französisch zu studieren. Heute habe ich ein Büro für technische Übersetzungen in Paris, und davon läßt es sich ganz gut leben.

Du hast mir oft gesagt, ich sei für dich jemand «Rätselhaftes» gewesen, jemand «Geheimnisvolles» – das war immer das Schlüsselwort, wenn du von mir sprachst –, aber ich glaube, ich war mir damals selbst ein Rätsel. Und ich konnte auch dein Verhältnis zu mir nie richtig einschätzen. Ich wußte nie, ob dein Interesse ein beständiges war oder nur ein flüchtiges. Du kamst mir immer vor wie ein Schmetterling, der von Blüte zu Blüte taumelt und noch lange nicht daran denkt, sich irgendwo niederzulassen. Und ich war eben eine dieser aufregenden, exotischen Blüten für dich. Mehr nicht.

Ich war immerhin vierundzwanzig, als wir uns kennenlernten, ich hatte dir sieben gelebte Jahre voraus, Erfahrungen, die du noch nicht gemacht hattest, insofern war unser Verhältnis nicht ausbalanciert. Heute würden diese sieben Jahre Altersunterschied keine

Rolle mehr spielen, damals waren sie entscheidend. Du begannst ja gerade erst zu leben, du begannst die Liebe zu entdecken, andere Männer, andere Abenteuer.

Ich weiß noch, wie du mir erzähltest – wahrscheinlich, um zu sehen, wie ich darauf reagierte –, neulich habe ich eine Nacht mit Walter verbracht ... Und ich, in meiner damaligen Verschlossenheit, habe wohl höchstens gesagt: Ah, ja? Und, wie war's? Das hat dich sichtlich enttäuscht, du hattest eine dramatische Eifersuchtsszene erwartet, obwohl diese gemeinsame Nacht eine ganz unschuldige Sache war, wie sich dann herausstellte. Ihr seid einfach stundenlang Hand in Hand durchs Teufelsmoor gewandert, immer dem Großen Bären nach, und diese Nacht-Wanderung hat dich sehr beeindruckt. Aber weiter ist nichts passiert.

Wenn ich dich also gebeten hätte, mich zu heiraten – was für dich ja etwas Neues und damit Interessantes gewesen wäre –, ich bin sicher, daß diese Ehe nicht länger als ein Jahr gedauert hätte, weil für dich dann der Kick des Neuen vorbei gewesen wäre und du etwas anderes, Aufregenderes gesucht hättest. Aber für mich ist die Heirat ein Kontrakt, an den ich mich gebunden fühle – und zwar für immer.

So entschied ich, gleich zu Beginn, daß unsere Beziehung platonisch bleiben sollte. Damit hoffte ich, das Bild, das ich von dir hatte, zu bewahren.

In meinem Leben hat es vier große platonische Lieben gegeben. Frauen, die mir sehr viel bedeutet haben, und eine davon warst du. Vielleicht habe ich in allen Frauen immer eine meiner Schwestern gesucht, in die ich lange verliebt war, platonisch natürlich ... Ich weiß es nicht. Auf jeden Fall ist für mich die geistige und die körperliche Liebe immer gleich wichtig gewesen. Denn oft ist die sexuelle Verbindung ja nur eine Sache der Eroberung, des Machismo, des Sich-Bestätigens, und dafür warst du mir zu schade. Ich hatte immer so ein gewisses Verantwortungsgefühl dir gegenüber.

Heute wäre es für uns wohl ganz normal, zusammen zu schlafen, wenn wir feststellen, daß wir uns mögen, heute wäre das wohl nur eine Frage der Zeit, aber damals warst du sechzehn, siebzehn, und da war das für dich und damit auch für mich eine viel schwerwiegendere Entscheidung. Ich wußte, daß du noch unberührt warst, ich hatte zwar nicht gerade Angst davor, der erste zu sein, aber ich wußte, daß die Liebe für dich etwas Neues, Unbekanntes war. Das heißt, ich traf dich beim Eintritt in das Universum der Liebe, aber ich wollte dich nicht dort hinein begleiten.

Ich konnte dich all die Jahre nicht vergessen, mir stand immer dein Bild vor Augen, ich habe immer an Fee gedacht, was macht sie, wer ist sie wirklich, in wen ist sie wohl gerade verliebt. Meine Gefühle für dich veränderten sich während dieser drei Jahre nicht, in denen wir uns schrieben oder auch mal zusammen telefonierten oder uns – selten genug – sahen. Es gab keine Evolution, alles stagnierte, wir hatten keine Gelegenheit, uns miteinander weiter oder aber voneinander weg zu entwickeln. Für mich lag die Faszination unserer Beziehung wohl gerade in ihrer Sinn- und Zwecklosigkeit. Unsere Liebe war wie ein bunter Luftballon, der über mir in den endlosen blauen Himmel hineinschwebt, und ich schaue ihm nach, wie er sich langsam von mir entfernt … Du warst für mich eine Illusion, ein schöner Traum.

Und so hatte ich das Gefühl eines jähen, schmerzhaften Zusammenstoßes mit der Wirklichkeit, als du plötzlich nach Paris kamst – mit der ganz klaren Absicht, da mit mir zu schlafen.

Das war ein Fehler. Das zeigte mir, daß du eigentlich nie über mich nachgedacht hast. Denn das war etwas, was du dir, so für dich, überlegt hattest – aber mich hattest du bei diesen Überlegungen total ausgeklammert. Du hattest dir wohl gesagt, ich bin verliebt in ihn, ich möchte, daß er der erste ist, aber dir war gar nicht in den Sinn gekommen, daß ich mich auch erst einmal auf dich einstellen mußte. Unsere Ausgangsposition war ganz verschieden, verstehst du? Du kamst schon mit dieser Idee nach Paris, die Entscheidung war bereits gefallen, nur ich hatte keine Ahnung davon. Ich fand die ganze Sache sehr rational, sehr kalkuliert – aber für mich war die Liebe immer etwas Spontanes, eben eine Reaktion auf ein Gefühl, das sich entwickelt oder auch nicht. Das ist ja ganz normal, daß man jemanden auch körperlich besitzen möchte, den man liebt.

Also fühlte ich mich – nun, nicht gerade benutzt, aber doch etwas überrollt. Du hast die Entscheidung getroffen und dann hast du die Sache auch durchgezogen, und zwar genau in dem Moment, wo es dir paßte und nicht, wo es sich ganz logisch ergeben hätte. Aber für mich ist Sex nun mal das Ende und nicht der Anfang von etwas. Sicher, wir kannten uns schon lange, wenn man das ‹kennen› nennen kann, wir waren uns nicht fremd – aber warum haben wir es dann nicht eher getan? Weil es sich nicht ergeben hat, weil du es nicht wolltest, weil ich es nicht wollte ... Und dann hast du dies sexuelle Moment da plötzlich ganz unvermittelt hineingebracht. Für mich war das eine sehr negative Erfahrung, und für dich muß es geradezu traumatisch gewesen sein.

Ich habe danach nicht schlecht von dir gedacht, ich habe das Ganze ein bißchen auf unsere unterschiedlichen Kulturkreise, auf unsere unterschiedliche Erziehung geschoben, aber für mich war in diesem Moment erst mal alles zerstört, das Fragile, das Poetische unserer Beziehung. Dein Bild, das ich so lange in mir herumgetragen habe, hatte einen Sprung bekommen. Später habe ich es wieder restauriert.

Du hast mich schon weiterhin interessiert, aber ich wußte nicht so recht, wie ich mich nun dir gegenüber verhalten sollte. Ob ich diese Beziehung trotzdem aufrechterhalten oder ob ich mich zurückziehen sollte – das war eine schwierige Entscheidung für mich. Du hast sie mir dann abgenommen, indem du gegangen bist.

Aber ich habe dich nie vergessen können. Das ist seltsam, weil es so viele Frauen gegeben hat in meinem Leben. Frauen haben es mir leicht gemacht, überall, in Spanien, in Frankreich, in Deutschland, besonders in Deutschland. Ich weiß nicht warum, aber für die Deutschen muß ich ein sehr ausgefallener Typ gewesen sein. Ich hatte nie das Problem, Frauen zu finden, ich hatte stets eher das Problem, mich ihrer zu erwehren. Und ich erinnere mich nur noch an ganz wenige. Ich erinnere mich an dich, dann an diese platonischen Lieben, an ein Mädchen aus Madrid, an eine junge spanische Dichterin, und an ein Mädchen aus Belgien. All die anderen haben keinen bleibenden Eindruck hinterlassen – nicht einmal Susanne, mit der ich immerhin drei Jahre lang gelebt habe. Die Erinnerung an dich, an die wenigen Male, die wir uns gesehen haben, an das, was du mir bedeutet hast, selbst die Erinnerung an das traumatische Erlebnis in jenem Hotel in Paris, ist sehr viel lebendiger als die Erinnerung an eine Frau, mit der ich jahrelang täglich zusammen war.

Vielleicht zerstört die Realität alles, weil sie keinen Platz mehr zum Träumen läßt. Und du warst eben ein schöner Traum – ein Bild, das immer leuchtend vor mir stand und nie verblaßte. Bis zum heutigen Tag.

RÜDIGER

Am Frühstückstisch. Seine blonden Haare sind sauber gescheitelt, die Brille geputzt. Ich sitze da, hingelümmelt, gestikulierend, verkatert, lange über den Tisch, und Rüdiger sagt ruhig, mit einem Unterton: «Mußt du denn immer mit deinen klebrigen Honig-Fingern den Salzstreuer anfassen? Wasch dir doch bitte vorher die Hände!»

Ich halte mit meinen klebrigen Fingern das klebrige Salzfäßchen und sehe einen Film von endlosen Frühstücken. Da sitze ich, adrett gekämmt und gekleidet, spüre die allmorgendliche Angst, daß etwas nicht stimmen könnte, daß der Toast nicht kroß genug, der Kaffee nicht stark genug sein könnte, höre seine milde Rüge: «Eier kappt man nicht mit dem Messer, mein Schatz, sondern klopft die Schale vorsichtig mit dem Eierlöffel ab», sehe mich allmorgendliches Wohlverhalten spielen, die dressierte Ehefrau, die auf Kommando springt.

Ich sah mich in einem Käfig aus Gewohnheiten und Gedankenlosigkeiten und gemeinsamen nächtlichen Atemzügen und morgendlichen Aufwiedersehenküßchen und abendlichen Hallodabinichwiederküßchen. Ich sah das versicherte Leben an seiner Seite, geschaffen, seine Plansolls zu erfüllen, seine Kinder zu erziehen, seine Bücher abzustauben, seine Lieblingsgerichte zu kochen, seine Wäsche zu falten, Kante auf Kante. Sein Leben zu repräsentieren: Ich, sein Produkt.

Ich schüttete mir mit einer heftigen Bewegung zuviel Salz auf das Ei. Rüdiger registrierte auch das: «Zuviel Salz ist ungesund, mein Schatz.»

«Morgen», sagte ich zu Rüdiger, «kaufen wir einen zweiten Salzstreuer.»

Ich hätte mich kleinkriegen lassen, ich wäre es gewesen, die sich angepaßt hätte, nicht umgekehrt. Auch wenn er damals der Schwächere war, der um die Frau kämpfte. Später, in der Ehe, hätte er die Macht gehabt und sie eingesetzt. Da wäre er der Vater, der Ehemann, der Ernährer gewesen, der auf Ordnung gepocht, auf ‹Familienbande› hingewiesen hätte. Bis mir die Luft weggeblieben wäre. Mit jedem Jahr wäre ein Stückchen mehr von mir abgebröckelt, bis aus mir eine fremde Ehefrau-Hülle geworden wäre: Herrundfrau.

Sicher, ich hätte manchmal versucht, aus der Tretmühle auszubrechen, hätte versucht, in Auflehnung Teile meiner zerstörten Persönlichkeit wiederzufinden, aber Rüdiger hätte mich schon kirregemacht. An seiner Seite war kein Platz für mich. Wenn ich an ihn denke, fallen mir Worte ein wie: Pflichtbewußtsein. Ordnungssinn. Pünktlichkeit. Sauberkeit. Worte wie Chaos, Verzweiflung, Ekstase, Schwermut, Phantasie, Nutzlosigkeit, Angst, existierten nicht in seiner Sprache, auch nicht Worte wie Regenbogen, Papierrose, Mickeymouse oder Feuerwerk.

Manchmal, wenn ich ihn morgens im Bad beobachtete, wie er sich mit genau abgezirkelten Bewegungen wusch, kämmte, die Zähne putzte, dachte ich: «Sein Leben wird so gradlinig verlaufen wie sein Scheitel.»

Was er vom Leben erwartete war eine bis ins kleinste ausgetüftelte, gehobene Pauschalreise, mit Vollpension. Was ich wollte war Abenteuer, ein Trip von hier nach Nirgendwo, jeden Tag Neues, Unerwartetes, neue Menschen, neue Erfahrungen, neue Sonnenaufgänge und ab und zu eine Sternschnuppe.

Damals, mit zwanzig, lebte ich nach der Devise: *Today is the first day of the rest of your life*, wollte sowieso nicht älter als dreißig werden. Ich war neugierig auf alles und jeden, hatte Angst, etwas zu versäumen, eine Stimmung, einen Mann, irgendein Abenteuer. Ich war voller verrückter Einfälle, voller Lebensgier.

Da traf ich Rüdiger in London, wo ich als Serviererin in einem kleinen Hotel in der Nähe des Hyde Park arbeitete, 5 Pfund die Woche, Kost und Logis gratis. Ich wollte mein Englisch aufpolieren, Rüdiger war mit Kommilitonen aus Tübingen ein paar Tage in London, eine Studienreise. «Ich hätte gern eine Suppe», sagte er ziemlich laut, als ich zur Dinner-Zeit an seinen Tisch kam. «Woher wissen Sie denn, daß ich Deutsche bin?» fragte ich verblüfft. Und er: «Das sieht man Ihnen doch an der Nasenspitze an!» So lernten wir uns kennen. Unter den Kommilitonen machte die Geschichte die Runde – «Sieh da, der Berghoffer hat was mit der kleinen Serviererin.» Später erfuhr ich, er sprach kein Englisch, weil er ein Humanistisches Gymnasium besucht hatte; die einzige Konzession, die er neusprachlich machte, war die, etwas lauter zu sprechen.

Morgens, wenn ich verlegen das Frühstück servierte, starrten mich drei Dutzend Studenten an, es wurde getuschelt und gefeixt. «Ganz niedlich, die Kleine, nicht von der Bettkante zu weisen», und ein Mädchen aus der Gruppe zitierte spitz: «Ein jeder Jüngling hat nun mal den Hang zum Küchenpersonal», alle grinsten. Ich spielte drei Tage lang die tumbe Kellnerin, wie die sie sich vorstellten – «Böll? was'n das für 'n Typ, nie gehört» –, dachte mir Geschichten über meine Herkunft aus, fand es witzig, den ehrsamen Rüdiger an der Nase herumzuführen.

In den folgenden Monaten wurde Rüdiger ein ruhender Pol, ich war irgendwie stolz auf mich, daß ich es geschafft hatte, mich in so etwas Ernsthaftes wie Rüdiger zu verlieben. Aber viel hatte das nicht zu sagen, ich war ständig in irgend jemanden verliebt, für ein paar Stunden oder ein paar Wochen. Meist passierte nichts, weil ich Angst hatte, schwanger zu werden. Das hätte das Ende meiner Freiheit, all meiner Ziele bedeutet. Ich war verliebt in die Liebe, aber Liebe machen, das war mir zu gefährlich.

Ich erzählte Rüdiger von meinen Flirts, er akzeptierte sie scheinbar. Machte mir keine Vorhaltungen, versuchte mich und meine ‹Flatterhaftigkeit›, wie er das milde tadelnd nannte, zu verstehen. Das fand ich großzügig. Er gab mir das Gefühl, immer für mich da zu sein, was auch passieren mochte, schrieb lange Briefe, in seiner klitzekleinen Schrift, rief an. Und als ich England verließ und für einige Monate nach Frankreich ging, meldete er sich krank und holte mich ganz selbstverständlich in Aachen ab.

In seinem alten, klapprigen Käfer fuhren wir zusammen nach Paris. Keine Chance, ein Hotelzimmer zu kriegen, wir suchten bis spät abends. Schließlich ging ich zu Manuel, der nachts im *Grand Hôtel d'Harcourt* jobbte. Manuel, undurchdringlich wie immer, zeigte keine Reaktion, als ich ihn bat, für mich und ‹einen Freund› ein Zimmer zu besorgen. Zufällig war in dem Hotel, in dem er wohnte, noch eins frei, mit schmaler Terrasse und verblichenen rotgoldenen Blumentapeten. Ich fand es seltsam, dort zum erstenmal mit Rüdiger zu schlafen, nur durch die Treppe von Manuel getrennt, der in einem winzigen Zimmerchen unterm Dach hauste. Einmal trafen sich die beiden Männer auf dem Flur und grüßten sich kühl – größere Gegensätze kann man sich nicht vorstellen, und ich dachte, daß ich nie aufgehört hätte, Manuel zu lieben.

Meine Hingabe schenkte ich Rüdiger zu meinem 21. Geburtstag, gewissermaßen als Dank für all seine Zuwendung und Aufmerksamkeit. Und ich empfand es wirklich als ‹Hingabe› – ich gab mich hin und bekam nichts zurück, keinen Orgasmus, nicht die geringste Lust. Alles, was ich dabei denken konnte, war: «Nun wirst du wieder zwei Wochen zittern.» Und: «Hoffentlich kriegt Manuel über uns das nicht mit.»

Hinterher fand ich es ganz angenehm, neben Rüdiger zu liegen, seine Haut zu streicheln. Sie war so glatt und samtig wie die einer Frau, ich habe nie wieder einen Mann mit solcher Pfirsichhaut getroffen.

Am nächsten Morgen, einem Sonntag, saß ich im Sonnenschein auf dem Boden, blickte auf die Dächer von Paris und packte meine Geschenke aus. In einer angeschlagenen Porzellanvase des Hotels leuchtete ein Strauß mit 21 roten Rosen, die Rüdiger, selbstverständlich, schon in aller Herrgottsfrühe auf dem Blumenmarkt bei Notre-Dame besorgt hatte. So, fand ich, müßten alle Geburtstage sein, so voller Sonnenschein und Rosen und Liebe! Und meine Freude strahlte auch auf Rüdiger ab.

Was mit uns los war, merkte ich erst wieder, als ich ihn in Tübingen besuchte. Seine Welt machte mich traurig und verloren. Seine Freunde beäugten mich mißtrauisch, ich paßte nicht in ihr Frauenbild, war ihnen zu keß, zu unkonventionell. Abends saß ich mit ihnen in Kneipen wie der *Deutschen Weinstube*, erschlagen von Bierseligkeit und Burschenherrlichkeit, hatte Sehnsucht nach meinen vergammelten Cafés in Paris, nach dem Straßenmarkt der Rue de Seine, wo mir die Händler *«Bonjour, mon trésor»* nachbrüllten, wenn ich meine kleine Ration Käse, Brot und Rotwein einkaufte. Jetzt erschien mir Rüdiger mit seiner glänzenden, etwas zu kurzen feldmausbraunen Hose, seinem spröden akademischen Denken und seiner monotonen Stimme entsetzlich steif und spießig.

Ich schob das alles noch auf den Gegensatz von Paris und Tübingen. Ich hatte nach Monaten des Herumzigeunerns in Spanien, England, Frankreich den festen Willen zu einer soliden Beziehung. Rüdiger war meine Chance, ruhiger zu werden, mich, wie ich dachte, daß es sich gehörte, in seine bürgerlichen Wertvorstellungen einzuklinken. Schuldbewußt machte ich mir klar, daß honette Frauen anders sein müßten als ich. Die sind, meinte Rüdiger, nicht vorlaut, die wollen nicht Karriere machen wie Männer und reisen wie Männer und rumbumsen wie Männer und was vom Leben haben wie Männer.

So verdrängte ich erst mal alles, was mich an Rüdiger störte. Das war leicht, in meinen Gefühlen kannte ich mich damals sowieso nicht aus. Die waren wie eine Achterbahn, mal ging es langsam bergauf, dann wieder rasend bergab. Als eine Freundin sich in Rüdiger verknallte, ging es wieder bergauf mit der Liebe. Rüdiger wurde wichtig. Daß ich ihn, den Braven, den Verläßlichen, verlieren könnte, war mir nie in den Sinn gekommen. Und Rüdiger nutzte das aus, heizte meine wackeligen Gefühle an, erwähnte, so nebenbei, einen silbernen Becher, den er von Britta geschenkt bekommen hatte, und erzählte von unerwarteten Besuchen.

Das ‹Alte grüne Köfferchen›-Spiel ging los. Du hast ein altes grünes Köfferchen, das jahrelang auf dem Speicher steht, plötzlich kommt eine Freundin und jubelt: «Was für ein süßes Köfferchen, brauchst du das noch?» Natürlich brauchst du das noch! Natürlich brauchte ich das Köfferchen, wie konnte ich dieses hübsche kleine Ding jahrelang so unbeachtet lassen! Nie war mir Rüdiger begehrenswerter erschienen.

Und natürlich war meine Familie begeistert von ihm. Endlich mal jemand, den man vorzeigen konnte, keiner dieser bärtigen, brotlosen Revoluzzer. Er war das Idealbild des Schwiegersohnes, wie er da stand, ehrliche blaue Augen hinter dicken Brillengläsern, den Fuß etwas geziert angewinkelt, Standbein, Spielbein, den Kopf ein wenig geneigt wie ein Vogel, der nach Körnern sucht. Und seine messerscharf eingeknickte Verbeugung, mit der er die Blumen überreichte!

Rüdiger war was fürs Leben. Was Solides, zukünftiger Akademiker, jede Mutter konnte ihm blind ihre Tochter anvertrauen. Er war wirklich ein Glücksfall von einem Mann, zuverlässig, höflich, aufrichtig, aus gutbürgerlichem Hause. Dazu intelligent und strebsam. Und er liebte mich! Es gab nichts Nachteiliges über ihn zu sagen: das war es eben.

Ich fühlte mich eingeengt von seinem Anpassertum, seiner Ehrpusseligkeit. Da war nichts, was mich zum Träumen gebracht hätte, kein Geheimnis, kein Feuerwerk, nicht mal wütend machte er mich, nur elend vor Langeweile. «Kommen Sie nieder, gnä' Frau», sagte er, wenn ich mich setzen sollte. Oder: «Mädchen aus Bremen müssen Sie nehmen», wenn die Rede auf meine Heimatstadt kam. Und statt zu fragen: «Wie geht's?» sagte er stets: «Wie ist das hohe Wohlbefinden?» Seine Lieblingsfloskel, mit der er jede Diskussion killte, war *«C'est la vie»*, mit einem schachmatten ‹s› statt des scharfzischenden französischen ‹c›, wie es uns die Französisch-Lehrerin eingepaukt hatte: *«Mes enfants, c'est C comme cerises.»*

Ich schämte mich meiner Kälte und Kleinlichkeit, wenn ich ihn für diese Leer-Sätz haßte. Allmählich entwickelte ich einen dicken Schuldkomplex. «Er ist einfach zu gut für dich», sagte ich mir immer wieder beschämt, «du verdienst diesen Mann überhaupt nicht, du bist flatterhaft und oberflächlich und herzlos.»

Denn ich wußte ja: Rüdiger arbeitete hart, um sich mich ‹leisten› zu können. Monatelang mußte er mit drei Stunden Schlaf täglich auskommen, weil er Nachtschichten in einer Fabrik schob. In den Semesterferien fuhr er Milch aus. Mit dem Geld finanzierte er kleine, liebevoll ausgesuchte Geschenke, lange Telefongespräche und Reisen von Tübingen nach München. Ich war gerührt, geschmeichelt und entwaffnet, aber ich hatte dem wenig entgegenzusetzen. Wenn wir zusammen waren, fühlte ich mich aufgesetzt und künstlich, nichts war mehr selbstverständlich. Zum Schluß konnte ich nicht mal mehr mit ihm schlafen, was ich bis dahin immer noch als irgendwie nicht unangenehm empfunden hatte. Ich erfand Ausreden, verweigerte mich.

Irgendwann stellte mich Rüdiger seinen Eltern vor, und mein Schuldgefühl erdrückte mich fast an diesem Wochenende. Ich, die potentielle Schwiegertochter, wurde mit offenen Armen aufgenommen, im Haus duftete es nach Braten und Bohnerwachs, die ganze Familie war angetreten, mich zu begutachten. Rüdiger hatte feine Schweißtropfen auf der Stirn, fuhr seine Mutter an, wenn sie – spontan und herzlich – mal ins heimatliche Hessisch verfiel: «Ei, des Mädche muß noch Kuche esse, daß se was auf die Rippe krischt.» Ich mochte die Familie, ich hätte mich gern einlullen lassen von der Herzlichkeit und Gastfreundschaft, aber ich kam mir die ganze Zeit wie eine Verräterin vor. Ich hatte, wenn überhaupt, nur unehrliche Absichten, ich hätte ja gesagt und nein gemeint, wenn ich Rüdiger geheiratet hätte.

Er blieb in der ersten Zeit in München, als ich in einem trostlosen, möblierten Zimmer weit draußen wohnte, der einzige, mit dem ich reden konnte in der fremden Stadt, der einzige, der sich um mich kümmerte. Ich war dankbar, wenn er kam. War er dann eine Zeitlang da, wurde ich unglücklich. In seiner Gegenwart paßte ich nicht zu mir selbst, ich spürte seine Mißbilligung bei allem, was ich tat oder dachte. Es kam mir vor, als ob er sich vorgenommen hätte: «Laß sie sich austoben, das wird sich legen, die Kleine kriegst du schon noch in den Griff.» Ich merkte, wie ich absichtlich aufdrehte, um ihm meine Selbstsicherheit zu beweisen, mit der es gar nicht so weit her war, wie ich fremde Leute ansprach, irgendwas Verrücktes anzog, irgendwas sagte, was er ‹kleine Ferkeleien› nannte. Aber er ‹respektierte› alles, um mich nicht zu verlieren. Vielleicht legte ich es sogar darauf an, ihn zu provozieren, damit er Schluß machte, ich wollte ihm zeigen: «Du und ich – das läuft nun mal nicht. Du hast Glück, wenn du mich loswirst, schau, was für eine unmögliche Frau ich bin ...» Aber Rüdiger litt geduldig und schwieg.

Dann kam Klaus, dessen Kragen war auch sonntags nicht rein, Klaus, mit dem es nie gutgegangen wäre und mit dem es auch nicht gutging, Klaus mit seiner ewig kalten Pfeife, seinem schiefen Lächeln und seinen verwirbelten dunklen Haaren. Dann erst, bis über beide Ohren in die Geschichte mit Klaus verstrickt, hatte ich den Mut, mit Rüdiger Schluß zu machen.

Ich sagte es ihm eines Abends, kraß: «Ich liebe dich nicht mehr, vielleicht habe ich dich nie geliebt, ich liebe einen anderen – also, es ist vorbei.»

Rüdiger stand da, sagte kein Wort. Blickte aus dem Fenster und weinte. In diesem Augenblick hatte ich eine große Zuneigung für ihn, daß er seine Gefühle nicht verbarg, daß er diesmal nicht versuchte, ‹Haltung zu bewahren› ... Er ging, wortlos.

Wir blieben eine Zeitlang in losem Kontakt, ich sah, daß er litt, in seiner stillen, verschlossenen Art, und konnte es nicht ändern. Einige Monate später hatte er die Genugtuung – empfand er es als Genugtuung? –, mich leiden zu sehen. Es ging mir schlecht. Ich brauchte lange, um über Klaus wegzukommen, Klaus, der fast ebenso viele schlechte Eigenschaften hatte wie Rüdiger gute. Er war unzuverlässig, verantwortungslos und ohne Ehrgeiz, sein Vater hatte ihn enterbt, also fuhr er Taxi. Geheiratet hatte er, weil ein Kind unterwegs war, später kam noch ein zweites. In seinen Ehering hatte er nicht den Namen seiner Frau, sondern den Namen seiner Freundin eingravieren lassen. Nun erwartete die Freundin auch noch ein Kind, jetzt wollte er sich, vielleicht, von seiner Frau trennen.

In dieses Verwirrspiel platzte ich. Ich begleitete seinen emotionalen Zickzack-Kurs ein paar Wochen. Ich versuchte, ihn mit meinen Gefühlen nicht noch mehr zu belasten, ich sah, er brauchte Geborgenheit und Freiheit, beides zusammen. Er ließ alles auf sich zukommen, resignierend, machte keinen Versuch, das Chaos abzuwenden. Er lebte für nichts, in den Tag hinein, floh instinktiv vor dem Übermaß an Liebe, die ihm zufiel. Vater, Ernährer, Ehemann – all das war er nicht. Ein Kater, der über die Dächer streunt, skrupellos und liebenswert, weil er den Preis der Freiheit zahlt.

Auch unsere Trennung akzeptierte er, mit zorniger Hilflosigkeit und plötzlicher Bewegung. Monate später kam ein Brief von ihm aus Amerika, ohne Unterschrift, ohne Adresse:

Bei Dir fand ich Leben und Freiheit.
Und ich lebte dieses Leben in Freiheit.
Unser Zusammensein hatte kein Ziel.
Deshalb war es so leicht.
Wie ein Stück Gold in luftleerem Raum.
Manchmal suche ich Dich.
Das, was ich empfand.
Nicht für Dich, sondern bei Dir.
Freiheit.

Ich war unglücklich, aber ich fand dieses Unglück immer noch erträglicher als die Schuldgefühle, die Rüdiger hervorgerufen hatte. Ich erkannte, daß ich die Unsicherheit wohl immer der Sicherheit vorziehen würde, das Lieben dem Geliebtwerden.

Rüdiger stellte ich einer Freundin vor, einer hübschen, immer ein wenig pikierten Kaufmannstochter aus Lübeck. Er heiratete sie. Sicher ist Christa mit Rüdiger glücklich, ich weiß es nicht, ich habe nie wieder etwas von ihr gehört. Sie haben inzwischen drei Kinder, ein Haus und leben noch immer in der Stadt, in der er studierte. Rüdigers Leben ist wirklich so verlaufen wie sein Scheitel. Er hat Karriere gemacht, Schritt für Schritt, sein Leben ist geordnet, kein

Platz für Feuerwerke und Papierrosen. Christa hat alles, was ich nicht habe, denke ich manchmal, einen Mann und Kinder, Sicherheit, Geborgenheit und Wärme. Sie ist eine behauste Frau. Sie kann die beruhigende Gewißheit haben, daß in den nächsten Jahren alles planmäßig weiterlaufen wird, er ist kein Typ, der irgendwann ausbricht und seine Midlife-crisis lebt.

Ich beneide sie nicht.

Im großen und ganzen bleibt das Fazit: Es war eine schöne Zeit. Du darfst nicht vergessen: Gott sei Dank liegen ja vierzehn Jahre dazwischen, und da verklärt sich manches. Das Negative vergißt oder verdrängt man und es bleiben fast nur noch die positiven Seiten übrig.

Nur der Bruch, der ist mir so ein ganz klein wenig in Erinnerung geblieben. Diesen Abgang, den hätte man etwas geschickter inszenieren können. Aber vielleicht gehört dazu auch ein gewisser Lernprozeß. Und es war sicherlich einer der ersten Abgänge, die du da verschafft hast, und dazu gehört eben auch eine gewisse Erfahrung. Ich bin sicher, daß du es heute geschickter machst. Besser Regie führst.

Nachdem ich von dir so kühl abgedankt wurde, geriet ich in irgendein Lokal und habe mich sinnlos besoffen. Ich kann dir auch noch die Zahl nennen: Es waren zehn große Biere, diese Pötte voll, und zehn Schnäpse. Da habe ich den Münchnern beigebracht, wie man Bier trinkt. Anschließend bin ich ins Auto gestiegen, bin in die Heßstraße gefahren, hab dort den Wagen mit laufendem Motor und aufgeblendetem Licht abgestellt, die Tür zugeknallt und der Schlüssel stak drinnen. Da mußte ich die Polizei holen, in meinem total betrunkenen Zustand, um mir den Wagen öffnen zu lassen, die waren sehr liebenswürdig und hilfsbereit und sagten, guter Freund, wir hätten Ihnen auch den Führerschein abnehmen können. Und dann war ich drei Tage krank. Eine reguläre Alkoholvergiftung. Ich weiß gar nicht, ob ich dir diese Geschichte jemals erzählt habe.

Aber im großen und ganzen glaube ich doch, daß du dich mir gegenüber fair verhalten hast. Tja, was kann man sonst noch sagen ... Es war anregend mit dir. Anregend durch den absolut konträren Typ. Das hast du ja selbst oft genug gesagt – jetzt darf ich zitieren: Ich mit meiner etwas ‹spießigen Bürgerlichkeit› und du eben etwas, na, bohemienhaft. Trotzdem hab ich teilweise gemeint, daß das zusammenkommen könnte, trotz dieser konträren Charaktere. Beispielsweise zur Jahreswende 1964/65. Da warst du ja wohl auch davon überzeugt, daß das funktionieren würde. Das war damals, als du diese Drohbriefe schriebst, wegen Britta. Dabei ist da gar nichts gelaufen mit ihr. Wirklich nicht. Sie war allenfalls angetan von mir und schenkte mir irgendwann, vor ihrem großen schmerzvollen Aufbruch nach Südafrika, einen silbernen Becher. Und du warst da richtig am Ausflippen, wie man es heute wohl nennen würde.

Wann ich mich in dich verliebt habe, kann ich so im Detail gar nicht mehr genau sagen. Ich weiß nicht, ob du dich so im landläufigen Sinne als schön empfindest, man kann das wohl nicht behaupten ... Aber es ging eine gewisse Faszination von dir aus, oder ging von der Person aus, wenn man von dir mal etwas abstrahieren darf. Diese Faszination lag für mich vor allem in dem völlig Andersartigen. Ich hatte mich ja bisher nur unter Studentinnen, oder das, was ich dafür hielt, bewegt, und du warst eben mal was völlig anderes, völlig aus dem Rahmen Fallendes. Und dann noch London, da kommt noch der Umwelteinfluß hinzu. Na, und dann: Du trugst keinen BH! Das war eben auch ein starker Eindruck: kein BH! Denn der gehörte zur ‹Dienstkleidung› einer ordentlichen Studentin.

Das ist zwar etwas sehr Vordergründiges, damit ist deine Faszination auch nicht zu erklären, aber es sind eben diese Kleinigkeiten, die hängenbleiben. Und daß wir mal irgendwann einen Abend in London stundenlang auf einer warmen Mauer gesessen und geredet haben.

Ich weiß noch genau, wie ich dich zum erstenmal gesehen habe. Ich saß mit irgendeinem meiner Kommilitonen am Tisch und wartete auf das Essen, und das Essen kam nicht. Aber dann kam, wie ich annahm, so eine Schnecke daher, ganz gemächlich und ganz langsam, mit einem riesigen Tablett in den Händen, und da fragte ich auf gut Deutsch: Wo bleibt eigentlich mein Essen, verdammt noch mal? Und da sagte sie zu mir: Ja, woran merken Sie denn, daß ich Deutsche bin? Das war der Auftakt. Mein erster Eindruck von dir war damals: Na, ’ne nette Pflanze. Es lohnt sich schon, da mal was zu investieren. Ich war gar nicht so verblüfft, daß du Deutsche warst, weil, man kannte das ja mit diesen Au-pair-Mädchen. Deine Version von dem Servierer-Job hab ich dir nie so ganz abgenommen, ich dachte eben, du bist ein Au-pair-Mädchen. Du hattest mir ja auch erzählt, daß du die Sprache lernen wolltest.

Wie ich reagiert habe, als du mir gesagt hast, daß du nun doch nicht Kellnerin bist, weiß ich nicht mehr. Das hätte an der Situation eh nichts geändert. Da war irgendwo eine gewisse Entscheidung gefallen in London, und das war's dann. Der Knalleffekt war eben schon gegeben, als du da mit deinem Tablett angerückt kamst – Blumenkohl war's übrigens, und der war ziemlich mäßig, und irgendwelche Bratkartoffeln –, da ist sicher schon irgendwo die Weiche gestellt worden. Hinzu kam, was die ganze Sache vielleicht etwas erleichtert hat, daß auf dieser Exkursion eine Dame dabei war, der ich gerade zuvor ein Ende bereitet hatte. Das war gerade zwei oder drei Wochen zuvor auseinandergegangen. Der Zeitpunkt war also gut. Die Dame war dann auch die, die sich am heftigsten über die Dinge verlustierte.

Die Kommentare der Kommilitonen waren natürlich ohnehin recht durchwachsen und stellenweise recht deftig: An jedem Ort braucht man schließlich was ... So in diesem Stil. Die waren schlicht neidisch. An einem der nächsten Morgen, wie du da das Frühstück serviertest, mit hold erröteten Wangen in den Frühstücksraum kamst und ein allgemeines Gekicher und Gelächter anhob im gesamten Oberseminar ... Also, mich hat's nicht gestört.

Dabei haben wir erst in Paris zusammen geschlafen, in diesem kleinen Hotelzimmer in der Rue Monsieur-Le-Prince. Das muß so ein, zwei Tage vor deinem Geburtstag gewesen sein – du wurdest volljährig, nicht? Na ja, das funktionierte beim erstenmal nicht. Warum, weiß ich nicht mehr genau. Ich glaube, du hattest fürchterliche Angst, schwanger zu werden. Das war damals deine alles beherrschende Angst. Wenn man sich dir nur auf fünf Meter näherte, gingen die Hände hoch: O Gott! Daß diese häßlichen kleinen Spermien wieder nahen könnten ...! Du hast mir in Paris lange Vorträge gehalten. Wohin die kommen können und wie die kommen können und was die anrichten können. Mich hat das nicht so geängstigt. Ich kann schließlich nicht schwanger werden. Da machen wir gleich wieder eine Anmerkung, Fußnote 35: Typisch männlicher Egoismus! Ich kann ja nicht schwanger werden – was soll's!

Später hat das dann ja gelegentlich recht ordentlich funktioniert mit unseren sexuellen Beziehungen. Ich weiß noch, da gab es ja auch eine gutgebaute Stewardess in Paris – Heidi, recte. Mit der waren wir auch mal zu Bette. Die mir dann unentwegt zuflüsterte: Wie schön ist doch ein Männerbein und mag es noch so hager sein ... Das war in dem kleinen Hotel, in dem du später wohntest. Na ja, und da war die halt irgendwie auch mal dabei. Ob wir was zu dritt gemacht haben, weiß ich nimmer. Ich glaube, wohl nicht. Aber ich fand die bei meinen diversen Paris-Besuchen ganz apart und recht nett.

Und ich war ja schließlich alle vierzehn Tage in Paris. Ich weiß das deshalb noch so gut, weil ich in dieser Zeit in einer Fabrik Nachtschicht leistete, um meine Paris-Touren finanzieren zu können. Abends um sieben an der Maschine gestanden, morgens um sechs aufgehört, drei Stunden geschlafen und dann ins Seminar getigert. So mit vierundzwanzig, fünfundzwanzig geht das noch. Ich hab das immerhin ein Vierteljahr durchgehalten, bis du wieder in der BRD eingetrudelt bist. Jede Nacht. Die Eltern wunderten sich, wenn ich dann am Wochenende mal nach Hause kam, daß der Kerl aus dem Auto stieg, schlafend umfiel, ins Bett sank und das ganze Wochenende schlief.

Aber deine Auslandsaufenthalte in Paris und London bewegten sich ja auch ziemlich am Rande des Existenzminimums. In Paris hatte ich immer das Gefühl, als ob nur noch Haut und Knochen von dir übrig wären. Ich erinnere mich, daß ich mal davongefahren bin, und du nicht wußtest, wie's weitergehen sollte. Keine Arbeit hattest, und deine Finanzen dürften wohl auch nicht sonderlich gewesen sein. So furchtbar schön war das in Paris wohl nicht. Jetzt mal reduziert auf das Alltägliche, abgesehen von – wie hieß dein spanischer Ex-Freund? Manuel? Später kriegtest du dann einen Job in einem Self-Service-Restaurant in der Rue St.-Honoré, wo du die Kakerlaken aus den Ecken scheuchen mußtest, aber wenigstens eine warme Mahlzeit am Tag hattest.

Als du dann hier in Tübingen warst, fühlte ich mich dir ... sehr zugetan, um das mal etwas zurückhaltend zu beschreiben. Und ich hatte das Gefühl, als wenn das gegenseitig wäre. Dieses Gefühl wurde Silvester in Bremen noch bestärkt. Ich fand, da war so eine Harmonie zwischen uns, die von deiner Seite auch noch ein bißchen durch das Interesse von Britta an meiner Person angeheizt wurde. Wir haben eine Tour nach Fischerhude raus gemacht, mit dem klapperigen Cabrio. Und ich habe euren Weihnachtsbaum demontiert, mit Hilfe eines Küchenmessers. Diesen in einen Sack gepackt und auf der Autobahn verloren. Da fuhren du und deine Mutter mit nach Hildesheim, zu irgendwelchen Verwandten, wo man dich ‹Feli› nannte, und ich erinnere mich an sehr dezente Wutausbrüche von dir, wenn's ‹Feli› hieß. Das war an und für sich – ja, 'ne schöne Zeit.

Es gab so einige Sachen, an die ich gern zurückdenke. Zum Beispiel die Fahrt nach Paris. Dich hat sie wahrscheinlich nicht besonders begeistert, weil du unentwegt über Kopfschmerzen klagtest, das weiß ich noch. Und dann, als wir nach Paris reinkamen, hatten wir kein Zimmer. Und dann waren wir in Paris in der einzigen vollständigen Toulouse-Lautrec-Ausstellung, im Petit Palais ... Was ist mir noch in Erinnerung? Ach ja, die Fahrt nach Garmisch, besonders die Rücktour, die an die Auto-Akrobatik einige Anforderungen stellte. Da war so ein plötzlicher Wintereinbruch mit 14, 15 Zentimeter Neuschnee innerhalb von drei Stunden. Alle anderen Leute sind im Schnee hängengeblieben, nur wir sind durchgekommen, da kannst du mal wieder sehen! Das fand ich ein tolles Erlebnis.

Tja, im Januar gingst du nach München, und da habe ich dich dann auch sehr oft besucht. Das Geld dafür habe ich mir durch Milcheinsammeln verdient. Jeden Morgen um vier Uhr habe ich mit einem Lastzug die Dörfer abgeklappert, die Kannen eingeladen, in Tübingen wieder abgeladen und die leeren Kannen wieder zurückgebracht. Das ging so bis nachmittags um Fünfe. Das hab ich am Wochenende bzw. in den Semesterferien gemacht.

In München hatte ich am Anfang das Gefühl, daß du da sehr verloren warst und keinen Menschen kanntest – das dürfte wohl auch zugetroffen haben – und dort meine breite Männerbrust brauchtest, um dich daran auszuweinen. Aber was dann in München gelaufen ist, war, daß du dir im Laufe der Monate einen gewissen Bekanntenkreis aufgebaut hast und die breite Männerbrust plötzlich nicht mehr so dringend notwendig war. Das hat sicherlich zum Abbröckeln der Beziehung mit beigetragen. Na ja, und dann lernt man eben auch andere Männer kennen. Da gab es doch diesen Klaus, diesen Taxifahrer ...

Ich habe dann schon um dich gekämpft – indem ich beispielsweise verstärkt nach München gekommen bin. Nur, um zu merken, daß die Sache wohl einem gewissen Ende zusteuert. Das war betrüblich, aber unabänderlich. Das hat mich sehr getroffen. Es war ... es war reichlich bitter. Ein rechter Tiefschlag. Sicherlich kam er irgendwie nicht unerwartet, aber trotzdem hofft man immer noch, daß er nicht kommt. Selbst am Grabe noch pflanzt man die Hoffnung auf, ja?

Wenn ich in München gewesen wäre, hätten wir die Beziehung sicher etwas verlängern können. Ohne dabei an eine Suppe zu denken, in die man Wasser gießt. Aber das Ende wäre trotzdem unabänderlich gewesen. Also, so im nachhinein betrachtet – eine Dauerbeziehung wäre es zwischen uns wohl nicht geworden. Vielleicht doch eine Dauerbeziehung, aber mit Unterbrechungen und mit anderen Zeitgenossen. Daß eben in diese Beziehung immer mal wieder andere Männer hineingeraten – oder auch andere Frauen – und daß man dann doch wieder zusammenkommt. So was gibt's. Ich weiß allerdings nicht, ob wir so eine Beziehung hätten haben können.

Jedenfalls: Daß da irgendwo schon von Anfang an das Ende impliziert war – das ist mir erst im nachhinein ganz klargeworden. Vorher war mir das nicht klar. Vor allen Dingen hat man das ja auch verdrängt. Ich wollte das nicht wahrhaben. Das Ende war impliziert, nehme ich an, weil wir einfach zu unterschiedlich waren. Und darin unterscheidest du dich wieder sehr von deiner Mutter. Denn deine Mutter ist doch offensichtlich völlig anders gelagert als du. Konservativ. Du warst so eine Reaktion auf den Konservatismus deiner Mutter, mit deiner ständigen Neigung auszubrechen, Leute zu schockieren.

Ich erinnere mich, in Paris beispielsweise, da schlich auf der anderen Straßenseite mal so ein rothaariger, sommersprossiger Ire, so, wie sich Klein Moritz halt einen Iren vorstellt. Den muß ich kennenlernen, den muß ich kennenlernen, riefst du, so 'n Typ hab ich noch nie gesehen! Ich sagte, beruhige dich, aber du warst schon, zack, über die Straße rüber und hast den ... angemacht, wie man heute wohl sagen würde. Ein gräßliches Wort. Und dann hast du dich 'ne Viertelstunde mit dem unterhalten, und ich stand da. Na ja, das waren eben so kleine Intermezzi, die mir etwas auf die Nerven gingen. Und dann war da noch so ein Engländer, Richard, der dir von London nach Paris nachreiste und zur selben Zeit wie ich in Paris war ... Den hab ich dann ja auch kennengelernt, ein sehr schweigsamer, introvertierter Zeitgenosse, der stand mit uns in den Hallen und aß und trank und sagte kein Wort und sah dich immer nur an ... Wahrscheinlich hat er gelitten, daß ich mit von der Partie war.

Gelegentlich war's für mich ein bißchen viel, deine Impulsivität, dein die Dinge angehen, das hat mir etwas zu schaffen gemacht. Beispiel: dieser Ire. Beispiel: dieser Richard.

Auch in München gab es mal eine Szene, die mich etwas peinlich berührte. Als ich dich nach Hause bringen wollte – du wohntest am Waldfriedhof in einem möblierten Zimmer –, da war gegenüber ein Appartement-Haus, und da strippte eine junge Dame. Die zog sich bei geöffnetem Fenster aus, und du machtest jedermann – im wahrsten Sinne des Wortes – darauf aufmerksam, er möge sich dies doch anschauen, denn so was bekomme man doch nicht täglich geboten, zumal noch ohne klingende Münze. Das fand ich nicht gerade sonderlich schön. Du wolltest mich eben halt mit dieser Dame von dir ablenken. Ja. Wir wollten wohl ... Und du wolltest nicht ... Und ich wollte ... Und, na ja, mehr oder weniger verklausuliert gesagt: Guck dir lieber diese an und laß mich in Frieden!

Ich fand das wirklich nicht schön. Ich war für dich damals wahrscheinlich noch zu jung. Ich wäre heute anders. Ich war mir damals deiner zu sicher. Ich hab angerufen, Blumen geschickt, bin gekommen – das war für mich alles Ausdruck von Sicherheit. Ich war mir deiner Zuneigung sicher. Für mich warst du schließlich die erste intensive Beziehung. Natürlich hatte es vorher schon einige Damen gegeben, aber das plätscherte meist so an der Oberfläche entlang. Das erste Mal hab ich mit achtzehn oder neunzehn mit einem Mädchen geschlafen, ich weiß es nicht mehr genau. Es war gar kein Erlebnis. Es brachte nichts. Die sogenannte ‹erste Liebe› hat mir nichts gegeben. Gar nichts. Es war völlig witzlos. Völlig unerheblich. Na ja, und dann gab's noch so ein paar Dinge, die mich angerührt haben, aber das sind Dinge, über die ich nicht gern parlieren möchte. Zum Beispiel die Sache, wenn du plötzlich zum Kindsvater erhoben wirst, und nicht recht weißt, wie du dazu kommst ... Wie die Jungfrau zum Kinde. Aber es gab auch schöne Erlebnisse. Beispielsweise wenn man da plötzlich im Schnee steckengeblieben ist und gar nicht gemerkt hat, wie es plötzlich draußen anfing, zu schneien. Und dann wollte man weiterfahren und es ging nimmer.

Was Mädchen betraf gab es damals, in den sechziger Jahren, 'ne ziemliche Fluktuation. Als ich hier in Tübingen war, das war ein ziemlich lockeres Leben. Ein recht lustiges Leben. Da hat man sich nicht sonderliche Gedanken gemacht über die Welt, über den Ayatollah Khomeini, über Mittelstreckenraketen ... Na, da hat man eben förmlich in den Tag hineingelebt. Und da gab es genügend Damen, die solches Leben mitmachten. Und das war ausgesprochen freudvoll – nein, nicht der gute Freud da aus Wien –, sondern: es war nett. Eine nette Zeit. Meist unkompliziert. Kompliziert wurde es nur gelegentlich, wenn dreie zur gleichen Zeit auftauchten, wie das einmal passiert ist, und dann war's natürlich rundum zu Ende.

Aber du warst wohl meine erste große Liebe. Ich wollte eigentlich nicht so Courths-Mahlerhaft werden, aber so könnte man es nennen. In die eben sehr viel investiert worden ist, an Emotion und weniger an Ratio. Das war mein Verhängnis. Heute würde ich an diese Dinge distanzierter herangehen. Ich käme heute gar nicht mehr in die Situation. Weil ich mehr auf so kleine Warnsignale achten würde, und weil ich wahrscheinlich auch zu kühl wäre, zu zurückhaltend. Ich würde nicht sagen, daß ich unbedingt Mauern aufgebaut habe, aber daß man eben gewisse Erfahrungen gesammelt hat.

Bei dir ist damals noch nichts so direkt zu Bruch gegangen an Liebesfähigkeit oder Vertrauen, aber bei späteren Beziehungen sicherlich. Und das summiert sich dann ja irgendwie. Daß man dann selber merkt, das geht nicht mehr weiter, man macht Schluß. Das tut einem im Grunde genommen im Herzen weh, besonders wenn der andere dann noch weitermachen möchte, wenn der meint, das müßte jetzt bis ans Lebensende so gehen. In der Situation wäre ich dann auch sauer, wenn der andere von sich aus sagt, das bringt nichts mehr. Mach Ende, Herr, mach Ende. Und das ist dann eben eine Summe von Erfahrungen, die einen solchen Möglichkeiten gegenüber doch recht vorsichtig und zurückhaltend werden läßt.

Aber das bin ich ohnehin: Distanziert, was mir das Leben manches Mal nicht sonderlich erleichtert. Was mir meine Mitarbeiter auch schon mal gelegentlich vorgeworfen haben. Daß ich doch sehr distanziert wäre, introvertiert – na, eben nicht sonderlich kommunikationsbereit. Und der Eindruck wird von dir sicherlich auf Grund des heutigen Gesprächs geteilt. Aber da muß man auch differenzieren. Es gibt durchaus Menschen, denen ich mich mitteilen kann, vollständig und ganz und gar. Und dazu hast du sicherlich auch mal gehört, vor vielen Jahren. Das kommt eben ganz auf die Person an. Wenn man mal eine Beziehung aufgebaut hat, von der man meint, daß sie was austrägt, wird man sich auch entsprechend öffnen.

Und, beispielsweise, in der Zeit von Oktober '64 bis vielleicht März '65, da war ich offen für dich, da konnte ich mir sogar eine gemeinsame Zukunft vorstellen. Obwohl – du an einer kleinen Tageszeitung in Tübingen ... Das wollte denn doch nicht so recht in meinen Kopf. Gesetzt den Fall – das ist jetzt natürlich sehr hypothetisch –, gesetzt den Fall, wir hätten geheiratet, das hätte binnen kurzer Zeit sicher ein kleines Fiasko gegeben. Das wird ja auch dadurch bestätigt, daß du immer noch nicht verheiratet bist! Ich glaube, dafür bist du wohl nicht so sehr geeignet.

Und es gibt Leute, die inzwischen sagen, daß ich dafür wohl auch nicht so sehr geeignet sei. Ich bin zwar irgendwo sehr bürgerlich, mit dem Wunsch nach einem sicheren Background, aber andererseits versucht man dann doch wieder mal, die Welt umzukrempeln, mal auszubrechen. Allerdings nicht so auszubrechen, wie du jetzt sicher vermutest. Sondern: Weg. Raus. Fort. Ohne Familie. Aber um dann eben doch wieder zurückzukommen. Etwas paradox, nicht? Diese Sicherheit hätte ich schon gern. An den Kindern hänge ich sehr, ebensosehr an meiner Frau. Aber manches Mal hat man so die Lust zum Ausbrechen, und diese Intentionen, die werden durch eine Dienstreise – sei es nach Bremen oder nach London oder nach Paris – dann ganz fix wieder beruhigt.

Aber unter einer Ehe stellt sich manch einer wohl sowieso etwas ganz anderes vor, als das, was wir so betreiben. Ich bin ja kaum einen Abend zu Hause. Die Arbeit absorbiert mich wirklich fast vollständig. Zu all den Dingen, die ich eigentlich gern betreiben würde – wie Tennisspielen, Schwimmen –, komme ich überhaupt nicht mehr. Ich habe im vergangenen Jahr zum erstenmal seit 1973 wieder Urlaub gemacht. Aber Christa hat sehr viel Verständnis dafür.

Sie hat früher bei mir im Institut die EDV aufgebaut, ohne sie wäre das gar nicht gegangen. Sie hat die gesamte Anfangsphase mitgemacht, trotz Kindern, das war recht mühsam. Da galt's, da mußte was gebracht werden. Und bis vor einem Jahr hat sie noch zehn Stunden pro Woche mitgearbeitet. Von daher weiß sie, wie sehr die Arbeit fordert, mich fordert, mit immerhin fünfzehn Mitarbeitern ...

Und sie ist ja auch ausgelastet, mit drei Kindern bester Güte, die einen bis zum Abend schaffen. Und dann kommt das Haus noch dazu mit dem großen Garten, 600 qm, mitten in der Stadt – du siehst, wir haben uns recht bürgerlich etabliert.

Ich weiß nicht, wie mein Leben verlaufen wäre, wenn wir zusammengeblieben wären. Das ist eine sehr hypothetische Frage. Damals bin ich vielleicht ein bißchen viel auf dich zugegangen, habe zu viele Konzessionen gemacht ... Wie es später gewesen wäre, kann ich nicht beurteilen. Ich wäre vielleicht ein bißchen lockerer geworden, wie sich das bei späteren Beziehungen auch gezeigt hat, wenn die entsprechende Frau kommt, daß man dann eben etwas lockerer wird. Aber ich glaube nicht, daß sich an den Grundstrukturen bei mir irgendwas geändert hätte. Die da sind: Zurückhaltend, gelegentlich etwas introvertiert und vielleicht zu ernsthaft. Manch einer meint sogar, ich würde zum Pessimismus neigen, aber das stimmt nicht. Das ist nur eine reale Einschätzung der Dinge. Und was sich augenblicklich da draußen, außerhalb meines Elfenbeinturms abspielt, stimmt einen ja nicht unbedingt besonders positiv.

PETER

Die Trennung von Peter war leicht, die Trauer kam später. Genau gesagt ein dreiviertel Jahr später, als ich plötzlich in Hamburg saß, um Karriere zu machen, keinen Menschen kannte und in einer schrecklich möblierten Butze hauste, bis ich endlich eine Wohnung gefunden hatte. An den langen Wochenenden, an denen ich oft mit keinem Menschen sprach, führte ich in Gedanken lange Gespräche mit Peter, durchlebte die Zeit mit ihm noch einmal, rief mir ganze Tage und Wochen in Erinnerung zurück, phantasierte nachts seinen Körper herbei, schlief Löffelchen mit ihm, wie ich das immer getan hatte.

Ich dachte an die verschlunzten Nachmittage in Schwabinger Cafés, die Wochenend-Fahrten hinaus zum Trödler am Chiemsee, wo wir immer fündig wurden, mal mit einer Petroleumlampe, mal mit Biedermeier-Bechern, wo in goldener Schreibschrift der kategorische Imperativ ‹Sei Glücklich› draufgepinselt war, mal mit einem Schaukelpferd, das so graziös war wie die Pferde von Marino Marini, ich dachte an all die Nächte, in denen ich Peters Gewicht auf mir spürte, seine explosiven Orgasmen, die uns erschöpft und ein wenig fassungslos zurückließen, weil sich immer wieder das Wunder eines gleichzeitigen Höhepunktes ereignete.

Wie eine Tonschale, deren Glasurfarbe erst im Brennofen ihre Leuchtkraft bekommt, wurde die Zeit mit Peter in der Erinnerung immer intensiver, matte Stellen wurden ausgemerzt, übrig blieb nur das, was für mich die Qualität dieser Beziehung ausgemacht hatte: Peters Fähigkeit, Liebe zu geben, Wärme, Zuwendung.

Wenn ich das alles in Farben hätte ausdrücken sollen, wäre München rot gewesen, rot wie die verschachtelten Dächer vor unserem Fenster, rot wie Peters Haare, orangerot wie das Fellchen des winzigen Katers, den Peter eines Tages verzeckt und verdreckt aus dem Tierheim geholt hatte, rot wie der olle Barhocker in der Küche, auf dem Peter saß und mir Geschichten erzählte, während ich kochte. Selbst die Musik jener Tage paßte in diese Rot-Symphonie: *Come on, Baby, Light my Fire* ... José Feliciano.

Hamburg hingegen kam mir grau vor, grau wie die Möwen auf der Alster, graumeliert wie der Teppichboden meines Appartements, grau wie die Kantinentische und die klapperige Schreibmaschine in der Redaktion, und ich fühlte, wie ich selber immer grauer wurde, graumäusig, kieselsteinchengrau, kaugummigrau, flanellgrau, nachtssindallekatzengrau, grauingrau. Ich zog mich zurück, emigrierte aus der Realität, lebte nur in der Vergangenheit, die mir lebendiger erschien als die Gegenwart, lebte mit einem Phantom – Peter, den ich vor Monaten leichten Herzens verlassen hatte, so wie man eine Wohnung verläßt, zu der man weiterhin jederzeit Zutritt hat.

Es kam mir gar nicht in den Sinn, daß diese Wohnung in meiner Abwesenheit von jemand anderem okkupiert werden könnte, da ich doch immer noch den Schlüssel dazu hatte. Aber als ich zurückkehrte, nach Monaten, war die Wohnung besetzt.

Peter war nicht mehr da, unglaublich, Peter, der immer dagewesen war, unverrückbar, so daß mir die Zeit mit ihm in der Erinnerung viel länger vorkam als in Wirklichkeit. Peter war morgens da, wenn ich – wie immer getrieben von der Angst, zu spät zu kommen – in die Redaktion hetzte, Peter war abends da, wenn ich erschöpft nach einem Zwölf-Stunden-Tag wieder nach Hause kam. Bei der Zeitschrift, bei der ich damals arbeitete, gab es das ungeschriebene Gesetz, daß jeder, der vor Mitternacht das Haus verließ, eigentlich wegen Faulheit gefeuert gehörte. Mein Boss stand schon morgens mit der Uhr in der Hand am Fenster, drohend, kühle Augen hinter gefährlich funkelnden Brillengläsern, versuchte, alle Leute den ganzen Tag durch subtilen Psycho-Terror in Hochspannung zu halten, dachte sich abends, wenn man so gegen zehn Uhr das Haus verlassen wollte, irgendwelche unsinnigen Arbeiten aus, die sich bis tief in die Nacht hinzogen.

Ich biß die Zähne zusammen; ich hatte mir vorgenommen, zwei Jahre in dieser Redaktion durchzuhalten, und ich hielt durch. Aus der Beziehung zu Peter zog ich die Kraft, die ich im Beruf brauchte, vampirisch. Über ihn machte ich mir damals nicht allzu viele Gedanken. Peter war für mich das, was für Linus von den Peanuts die Schmusedecke ist: Schutz und Zuflucht vor der feindlichen Welt. Peter war da, wenn ich ihn brauchte, tröstete mich, richtete mich auf, wenn ich am Boden zerstört war, gab mir neues Selbstvertrauen und das warme Gefühl, geliebt zu werden. Oft meinte ich, aus zwei ganz verschiedenen Persönlichkeiten zu bestehen, einem leistungsorientierten, aber verunsicherten, angespannten, verschreckten und nervösen Berufs-Ich und einem ausgeglichenen, gelösten, verspielten, selbstsicheren privaten Ich.

Aber irgendwann reichte die Schmusedecke nicht mehr aus, um Knüffe und Tiefschläge abzufangen, irgendwann begannen sich die Grenzen zwischen den beiden Egos zu verwischen. Ich wurde gereizt und deprimiert, ich schlief nachts schlecht aus Angst vor dem neuen Arbeitstag, ich lebte in ständiger psychischer Spannung, und mein Körper reagierte entsprechend: nämlich gar nicht mehr. Ich kam mir vor wie die Dame ohne Unterleib; das Zusammensein mit Peter, das ich früher so genossen hatte, wurde zu einer quälenden Pflicht. Eines Tages entlud sich der ständige Druck, unter dem ich seit fast zwei Jahren stand, in einem Nervenzusammenbruch, ich weinte und weinte und konnte nicht mehr aufhören, ich stand neben mir, verwundert, und betrachtete dieses heulende Häufchen, bis der Arzt kam und mir eine Beruhigungsspritze gab.

An diesem Punkt wurde mir klar: Wenn ich nicht kaputtgehen wollte, mußte ich mich von diesem Druck befreien. Ein anderer Job war keine Lösung, ich war an der Grenze meiner Belastbarkeit angekommen, mein Selbstwert war auf Null, ich war fertig, ausgelaugt, unfähig zu einem kreativen Gedanken, unfähig zum Schreiben.

Ich beschloß – jetzt oder nie! – einen alten Traum zu verwirklichen und nach Mexiko zu gehen, irgendein Job würde sich da schon finden lassen, Au-pair-Mädchen, Verkäuferin, egal was, nur nicht schreiben müssen.

Ich vermietete die Wohnung, gab den Kater in Pflege, verließ Peter. Ich war frei.

Peter wurde ein Opfer dieses Befreiungs-Prozesses. Oder war ich letztlich das Opfer? In Hamburg, in dieser kalten, absurden Einsamkeit einer neuen Stadt, schien es mir anfangs so. Erst jetzt wurde mir bewußt, was ich aufgegeben hatte, erst jetzt sehnte ich mich nach Peter zurück.

Aber es war eine rhetorische Sehnsucht. Ich hätte Peter, vielleicht, zurückgewinnen können, aber es wäre wie eine Reproduktion alter Fotos gewesen, nichts als ein Duplikat. Meine Trauer galt etwas Unwiederbringlichem.

Peter gehörte zu jener Clique Schwabinger Freaks, die sich jeden Abend im Rational-Theater trafen. Das heißt, er war eher ein Außenseiter. Er war weder Student noch Filmemacher, noch Maler – er war gelernter Schreiner. Er fiel auf unter all den versoffenen, abgefackten Typen, die nächtelang über Projekte monologisierten, die sie nie verwirklichten. Peter hatte Power. Er war total respektlos und verschaffte sich eben dadurch Respekt. Er machte gar nicht erst den Versuch, der Schwabinger Intelligentsia in den Arsch zu kriechen. Er hatte den Mut und die herausfordernde Haltung derer, die nichts zu verlieren haben. Peter, der von unten kam, kämpfte mit dem Rücken gegen die Wand. Er hatte nichts vorzuweisen, keinen akademischen Grad, war kein ‹intellektueller Kreativer›, aber in dieser Clique anerkannt, witziger, wacher, offener als die anderen.

Das war Peter. Um ihn wehte selbst im verräucherten Rational-Theater immer eine frische Brise. Er zockte das Ding, man konnte sich seiner aggressiven Direktheit nicht entziehen. Und er hatte unglaublichen Schlag bei Frauen, obwohl Peter – blaß, mager, mit kupferroten Haaren, die wie eine glänzende Kappe um seinen Kopf lagen – eher häßlich zu nennen war als gutaussehend. Sein schmales, sommersprossengesprenkeltes Gesicht schien nur aus Augen zu bestehen, großen graublauen Augen, die suggestiv wirkten.

Seine sexuelle Ausstrahlung war wie alles an ihm: direkt, unverkrampft, männlich und sensibel zugleich. Peter, so hieß es, kannte keine Tabus, er trieb es mit allen, Männern wie Frauen, er hatte Gruppensex gemacht und Lesben umgedreht und erst mal eine Affäre mit seiner Schwiegermutter gehabt, ehe er die siebzehnjährige Tochter schwängerte. Dennoch war Peter kein kühler, wahlloser Konsument. Er war eher ein Gebender als ein Nehmender, hungrig auf alle Spielarten der Liebe, hungrig auf Nähe, Wärme, Körperlichkeit, niemand, der andere um der eigenen Lust willen ausbeutete, eher ein Mensch, der Lust verschafft.

Als ich ihn kennenlernte, hatte er gerade eine längere Affäre mit einer Kunsthistorikerin, und die Clique staunte: Beate, die Intellektuelle, und Peter, der Schreiner – das war so eine Art umgekehrtes Eliza Doolittle-Verhältnis.

All das machte mich neugierig. Ich beobachtete Peter eine Zeitlang, dann robbte ich mich unter einem Vorwand ran: ich bat ihn, einen alten Stuhl zu reparieren. Peter sagte zu, ließ mich zweimal sitzen, was mich wütend machte, kam eines Abends doch, als ich es schon nicht mehr erwartet hatte. Er kniete vor dem Stuhl auf dem Boden, zeichnete mit seinen kräftigen, konisch zulaufenden Fingern die Maserung des Holzes nach und sagte: «Holz ist wirklich das tollste Material, das ich kenne, das hat so 'n richtiges Eigenleben, das riecht gut, das dehnt sich und kracht und bekommt Risse und zieht sich wieder zusammen, ich mag das unheimlich.»

Dann werkelte er eine halbe Stunde schweigsam an dem Stuhl herum. Ich bot ihm, etwas unsicher, wie jedem Handwerker ein Bier an, was er lachend ablehnte, ebenso wie eine Bezahlung. «Na gut», sagte ich, «dann laß uns noch einen trinken gehen. Ich lad dich ein.»

«Nee», sagte Peter, «ich hab 'ne bessere Idee. Laß uns rausfahren zum Starnberger See, ich kenn da 'ne Stelle, wo man baden kann. Ich glaub, das ist wahnsinnig schön heute bei Vollmond.»

Peter bewegte sich im Dunkeln mit der Sicherheit einer Katze. Hand in Hand gingen wir, durch Büsche und Bäume, einen Trampelpfad hinunter zum See. Peter stand sofort nackt da und warf sich ins Wasser, ich holte zögernd meinen Bikini raus und kam mir mit dem Ding ziemlich dämlich vor. «Geh, laß doch den Scheiß», rief Peter lachend aus dem Wasser, «hier sieht dich doch keiner.»

Im Mondschein schwammen wir weit hinaus. Peter genoß das Bad, während ich in tausend Ängsten schwebte, weil immer wieder Schlingpflanzen nach meinen Füßen schnappten. Als er meine Unsicherheit spürte, hielt er sich dicht neben mir, und ich merkte, daß ich Vertrauen zu ihm hatte.

Wieder am Ufer, zitterte ich vor Kälte. Peter trocknete mich ab, rubbelte mich kräftig warm, hüllte mich in seinen grauen Pullover, während er ein Feuer machte. Im Schein der Flammen schien sein rotes Haar Funken zu sprühen. Wir saßen friedlich da und wärmten uns, und Peter machte keine Annäherungsversuche. Das ließ mich richtig zutraulich werden. Ich fand das gut, daß er diese ganze schöne Kitsch-Kulisse – Mondschein und laue Sommernacht und Lagerfeuer – nicht dazu benützte, mich rumzukriegen.

Jeder andere hätte diese Situation ausgenützt, Peter hatte das nicht nötig. Er war kein Bedürftiger, obwohl Sex im Mittelpunkt seines Lebens stand. Schon damals, vor der sogenannten ‹sexuellen

Revolution› – die ja nie stattgefunden hat –, war er der einzige, den ich kannte, der unbefangen und offen sinnlich war. Sex hatte für ihn nichts Mystisches, nichts Verruchtes oder Verbotenes, er war schön und selbstverständlich wie eine bayerische Brotzeit. Diese Selbstverständlichkeit gehörte zu seiner erotischen Ausstrahlung; mir war klar, daß ich mit Peter schlafen würde, und ich tat es, ein paar Tage später.

An diesem Abend, mit einem Mann, den ich kaum kannte und nicht liebte, hatte ich zu meiner Verblüffung den ersten Orgasmus meines Lebens. Mit Peter gelang mir auf Anhieb, was ich monatelang mit Georg vergeblich versucht hatte. Ein paar Schritte davor war ich immer atemlos stehengeblieben, mit Peter stürmte ich endlich diesen vertrackten Gipfel, mehr noch: wurde hochgeschleudert, flog wie ein Schneeball durch die Luft, sssssssssst, ehe ich sanft landete und in tausend kleine Kristalle zerstob.

Ich lag da und fühlte mich erleichtert. Ich hatte schon gedacht, ich würde diesen Berg nie mehr bezwingen. Bei Georg, in den ich so sehr verliebt war und von dem ich mich gerade erst getrennt hatte, war es mir nie möglich gewesen, mich fallen zu lassen. Ich wollte ihm eine gute Geliebte sein, ganz frei, ganz locker, statt dessen verkrampfte ich mich immer mehr. Bei Peter stand ich mir endlich nicht mehr selbst im Wege, da war es mir egal, was er dachte oder wie ich gerade aussah, da konnte ich endlich explodieren. Mit Peter, der genießerisch und hemmungslos war, lernte ich allmählich meine Hemmungen und Tabus zu überwinden, entdeckte meinen Körper neu durch ihn, hatte keine Angst, meine Wünsche zu artikulieren. Langsam wichen die Schatten meiner Kindheit, Sex verlor diesen Bäh-Effekt, wurde von etwas, das man mit schlechtem Gewissen unter der Bettdecke mauschelte, zu etwas, das schuldfrei und ekstatisch war.

Peter war für mich das Tor zum Reich der Sinne. Ansonsten nervte er mich ziemlich. Wir lebten ein paar Monate zusammen in meinem modernen Ein-Zimmer-Appartement, das ich haßte, in dem ich einfach nicht das Bauch-Gefühl entwickeln konnte, das mir bei Wohnungen so wichtig war, und unsere Beziehung war ein einziger Machtkampf. Nur im Bett gab es einen vorübergehenden Waffenstillstand.

Hinzu kam, ich hatte noch nie eine Beziehung zu einem Arbeiter gehabt. Wenn ich sagte, mein Freund ist Schreiner, dann sah ich die unmerklich hochgezogenen Augenbrauen, spürte den Standesdünkel der anderen: «Ach, wirklich? Na ja, Handwerk hat goldenen Boden ...» Das machte mich wütend. Um so mehr, weil ich merkte, daß ich mich selbst schwer damit tat, meinen bürgerlichen Hochmut zu überwinden.

Und ich machte den schlimmsten Fehler: ich versuchte, Peter nach meinem Modell umzukrempeln, akzeptierte so vieles an ihm nicht, haßte es, wenn er Bayerisch sprach, kritisierte seine Unzuverlässigkeit, seine Faulheit, seine Rumbumsereien, seine Dickköpfigkeit, seinen Freiheitsdrang, ich versuchte, aus einem Adler ein Suppenhuhn zu machen. Und Peter wehrte sich natürlich gegen den Druck. Aus purem Trotz sagte er ja, wenn ich nein sagte, fand Blau schön, wenn ich für Grün plädierte. Oft, wenn ich abends müde aus der Redaktion nach Hause kam, stand das schmutzige Frühstücksgeschirr noch in der Küche, und Peter, der sich mit Gelegenheits-Jobs über Wasser hielt, lümmelte sich im Bett rum und las. Ich flippte jedesmal aus, er brüllte zurück, in Bayerisch natürlich, was mich noch mehr auf die Palme brachte – aber irgendwann lagen wir uns doch wieder in den Armen und hoben ab. Wir hatten so ein Sie-küßten-und-sie-schlugen-sich-Verhältnis; zum Schluß schlugen wir uns nur noch. Bis ich Peter dann irgendwann, aus nichtigem Anlaß, vor die Tür setzte.

Ich atmete auf: diese Geschichte war ausgestanden. Ich war mir selbst allmählich immer unsympathischer geworden, da ich mich ständig in eine Rolle gedrängt fühlte, die mir weder entsprach noch gefiel: in die Rolle der keifenden, pingeligen Hausfrau, die meckert, weil der Typ sich bedienen läßt, so eine Art Witzblatt-Figur von Frau.

Erst genoß ich es, abends in eine saubere, aufgeräumte Wohnung zu kommen, wo niemand rumsaß, mit dessen Trotzreaktionen ich mich herumärgern mußte. Aber plötzlich stellte ich fest, daß ich Sehnsucht nach Peter hatte. Nach seinem schallenden Lachen, nach seiner allumfassenden Herzlichkeit, nach seinem eckigen Körper, sozusagen der Antithese zu meinem runden, sogar nach seiner Dickköpfigkeit und seinem blöden Bayerisch, das mich früher so genervt hatte: Ja, Kruxifixnochamanei ...

Ab und zu hörte ich von ihm. Peter, so hieß es, war nach London gegangen ... Peter hatte eine Affäre mit einer Schauspielerin ... Peter lebte in Berlin in einer Lesben-Kommune ... Peter hatte sich politisch engagiert und arbeitete in einer Basis-Gruppe ... Peter hatte einen Job beim Film ... Peter sei sowieso ganz anders geworden, ruhig und souverän, nicht mehr so mit dem Kopf durch die Wand ...

Schließlich hatte ich nur noch einen Wunsch: ihn wiederzusehen. Ich rief seine Frau an, um zu fragen, wo er sei. «Der kommt morgen seine Tochter besuchen», sagte Maren, «wenn du willst, kannst du ja vorbeischauen. Meine Mutter ist auch da.»

Am nächsten Tag saßen wir drei Frauen bei Kaffee und Kuchen in der kleinen Wohnung, in der Maren seit der Trennung von Peter mit ihrer dreijährigen Tochter lebte, und warteten auf ihn.

Wir machten mühsam Konversation. Uns verband nichts – nichts als ein Mann. Alle drei hatten wir mal was mit Peter gehabt, alle drei konnten wir ihn nicht vergessen. Marens Mutter, eine attraktive, energische Zweiundvierzigjährige, hatte wohl am meisten unter dem Verlust von Peter gelitten; es muß fürchterliche Eifersuchtsszenen zwischen Mutter und Tochter gegeben haben. Erst jetzt, wo beide im gleichen Boot saßen, hatten sie wieder zueinander gefunden. Maren versuchte, sich mit anderen Männern zu trösten; es gelang ihr nicht, ebensowenig wie mir.

«Aber so einen wie Peter», sagte sie und zupfte ihrer kleinen rothaarigen Tochter nervös das Kleidchen zurecht, «so einen kann man eben nicht halten.»

«So ist es», sagte ich.

«Man sollte sich eben gar nicht erst mit so einem einlassen», sagte die Mutter, und die steile Falte über der Nasenwurzel vertiefte sich.

Wir tranken Kaffee und warteten.

Peter kam, natürlich, mit einer guten Stunde Verspätung. Er trug Jeans und ein weißes Sweat-Shirt, nahm seine Tochter hoch und wirbelte sie ein paarmal durch die Luft, bis sie krähte vor Vergnügen. Dann erst nickte er uns zu, seinen drei Frauen. Wir müssen ein komisches Bild geboten haben, wie wir da saßen.

Das war der Moment, wo es schnackelte. In den nächsten Wochen setzte ich alles daran, ihn zurückzugewinnen, und es gelang mir.

Ich hatte das Gefühl, als ob ich all die Monate zuvor mit einem Fremden zusammen gelebt hatte. Wir hatten uns beide in der Zwischenzeit verändert, hatten beide, unabhängig voneinander, ein stärkeres politisches Bewußtsein entwickelt. Peter war in Berlin in der Studentenbewegung aktiv gewesen, ich erlebte zur gleichen Zeit, im Sommer '68, als Dolmetscherin für ein Film-Team in Spanien den Widerstand gegen das faschistische Franco-Regime.

In Madrid wurden Studenten-Revolten brutal von der Polizei niedergeknüppelt, Enrique Tierno Galván, heute Bürgermeister von Madrid, versammelte oppositionelle Studenten um sich und politisierte sie, und in den *comisiones obreras*, den verbotenen Arbeiter-Kommissionen, kämpften linke Intellektuelle zusammen mit Arbeiter-Priestern um gewerkschaftliche Rechte. Ich sah meinen alten Freund Nicolás wieder, einen überzeugten Marxisten, der in seinem Kampf um die Demokratie gerade mal wieder aus dem Gefängnis Carabanchel entlassen worden war – jenem Gefängnis, in dem auch der Arbeiterführer Marcelino Camacho seine fünf Jahre absaß. Und wir trafen den katalanischen Sänger Raimón, dessen Platten ebenfalls verboten waren und dessen Lieder ich nie vergessen werde: ‹Manchmal ist der Friede / wie eine Wüste / ohne Stimmen noch Bäume / wie eine gewaltige Leere / in der die Menschen sterben. / Manchmal ist der Friede / nur eine Wüste. / Manchmal läßt der Friede / die Münder verstummen und fesselt die Hände / er läßt dir nur die Beine / um zu fliehen. / Manchmal schmerzt der Friede viel mehr / manchmal schmerzt der Friede viel mehr.›

Vor diesem Hintergrund bekam alles eine neue Dimension. Es erschien mir absurd, daß wir uns noch vor ein paar Monaten wegen lächerlichem, alltäglichem Kleinkram in die Haare bekommen hatten, ich spürte so etwas wie Scham, daß ich manchmal meine sogenannte ‹soziale Überlegenheit› – oder das, was ich dafür hielt – ausgespielt hatte. Inzwischen hatten wir es nicht mehr nötig, uns zu bekämpfen, weil einer den anderen akzeptierte, wie er war. Wir hatten eine neue Basis gefunden. Wir lebten nicht mehr gegeneinander, sondern miteinander. Wir legten uns nicht mehr auf männliches oder weibliches Rollenverhalten fest, sondern ergänzten uns: jeder nach seinen Fähigkeiten, jeder nach seinen Bedürfnissen. Ich hatte einen hochbezahlten Job – warum sollte ich nicht eine Zeitlang das Geld für zwei verdienen, wenn Peter mich dafür in der Hausarbeit entlastete?

In seiner Berliner Kommune-Zeit hatte Peter gelernt, daß es durchaus nicht ‹weibisch› war, einzukaufen oder Kartoffeln zu schälen, also übernahm er ganz selbstverständlich seine Rolle als

Hausmann. Ich fand Peter nie imponierender, als wenn er mir einen Knopf annähte, weil er dabei gesundes männliches Selbstverständnis zeigte. (Und ich hasse es nun mal, zu nähen!) Peter konnte auf dieses ganze dummerhaftige Macho-Mann-Verhalten verzichten, weil er sich seiner Potenz, seiner sexuellen Ausstrahlung, seiner Stärke und auch seiner intellektuellen Fähigkeiten bewußt war. Peter war hart dort, wo's nötig war, und soft dort, wo's möglich war. Außen stachelig und innen weich, wie die israelische Sabra-Frucht.

Ich weiß nicht, wie Peter diese Zeit empfunden hat. Ich glaube, solange er sich meiner sicher fühlte, war er ganz im reinen mit seiner Hausmann-Rolle. Ich hatte nie den Eindruck, daß sein Selbstbewußtsein darunter litt. Für mich war unsere Partnerschaft lange Zeit sehr harmonisch, praktizierte Gleichberechtigung, der Beweis, daß es möglich ist, alte Rollenklischees abzubauen, ohne daß der Mann gleich zum unterdrückten, duckmäuserischen Pantoffelhelden wird.

Jeder gab, was er zu geben hatte. Ich gab Peter die Möglichkeit, frei von der Notwendigkeit, irgendwelchen ungeliebten Jobs nachzugehen, seinen Weg zu finden und seine Talente auszuprobieren – beispielsweise seine Schriftstellerei. Peter wollte immer schreiben, nun hatte er die Zeit dazu. Und ich fühlte mich bei ihm geliebt und geborgen, beschützt und umsorgt. Er konzentrierte sich auf mich – so wie eine Ehefrau, die nur dafür lebt, daß der Mann nach Hause kommt.

Oft fand ich abends kleine Zettel, am Badezimmerspiegel, im Bett, unter meinem Teller: «Du bist geliebt.» Oder, nach einem Streit: «Trotzdem liebe ich Dich, Du genagelter Bergstiefel auf meinem Gefühl.» Oder: «In der Kälte, auf der Frauen-Insel, im Kino, im Englischen Garten, duschend, Zigarette anzündend, mit dem Katzen-Kater spielend, staubsaugend, Pullover aus(an)ziehend, telefonierend, so schlenkerschriftig, ah-bah-sagend, Dich küssend – liebe ich Dich.»

Ich habe sie alle aufgehoben, diese Zettelchen. Eine ganze Mappe voller Liebes-Schnipsel, in die ich heute noch manchmal hineintauche wie in ein warmes Bad.

Ich glaube, ich war glücklich mit Peter. Trotzdem habe ich ihn verlassen. Peter hat das wohl nie verstanden. Ich verstehe es heute selbst nicht mehr. Aber damals wußte ich nur: ich konnte nicht anders handeln. Ich mußte mich von diesem Beruf befreien, der mich kaputtmachte, mußte versuchen, unter ganz anderen Lebensbedingungen wieder zu mir selbst zu finden. Und so mußte ich das Risiko eingehen, die einzige Beziehung aufs Spiel zu setzen, die ich als harmonisch empfand.

Peter, der nur für mich und natürlich auch größtenteils von mir gelebt hatte, entzog dieser Entschluß den Boden unter den Füßen, emotional wie finanziell. Er hatte auf mich gebaut, und ich hatte mich nicht als tragfähig erwiesen. Nun bewegte er sich im luftleeren Raum, kam total ins Schleudern. Alte Kindheits-Ängste wurden wach: Peter, das Heimkind, unerwünscht, ungeliebt, herumgestoßen … Er stand da, ohne Job, ohne Geld, ohne ein Dach über dem Kopf, sogar ohne Pläne. Nun rächte sich die Abhängigkeit, in die er sich begeben hatte – ohne sie als Abhängigkeit zu empfinden, solange die Beziehung gutging.

In Mexiko tauchte ich ein in eine andere Kultur, eine andere Sprache, mußte plötzlich wieder lernen, mit sehr wenig Geld auszukommen: Für 300 Mark monatlich jobte ich in einer Buchhandlung, 150 Mark kostete mein kleines möbliertes Zimmer bei einer alten, maiskuchenrunden Mexikanerin; morgens, wenn ich zur Arbeit ging, stolperte ich über das Dienstmädchen, das zusammengerollt auf einer Matte vor ihrer Schlafzimmertür schlief.

Europa lag hinter mir, unwirklich, ein Fleck auf der Landkarte, selbst Peter wurde zu einem blassen Schemen. Ich schaltete einfach ab, stürzte mich auf neue Menschen, lebte im Hier und Jetzt. Ich verdrängte ganz bewußt die Erinnerung an Peter, weil sie mir unangenehm war. Peter war der Preis, den ich für Mexiko zu zahlen hatte, und wenn er mir schrieb, daß es ihm mies ging, fühlte ich mich schuldig. Ich schrieb zurück, meist belangloses Zeug, wie schreibt man jemandem, an den man sich kaum erinnert? Das Vergessen funktionierte perfekt, erst im Flugzeug nach Europa begann ich mich wieder auf Peter zu freuen. Meine Sehnsucht wuchs proportional zu der Verringerung der Distanz zwischen den beiden Kontinenten; ich fühlte mich stark und bereit, genau an dem Punkt wieder weiterzumachen, wo ich aufgehört hatte.

Aber Peter war nicht da.

Bei Judith hatte er das gefunden, was er seit seiner Kindheit wohl immer gesucht hatte, ein Zuhause, jemanden, dem er geben konnte, was er zu geben hatte: Wärme und Zärtlichkeit, eine schrankenlose Hinwendung an den Partner, die fast an Selbstaufgabe grenzte.

Ich war wie erstarrt. Peter hatte mir nie von Judith geschrieben, all die Monate nicht. Jetzt war ich es, die sich verlassen und verraten fühlte, aber ich wußte, es war gedankenlos und naiv von mir gewesen, zu glauben, den Faden an der gleichen Stelle wieder aufnehmen zu können. Er war endgültig gerissen. Trotzdem machte ich halbherzig den Versuch, Peter noch einmal zurückzugewinnen – halbherzig, weil ich sah, es wäre verantwortungslos gewesen. Ich konnte nicht für mich und meine Gefühle garantieren, gespalten zwischen meinem Wunsch nach Geborgenheit und meinem Bedürfnis nach Ungebundenheit.

Jetzt war ich frei. Es gab niemanden mehr, für den ich mich verantwortlich fühlte, es gab niemanden mehr, der von mir – aber auch niemanden, der für mich lebte.

Später, in meinem ersten Jahr in Hamburg, habe ich mich oft gefragt: War es die richtige Entscheidung? Wie wäre mein Leben verlaufen, wenn ich in München geblieben wäre, mir einen gemütlicheren Job gesucht hätte? Sicher ist: ich habe nie wieder jemanden gefunden wie Peter. Aber vielleicht hätte sich die Harmonie, die ich in der Beziehung zu ihm empfand, irgendwann auch als trügerisch erwiesen, und zwar in dem Moment, in dem Peter sich nicht mehr mit der passiven Rolle des Hausmannes begnügt hätte. Unser Modell funktionierte wohl nur, wenn der eine bereit war, sich selbst zurückzunehmen, nach innen zu leben statt nach außen, der Boden zu sein, auf dem der andere ungestört wachsen kann. Ich war nie dazu bereit, bis heute nicht.

Peter ist inzwischen zu seiner traditionellen Männerrolle zurückgekehrt, er hat Karriere gemacht, hat seinen alten Traum verwirklicht, Filme zu machen, zu schreiben. Er lebt heute noch mit Judith, der Frau, die ihn aufgenommen hat, als er sich von mir verraten glaubte. Ich habe mehr verloren als er, denke ich manchmal.

Ich träume oft von Peter.

Ich habe dich geliebt, auf jeden Fall. Man kann nur mit jemandem zusammen sein, den man mag oder den man liebt. Aber warum ich dich geliebt habe – das ist unbeantwortbar. Was ist das, wenn man liebt? Wenn man von jemandem verblüfft ist, wenn man jemanden entdeckt, wenn eine Harmonie zwischen zwei Menschen sichtbar und spürbar wird.

Ich weiß auch nicht, ob wir das Ganze nicht ein bißchen überschätzen, ob es nicht eher ein Verliebtsein mit starkem sexuellem und erotischem Hintergrund war. Die Liebe hat ja viele Facetten, und es ist mit jeder Frau anders. Das ist wie bei 'ner Lokomotive, alle Lokomotiven sind gleich, weil sie Räder haben, und wenn man hinhört, dann geht das tsch-tsch-tsch-tsch, aber es ist doch jedesmal anders. Schwer zu sagen, das mit der Liebe. Ich würde gern noch eine Plauderstunde auf meinem Totenbett halten, wenn ich dazu Gelegenheit hätte, aber ich weiß nicht, ob ich dann schlauer bin und retrospektiv alles beurteilen kann, was da so gelaufen ist.

Ich kann von meinen damaligen Gefühlen schon deswegen nicht unbefangen sprechen, weil ich weiß, daß meine ganze Verbindung zu dir überlagert gewesen ist von Angst. Von meiner ganz persönlichen Angst und von der Angst, daß du weggehst. Daß die Zeit immer näher kommt, wo sich das Ganze auflöst, und ich ziemlich rat- und tatenlos in der Gegend rumsitze und nicht weiß, was ich tun soll.

Ich hab mich von dir unheimlich im Stich gelassen gefühlt, als du diese Mexiko-Geschichte um jeden Preis durchgezogen hast – auch um den Preis, daß ich in meiner damaligen Verfassung wirklich angeschlagen war. Ich hatte ja ungeheure Angst, daß man mich aus politischen Gründen sucht. Damals, '68 in Berlin, hab ich in einem Zirkel von stark links angehauchten Leuten existiert. Bei irgendwelchen Razzien und Demonstrationen bin ich mal festgenommen und erkennungsdienstlich überprüft worden. Und nachdem ich auch noch in 'ner Basisgruppe mitgearbeitet habe, der Basisgruppe Wedding, hatte ich halt Angst, daß ich hier im Westen auf der Schwarzen Liste stehe.

Das war natürlich an den Haaren herbeigezogen, ich hab mir Panik gemacht wegen nix. Aber damals bin ich tagelang nicht aus dem Haus gegangen, ich saß da oben in der Wohnung wie eine Maus in der Falle. Wir wohnten ja auch noch so exponiert, genau bei diesem Polizei-Revier um die Ecke, und wenn ich da vorbeikam, hab ich mir, egal ob es geschneit oder gestürmt hat oder die Sonne schien, den Parka so ins Gesicht gezogen, daß man mich nicht erkennen konnte.

Und so kann ich jetzt nicht sagen, ich war verliebt und glücklich, weil die Situation damals nicht denkbar ist ohne meine Angst. Wenn ich diese Angst nicht gehabt hätte, könnte ich auch heute besser reflektieren über damals, weil ein erdrückendes Moment gefehlt hätte. Ich hatte halt von morgens bis abends Angst. Es ist unglaublich, aber es war so. Und du wußtest nicht sehr viel von dieser Geschichte, du hast es nicht so registriert, aber selbst wenn du es registriert oder mehr zur Kenntnis genommen hättest – du hättest es von dir geschoben, weil es dir nicht in den Kram gepaßt hätte, ein Nervenbündel dazulassen. Obwohl ich zum Schluß schon so massiv wurde, dir zu sagen, daß ich es nicht fair von dir finde, mich jetzt hier in so einer Situation zurückzulassen. Aber wenn jemand etwas nicht hören will, weil es seine ganzen Pläne durcheinanderbringt, dann hört er es eben nicht. Das ist einfach ein Abschalten, ein egoistisches Abschalten.

Gehaßt habe ich dich nicht, der Haß, der kam erst später, aber ich war seelisch fertig. Diese Selbstsucht, dieser Egoismus, der mit mir als nicht wägbarer Größe umsprang, das hat mich noch mehr gedrückt. Für dich existierte nur noch Mexiko, da lief alles drauf hinaus. Und ich fand mich übergangen. Ich erinnere mich, daß ich irgendwann mal in meiner Bescheidenheit anklopfte und meinte, ob es denn nicht möglich wäre, daß wir zu zweit fahren, und das hast du weit von dir gewiesen. Du hast gesagt, das geht unmöglich, du könntest nämlich dann, wenn wir zusammenführen, nur die Hälfte der Zeit bleiben, und das willst du nicht. Allein schon dieses Nicht-einmal-in-Erwägung-Ziehen, das hat mich verletzt und getroffen.

Ich glaubte schon zu verstehen, daß du dorthin mußtest, daß es für dich wichtig war, dich auf so eine Art freizuschwimmen, weg von dem Blatt, bei dem du damals arbeitetest und das dich kaputtmachte. Aber daß ich dabei den kürzeren ziehen sollte, leuchtete mir nicht ganz ein. Nach Mexiko wäre ich nur mitgekommen, um die Beziehung zu halten, um nicht allein zu sein, interessiert hat mich das Land überhaupt nicht. Ich wußte ja nicht mal, wo ich wohnen sollte. Zu Maren wollte ich nicht, und Geld hatte ich auch keins, nachdem die Geschichte mit dem Buch über das Leben in einer Berliner Kommune geplatzt war. Der Verlag hatte mir ja einen Vorschuß von 1000 Mark gegeben, und dann lieferte ich auch die ersten 30 Seiten ab, aber die fanden das nicht gut. Und dann hatte ich noch nicht mal einen Durchschlag von dem, was ich geschrieben hatte, und die haben das Unikat verschmissen.

Ich hatte deinen Plänen also nichts entgegenzusetzen. Bei dir war der Traum nah, der war machbar, bei mir waren die Träume unrealistisch, ganz weit weg. Ich hatte ja immer den Traum, zu schreiben, Filme zu machen, und ich hab bei dir ja auch schon an dem Drehbuch über diese Erziehungsanstaltsgeschichte gesessen, aber das waren nur die ersten zögernden Versuche auf diesem Gebiet.

Inzwischen hab ich das geschafft, inzwischen mach ich Filme, und zwar in der Hauptsache Fernsehfilme für Gehörlose. Als Tonmeister hab ich ja nur darauf gewartet, daß ich die Chance kriege, einmal selber einen Film zu machen, und ich hab sie gekriegt. Ich hatte Anfängerglück, ich habe einen in ganz lieben, schönen, warmen Farben fotografierten Film über einen gehörlosen Bilder-Restaurator gemacht, und von da an war ich in dem Programm. Ich bin sehr froh darüber, weil es eine Notwendigkeit darstellt: Leute, die nichts hören, sind ja darauf angewiesen, Dinge visuell mitzukriegen. Beispielsweise hab ich einen Film über Goya gemacht, der ja mit 56 Jahren taub geworden ist, und das sieht man an seiner Malerei. Es gibt eine echte Zäsur zwischen dem noch hörenden Goya und dem ertaubten Goya.

Aber ich würde wohl immer noch rumtonmeistern, wenn da nicht jemand gewesen wäre, der mir diese Chance gegeben hätte. Das war der Typ, für den ich den ersten Film gemacht habe. Ich hab keine Ellbogen, ich hab immer jemanden gebraucht, der erkannt hat, daß da etwas ist, und der mich mit diesem Erkennen auch gefördert hat. Allein ist man schon hilflos. Man muß jemanden haben, der Sympathie für einen empfindet, und aus dieser Sympathie heraus auch mal Nackenschläge einsteckt. Das ist, glaube ich, Liebe, das ist Zuneigung, und ohne die läuft nix.

Ich bin ja nicht mit dem goldenen Löffel auf die Welt gekommen, ich bin unehelich geboren und in Heimen groß geworden. Meine Mutter war Leiterin eines Krankenhauses und konnte sich nicht genügend um mich kümmern, weil sie sehr unregelmäßig Dienst hatte. Sie starb, als ich sieben Jahre alt war. Meine Großmutter kam in das Waisenhaus, in dem ich damals war, ganz in Schwarz, saß da und heulte und sagte mir, meine Mutter sei gestorben. Ich hielt das erst für ein Betrugsmanöver. Ich nahm an, daß man sie versteckt hatte, weil ich böse war. Ich konnte mir nichts darunter vorstellen, daß meine Mutter tot war, und ich war auch nicht auf der Beerdigung.

Mein Vater kam erst ein paar Monate danach aus Rußland zurück. Er war nicht gerade in der Résistance gegen Hitler, aber seit 1941 zumindest nicht mehr so ganz auf der Seite der Nazis. Nachdem er aber Polit-Offizier war und auch noch öffentlich kundtat, was ihm nicht paßte, hat man ihn verhaftet und nach Landsberg gebracht. Von da ist er nur freigekommen, indem er sich nach Rußland gemeldet hat. Aber mein Vater war ja nach dem damaligen Recht nicht mit mir verwandt, also hatte ich niemanden mehr. Meine Tante und meine Großmutter haben sich geflissentlich herausgehalten aus dieser Geschichte. Weil meine Mutter nicht verheiratet war, unterstand ich der Katholischen Jugendfürsorge, und das wurde erst sichtbar schlimm für mich, als meine Mutter tot war. Ich kam dann durch eine Kette von Zufällen zu meiner Pflegemutter, einer einfachen, sehr lieben Frau. Aber die hat dann halt viel auszustehen gehabt meinetwegen, diese Frechheiten des Vormunds, der ja nur 25 Mark für mich bezahlte, die dauernden Vorhaltungen, sie sollte mich ja katholisch erziehen, wir gingen nicht oft genug in die Kirche und so weiter.

Meine Stärke lag anfangs nur in der Flucht, der Flucht in die Bücher, in die Welt der Gedanken, auch der Flucht aus dem Lehrberuf. Ich wurde von meinem Vormund einfach nach München geschickt und in eine Schlosserei gesteckt. Das war schrecklich, das Eisen war kalt und hart und schwer und die Leute waren halt, wie der Pöbel ist, phlegmatisch, oberflächlich, nur nicht denken.

Nachdem mir das alles nicht paßte, und ich mich mit dem einzigen Mittel, das ich hatte, dagegen zur Wehr setzte – dem Mittel der Verweigerung –, kam ich erst mal in eine Erziehungsanstalt. Da ging's mir erst recht schlecht. Schlimm war, daß ich dort die erste

Zeit jeden Tag geprügelt wurde, schlimm war auch, daß ich fast ein Jahr lang keinen Freund hatte, der mir irgendwie geholfen hätte, und ein ganz verschüchterter, armer Hund geworden bin, der sich drückte, wo er konnte. Ich sollte da eine Schreinerlehre machen, aber das war natürlich Humbug. Man war meistens auf dem Acker, Kartoffeln pflanzen oder Rüben rupfen oder im Winter im Wald, Bäume fällen, aber man war nicht da, um was zu lernen. Ich hatte dann auch einen seelischen Zusammenbruch mit teilweisem Stimmverlust, eine ganz gute Abwehrmaßnahme des Körpers, der sich einfach überfordert fühlte.

Auf alle Fälle bin ich da abgehauen, hab mich nach Hause durchgeschlagen und kam dann auf Fürsprache von irgendwelchen Bürgern, die quasi die Verantwortung für mich übernommen und eine zweite Vormundschaft aufgebaut haben, aus dem Heim heraus. Bei meiner Pflegemutter hab ich meine Lehre als Schreiner fertiggemacht, nolens volens, da ich überhaupt keine Ambitionen hatte, Schreiner zu werden. Aber ich wollte dieses Jahr, das mir angerechnet wurde, nicht verlieren. Als die Lehrzeit endlich vorbei war, bin ich von allem weg, von zu Hause, von diesem Beruf, und ich hab mir gesagt, nie wieder rühre ich einen Hobel an. Inzwischen finde ich den wieder gut, den Umgang mit Holz, aber damals hab ich alles andere gemacht, nur nicht das. Bei einer Erdölfirma hab ich nach Öl gebohrt, bei irgendwelchen Scheißzeitungen hab ich den Drücker gemacht, bei einer Fabrik hab ich mich schamlos ausnutzen lassen in so einer Entwicklungsgeschichte für Kühlschränke, in einer Kabelfabrik hab ich Schwerstarbeit geleistet, bei der Trambahn war ich Schaffner, Architektur-Modellbau hab ich gemacht, lauter so Kram. Nichts Halbes, nichts Ganzes. Eigentlich war ich immer ein Einzelgänger. Ich hab mich immer nur wohl gefühlt allein, mehr als drei Leute sind mir schon zuviel, und ich werd auch immer misanthropischer.

Aber ich glaube, daß die Möglichkeiten der Unterdrückung und Verschüttung alle gar nicht so genutzt worden sind bei mir. Man hätte noch viel mehr verschütten können, wenn ich nicht oft eine innere Gleichgültigkeit, eine Wurschtigkeit, eine Frechheit gehabt hätte, so daß viele Dinge an mir abgeprallt sind wie Wassertropfen. Es kommt vielleicht hinzu, daß ein gerüttelt Maß an Intelligenz von Haus aus dagewesen ist, die man hätte mehr fördern können, wenn nicht mein Werdegang von ganz anderen Kriterien beherrscht gewesen wäre. Mein Vater war Schriftsteller, Philosoph, und meine Mutter war bestimmt nicht aufs Maul gefallen, sie war eine intelligente Person. Da war schon was, die Basis war ja nicht irgendein Hühnerstall. Ich kam dann halt nur zu einer ganz einfachen Frau, die sich wirklich ihr armseliges Leben vom Mund absparen mußte und meins dazu.

Nicht alle Kindheitseinflüsse waren ja negativ. Das war ganz klar nach Geschlechtern getrennt, das Positive waren immer die Frauen, das Negative die Männer. Positiv war meine Pflegemutter – negativ mein Vormund. So ist es geblieben. Frauen waren immer entscheidend in meinem Leben. Nicht die Männer. Weil sie meist dumm und arrogant sind, sich selber viel mehr überschätzen als Frauen. Überhaupt, das Überhebliche im Mann, das kann ich nicht ausstehen, und das findest du so permanent. Ich verstehe, daß Frauen sich dagegen auflehnen. Ich verstehe nur nicht, daß manche – besonders die Emanzen, im unangenehmen Sinn des Wortes –, daß die generell die Männer pauschal verurteilen. Ich verurteile Männer auch eher pauschal, aber das sind meine Geschlechtsgenossen, da kann ich mir das erlauben. Frauen haben mich auch nicht so oft enttäuscht wie Männer. Die waren entweder kumpelhaft, und das schlug dann ins Gegenteil um, oder sie waren nicht mal kumpelhaft. Bis auf einige wenige, die Format haben, wie zum Beispiel Sebastian oder mein Freund Otto.

Aber Frauen waren immer wichtiger als die Männer, und eine der wichtigsten Frauen in meinem Leben war Heidrun. Die war damals 26 und ich war zehn Jahre jünger. Heidrun hat mich gefördert, sie hat mir Wege gezeigt, die meinen Anlagen sehr nahekamen. Sie hatte einfach eine Art, mich zu leiten, das war sagenhaft. Heidrun war eine ausgezeichnete Psychologin, die gesehen hat, was gut und was nicht gut für mich war. Gut waren beispielsweise die Gespräche, das Hinführen zur Literatur, zur Malerei, zur Musik, und das spielte sich ja nicht im Elfenbeinturm ab, sondern ganz in der Praxis. Ich habe damals angefangen zu zeichnen, zu malen, zu lesen, Musik zu hören. Gut war auch die sexuelle Verbindung mit ihr. Wir waren sicher nicht sehr kamasutrisch in unseren Liebesbeziehungen, aber ich habe etwas erlebt mit Heidrun, das ich später oft ganz anders erlebt habe. Wenn wir miteinander geschlafen haben, konnten wir uns immer in die Augen schauen und ohne Scham oder Verklemmung oder Peinlichkeit zu normalen Dingen übergehen, bis sie sich dann wieder abgelöst haben durch ein erotisches Spannungsfeld.

Aber ich habe mich sexuell ja auch sehr frei entwickeln können. Der Katholizismus, der hat mich immer kalt gelassen, der hat mich nie interessiert. Und bei meiner Pflegemutter waren sexuelle Dinge nicht verboten, weil man sich nicht artikulieren konnte, was man zu verbieten oder zu erlauben hätte. Es war eben eher ein luftleerer Raum, in dem ich mich frei entwickeln konnte. Und so war mein erstes sexuelles Erlebnis denn auch sehr schön. Da war ich 14 und sie war 42. Wir haben uns ziemlich schnell ineinander verknallt – ich, weil ich noch so jung war, und sie, weil sie schon so alt war. Das war wie ein Spaziergang in eine Gegend, die ich schon kannte. Es war neu, aber es war mir nicht fremd.

Für mich hatten sexuelle Dinge ja nie den Nimbus des Unberührbaren. Für mich war das immer eine ganz freie und lockere Sache. Und ich habe mich in meiner Sexualität immer primär auf den anderen eingestellt, ich wollte immer mehr geben, als mich selber befriedigen. Und das ist doch auch ganz logisch, daß der Mann das tun muß, weil die Frau meist langsamer reagiert als er. Also hat der Mann 'ne Führungsrolle, oder bildet sich ein, sie zu haben. Und das bedeutet ja nicht nur, daß er vorangehen soll, sondern auch, daß er den anderen dabei mitnimmt.

Für mich war Sexualität früher schon sehr zentrisch, ich habe ja quasi für die Liebe gelebt. Ich war damals viel freier, viel relaxter, viel unabhängiger als heute, ich habe mir das Leben sehr leicht gemacht. Ich hab Verpflichtungen nicht eingehalten, hab mich weder um Maren noch ums Kind gekümmert, aber ich war ja auch ärmer, viel ärmer. Obwohl, Geld hat mich immer interessiert. Ich wollte es immer haben, um mir damit eine Unabhängigkeit zu schaffen, aber das ist unmöglich. Entweder du hast so viel Geld, daß du unabhängig bist von Leistungszwängen, oder du hast nicht so viel Geld, und dann mußt du halt arbeiten und bist nicht unabhängig. Durch die Arbeit hat die Sexualität bei mir einen viel niedrigeren Stellenwert bekommen. Ich hab mich doch sehr geändert, indem ich mich an die Notwendigkeiten angepaßt habe. Ich bedaure das schon, aber man kann nicht beides haben.

Die zentrale Bedeutung, die der Sex früher bei mir hatte, kam wahrscheinlich aus einem großen Zärtlichkeitsbedürfnis, aus einem Hunger nach Liebe, der in meiner Jugend ja nur teilweise gestillt wurde. Ich suchte eigentlich immer ein Zuhause. Heute habe ich es gefunden, ein Zuhause, das quasi als Relais-Station dient, in der man Kraft schöpfen kann für die Umwelt, mit der man doch immer Schwierigkeiten hat. Ich hab jedenfalls permanent Schwierigkeiten, mit allem und jedem. Nur das Zurückziehen hilft mir, nicht total zu stranden.

Vielleicht sollte ich ganz froh sein, daß du nach Mexiko gefahren bist, denn sonst hätte ich Judith nicht kennengelernt ... Schwer zu sagen. Aber wenn man eine Beziehung zu jemanden hat, und ich glaube, daß unsere Beziehung schon sehr stark war, dann vergeht die natürlich auch nicht so von heute auf morgen.

Bedeutet hat mir diese Beziehung erst etwas, nachdem wir neu angefangen haben. Da hat mir das unheimlich viel gebracht. Alles andere war nur Vorspiel, Zweikampf – diese schreckliche Zeit in deinem Ein-Zimmer-Appartement. Ich war in eine Ehe verstrickt, die mir nicht paßte, und hoffte nur auf ein Auseinanderbröckeln dieser Geschichte, aber du warst dann irgendwann auch kein Äquivalent, du hattest Probleme in dieser Scheiß-Redaktion. Wir haben uns wohl nicht nur bekämpft, aber die letzte Zeit war so schlimm, daß es wie eine Erleichterung war, als du mich rauswarfst.

Du warst ja ein typisches Kind unserer Zeit, unheimlich quirlig, von einer oberflächlichen Selbstsicherheit, die in dieser Redaktion permanent unterminiert wurde, aber mit einem ziemlich graden Kopf. Und du hautest mit deinem ganzen Elan und deinem ganzen Schwung in etwas hinein, was in dieser Zeit offen daliegt, nämlich die Emanzipation der Frau. Die muß ja quasi über die Fähigkeiten des Mannes hinausgehen, eine Frau muß besser sein als der Mann, um von den Männern ernst genommen zu werden. Und das ist etwas, was du – soweit ich dich kenne – immer versucht hast. Aber das kostet Kraft, und darunter leiden wahrscheinlich deine Beziehungen.

Richtig angefangen hat es ja mit uns überhaupt erst, als du aus Spanien zurückkamst. Da warst du nicht mehr so auf deinen Beruf fixiert, da hattest du vor allem den Anflug eines politischen Bewußtseins entwickelt, der mir unheimlich sympathisch war. Du warst irgendwo echt engagiert, und auch sexuell war das irgendwie sehr erfrischend. Da habe ich dich ganz neu entdeckt: ein ganz vertrautes, brandneues Wesen! Das war schon berauschend.

Die Situation war anfangs sehr gut, weil wir uns beide verändert hatten, so daß man sagen konnte, jetzt haben wir eine Basis, jetzt sprechen wir über die Dinge, die uns beide berühren. Wir reden nicht mehr aneinander vorbei, sondern miteinander. Ich hatte ja auch einen Bewußtseinsprozeß in der Kommune durchgemacht, ich war leichter lenkbar. Während ich früher nur Hohn und Spott übrighatte, wenn ich abwaschen sollte, wusch ich plötzlich immer ab. Du hast deinen Job gemacht – ich habe das Haus gehütet. Das war meine Rolle. Ich hab mich in dieser Rolle nicht benachteiligt gefühlt, mein Selbstbewußtsein war dadurch in keiner Weise angeknackst. Ich meine, ich spül nicht gern ab und mach nicht gern Hausarbeit, aber ich kann genausowenig verstehen, wie eine Hausfrau gern Hausfrau sein kann. Das sind halt Notwendigkeiten, die gemacht werden müssen.

Aber all das Positive wurde dann überlagert von dieser Scheiß-Idee, nach Mexiko zu fahren. Und irgendwann hatte ich das Gefühl, für dich bin ich eigentlich nur ein Spielzeug, ein aus der Hochburg der Revolution kommender Sendbote einer Idee, den man quasi in deinen Kreisen als Party-Schocker vorstellen konnte. Wir gingen auf Parties, wo ich mich wirklich benahm wie der Wolf im Karpfenteich, wo ich bramarbasierend und donnernd die Weltrevolution verkündete, aber nicht für euch, ihr Arschlöcher, denn ihr habt den Arsch zu weit unten, ihr habt ja sowieso keine Ahnung davon, geschniegeltes und herausgeputztes Pack ... So ungefähr war das. Ich weiß noch, wie du mir einen wunderschönen roten Rollkragen-Pullover gekauft hast, und dazu hatte ich eine blaue Mao-Jacke, aber keine billige, sondern ganz was Edles, ich war also jemand, den man vorzeigen konnte. Und dann tappte dieses Vorzeigemodell auch noch wilde Flüche von sich gebend über den Kapitalismus und den Spätkapitalismus und den Vielzuspät-Kapitalismus mit irgendwelchen Sektgläsern in der Hand durch irgendwelche Parties. Und du, klein und zierlich, immer daneben, du schautest die Leute so an und erzähltest ihnen, wer ich sei: «Der kommt aus Berlin und war in ’ner Kommune ...» Das war schon alles sehr komisch.

Ja, und dann warst du weg.

Deine Abreise fiel zum Glück so günstig, daß ich schon zu Dreharbeiten in Italien war, als du den ganzen Wohnungsauflösungsscheiß machtest. Ich war in dieser Produktion als Regie-Volontär das 35. Rad an einem nicht fahrbaren Wagen und bekam 70 Mark die Woche ausbezahlt, damit stand ich ganz schön mies da. Bei diesem Film hab ich dann Judith kennengelernt, die machte den Ton. Da hatte ich plötzlich das, was ich durch dein Weggehen vermißte, nämlich jemanden, der für mich da war.

Aber diese Geschichte mit Judith war keineswegs etwas, worauf ich voll eingestiegen bin, wo ich gesagt habe, das ist jetzt was für Dauer. Ich hielt mich ja immer noch daran fest, daß die Mexiko-Zeit vorbeigeht, deshalb hab ich dir auch nie was geschrieben von Judith. Ich wollte nicht eine Tür zuhauen, die vielleicht offengeblieben wäre, wenn sich die Dinge anders entwickelt hätten.

Aber für Judith war das nicht so eine vorübergehende Liaison, die stellte sofort Ansprüche und machte mir die bittersten Vorwürfe, ich würde sie nur als Lückenbüßer benutzen, solange du nicht da bist. Ich war damals sehr pazifistisch eingestellt und hab mich nicht gewehrt, weder verbal noch körperlich. Ich bin einfach abgehauen, bin zu einem Freund gezogen und da in einem unheimlichen Sumpf gelandet. Bei dem wohnten so Typen, die rauschgiftsüchtig waren, Dealer, Pusher, Fixer, und der ganze Horror dieser ekelhaften Szene war plötzlich mein Lebensraum. Entsetzlich.

Mittags standen wir auf, das erste war gleich 'ne Haschisch-Wasserpfeife, und das hörte nicht mehr auf, bis man wieder ins Bett gefallen ist. Während dieser Zeit fälschten die anderen Rezepte, hüpften in eine Apotheke und wieder zurück, um sich die Sachen zu injizieren, und nach der Injektion wurden wieder Rezepte gefälscht, dann wurde wieder zur Apotheke gewetzt, entsetzlich. Ich habe zum Glück außer Marihuana, einem wunderschönen Gras, nichts geraucht, weil ich immer schon so eine panische Angst vor harten Sachen hatte. Aber nach drei Wochen bin ich reumütig zu Judith zurückgekehrt.

Und mittlerweile kamen deine Briefe ... Briefe, die so was von überhaupt nichts mehr erkennen ließen von diesem Nach-spanischen-Geist, diese Briefe haben mich geärgert, wütend gemacht, angekotzt, gelangweilt, die haben mich dir richtig entfremdet. Die waren wirklich das Produkt einer bourgeoisen Erziehung, und die waren eigentlich auch der Grund, warum ich dann immer mehr einen Zorn bekam auf dieses Mexiko. Erstens hatte es mich, wie es damals schien, vollkommen aus der Bahn geworfen, daß du mich verlassen hattest. Und dann wurdest du immer bornierter, immer dämlicher, statt daß du da was lerntest. Gerade, wenn man aus den 68er Jahren kam, dann mußte man doch sehen, was sich da Revolutionäres tat! Das hast du ja auch, aber geschildert hast du lauter bourgeoisen Mist. Das war von deiner Seite alles vergessend, was mich betraf. Das war ganz daneben.

Und dann kamst du wieder, und da war ein halbes Jahr vergangen, und du warst sauer, daß keiner in der Wohnung war. Ich kann mich noch erinnern, mit welchem Schmollen du mir das vorgeworfen hast. Du bist felsenfest davon ausgegangen, daß ich da bin wie eine Brezel. Und da wurde mir klar, daß du gar nicht realisiert hast, was in mir vorgegangen ist. Man kann doch nicht einfach etwas wegwerfen und erwarten, daß es am selben Platz liegt, wenn man wiederkommt! Und nichts anderes hast du ja eigentlich gemacht.

Und da war ich natürlich empört über soviel Ignoranz und Selbstsucht. Da dachte ich mir: die Judith hat mir ja wirklich wie eine Glucke ein Nest gegeben, mich behütet, und jetzt kommt dieses Miststück, das mich sträflich verlassen hat, und dem es vollkommen egal war, was mit dir so passiert, und will, daß alles, plopp, plopp, so weiterläuft wie bisher. In diesem Augenblick wurde mir klar, daß ich Judith etwas schuldete, was ich dir nicht schulde, und da war irgendwann das Krüglein zerbrochen. Und das war's dann auch.

Ich bin sicher: wenn die Mexiko-Geschichte anders gelaufen wäre, wenn du dich mehr um mich gekümmert hättest, mehr auf mich eingegangen wärest – dann wäre nichts dagegen einzuwenden gewesen, zusammenzubleiben. Aber Judith war halt in dem Moment da, wo du versagt hast. Bei ihr merkte ich, daß ich ihr wichtig war. Und das war der Kitt, der uns zusammengekittet hat.

SEBASTIAN

Ich hätte ihn gern gemocht. Aber er mochte mich nicht. Also mochte ich ihn auch nicht. Es ging etwas seltsam Finsteres, Feindliches von ihm aus, das mich erschreckte. Ich nannte ihn den ‹Löwen›, weil seine Haare wie eine Löwenmähne über seine Schultern fielen, in einem fahlen Gelb. Er stand da, die Hände in die Taschen seiner Jeans gestemmt und wirkte ungezähmt, bereit zur Flucht, schon damals. Wenn man seine Flucht-Distanz überschritt, reagierte er verstört.

Alles, was ich sagte, nahm er mit Vorbehalt auf. Mit einer Unsicherheit, die oft in Aggression umschlug. Ich verkörperte für ihn das korrupte Bürgertum, etwas, das er haßte und das ihn trotzdem faszinierte. Er fand sie zum Kotzen, meine gespielte Sicherheit, meine Leichtigkeit im Umgang mit anderen, meine Fähigkeit, sich jeder Situation gemäß zu benehmen, aber er hätte all das wohl gern gehabt, um es zu bekämpfen. Ich mußte nicht nachdenken über das, was ich tat, ich war so aufgewachsen. Ich empfand es nicht als Verdienst.

Ihn verunsicherte alles, er mußte lernen, wie man eine Forelle zerlegt. Daß man zum Fisch keinen Rotwein trinkt. Wie man einen offiziellen Brief formuliert. Daß man nicht ‹serwie› sagt, sondern ‹service›. Das ‹gesellschaftliche Parkett› war für ihn Glatteis. Und er haßte mich für die Sicherheit, mit der ich mich auf dieser Fläche drehte. Er sagte oft, da scheiß ich doch drauf, aber richtig drauf scheißen können wohl die meisten erst, nachdem sie die Spielregeln gelernt haben. Er fühlte sich jedenfalls unfrei und unterlegen.

Der Löwe … Er setzte immer wieder zum Sprung an, wenn er mich sah, fletschte die Zähne, schüttelte seine Mähne. Ich fühlte mich bedroht. Gereizt standen wir uns gegenüber, maßen uns mit Blicken, und jeder sah, wie in einem Zerrspiegel, in den Augen des anderen, was er war. Ich sah mich kokett, oberflächlich, politisch weitgehend desinteressiert, ständig bürgerliche Überlegenheit demonstrierend. Er sah sich frustriert, verklemmt, schwerfällig, unfähig zu jenem Small-Talk, der wie Vogelgezwitscher unsere Tage ausfüllte.

Er setzte sich gegen mich zur Wehr und ich mich gegen ihn, aber vielleicht kämpfte jeder von uns nur für seine Vorurteile.

Der Löwe ... Irgendwann entdeckte ich, daß ich ihn mochte, irgendwie. Aber es gab keinen Weg, der zu dem anderen hinführte. Zu hoch waren die Barrieren von Angst, Mißverständnissen, Vorbehalten, Aggressionen. Was immer wir zueinander sagten, es kam falsch heraus, wurde falsch aufgenommen.

Sebastian hatte einen Freund: Peter, mit dem ich damals lebte. Er stand zwischen uns, ratlos, versuchte, die Brücke zu sein zwischen unseren beiden Welten. «Wenn du mich liebst», sagte er zu mir, «mußt du auch Sebastian lieben. Wie kannst du mich lieben, wenn du ihn nicht liebst? Er ist mein Freund, mein Bruder, er ist so wichtig für mich wie du. Manchmal weiß ich nicht, wen ich mehr liebe, ihn oder dich.»

Und wir beide, aufgefordert, einander zu lieben, liebten Peter. Seine Wärme, seine Offenheit, seine Herzlichkeit. Sein verzweifeltes Bemühen, uns zu einem Ganzen werden zu lassen, rührte uns, aber es brachte uns nicht näher. Wir sahen uns an, abwägend. Was war liebenswert an uns? Was liebt er an mir? Und an dir? Die Brücke, die Peter hieß, war da, aber wir wagten nicht, sie zu betreten.

Und so entwickelte Peter eine fixe Idee. «Ihr müßt euch nur besser kennenlernen», sagte er, «dann werdet ihr euch auch mögen. Warum schlaft ihr nicht einfach mal miteinander? Das heißt doch schon in der Bibel so ... Und er erkannte sie, heißt es da. Baut eure Aggressionen ab, kommt euch nahe, liebt euch, entdeckt eure Körper ... Ihr werdet sehen, es ist gut.»

Wir lachten darüber, es war absurd. Miteinander schlafen? Mit Sebastian schlafen, der mir nicht mal die Hand geben mochte? Mit Sebastian schlafen, der in mir den verzickten, oberflächlichen Klassenfeind sah? Das konnte unmöglich gut sein. Immerhin, wir standen uns nicht mehr ganz so unversöhnlich gegenüber. Ich ertappte mich dabei, wie ich den Löwen manchmal von der Seite ansah und überlegte, wie es wohl sein würde ...

Wie es wäre, wenn er mich mit dieser lohfarbenen Mähne zudeckte, wenn seine eckigen Bewegungen plötzlich weich würden und sein meist zynisch zusammengepreßter Mund sich entspannte. Ich ertappte mich dabei, wie ich ihm nachblickte, wie er da in seinem leicht wiegenden Gang vor mir her ging, die langen Beine steckten in den unvermeidlichen Jeans, über der Brust spannte ein weißes T-Shirt. Wäre nicht der schmale Hintern gewesen, der mit den breiten Schultern das klassische Macho-V bildete – man hätte ihn mit seinen Locken glatt für ein Mädchen halten können. Von hinten sah er aus wie eine Collage, ein Frauenkopf auf einem Männerkörper.

Schon wieder so eine absurde Idee, genau wie die, mit ihm zu schlafen. Auf Bestellung mit jemandem ins Bett gehen, um ihn kennenzulernen – verrückt!

Peter fand das nicht verrückt, Peter fand die Idee ‹super›, Peter drängte, bettelte, flehte, feuerte uns an. «Geh, macht's halt was, ihr mögt euch doch, tut's nicht so fremd miteinander, seid nicht so spießig und verklemmt, das is doch nix, miteinander zu schlafen ...» Peter wurde um so besessener von der Idee, je mehr wir beide uns davon distanzierten. Irgendwann hörte der Spaß auf. Irgendwann konnten wir es nicht mehr hören. Wir waren genervt und verärgert. «Hör endlich auf mit dem Scheiß», sagten wir eines Nachts in der *Schwabinger 7* wie aus einem Mund zu Peter, sahen uns an, lachten und fühlten zum erstenmal eine Art von Gemeinsamkeit.

Wir drei zogen durch München. Peter und Sebastian, die sich liebten wie Brüder, die sich Blutsfreundschaft geschworen hatten, die sich ohne Worte verstanden, die aussahen wie ungleiche Brüder: Beide groß, muskulös, schlank, mit blauen Augen, blonde Locken der eine, kupferfarbenes, schulterlanges Haar der andere, introvertiert der eine, offen der andere. Sebastian und ich gingen nie nebeneinander, immer ging Peter zwischen uns. Peter, unsere Brücke. Peter, der die Spielregeln bestimmte, der nicht abließ von dem aufregenden, verrückten, total wahnsinnigen Spiel, das er sich für uns ausgedacht hatte.

Eines Abends wurde Ernst aus diesem Spiel, ganz unerwartet. Ich hatte eine Wut, ich hatte genug von dem Gerede der letzten Monate, ich wollte es einfach wissen.

Wir drei wollten ins Kino, in Andy Warhols *Nude Restaurant*, aber der Film war abgesetzt worden. Also gingen wir zurück nach Hause, in meine Schwabinger Dachwohnung, Sebastian links, ich rechts, Peter in der Mitte. Wir tranken Unmengen von Rotwein, und natürlich kam Peter wieder mal, so gegen zwei Uhr nachts, auf sein Lieblingsthema: Sex. «Laßt den ganzen Gefühls-Ballast beiseite, konzentriert euch auf das Körperliche, genießt euren Orgasmus, lebt aus dem Bauch, seid sinnlich und frei! Ihr beide», sagte

Peter und zeigte auf uns, «ihr seid in den vergangenen Monaten überhaupt nicht weitergekommen! Ihr begreift euch so lange nicht, bis ihr nicht körperlichen Kontakt aufgenommen habt. Schaltet den Kopf aus! Streichelt euch! Verständigt euch mit der Körpersprache! Lernt euch im Orgasmus kennen!»

«Gut», sagte ich da plötzlich mit dieser kalten Wut und stand auf, «okay, vielleicht hat Peter recht, laß uns zusammen schlafen, Sebastian! Komm!»

Die beiden waren mindestens ebenso verblüfft wie ich selbst von diesem plötzlichen Entschluß. Ich streckte mich zwischen den beiden Männern aus und sagte: «So, nun macht mal ...» Wir lachten. Es war eine seltsame Situation, zugegeben. Uns war allen nicht ganz geheuer. Peter rettete sich in Munterkeit, übernahm die Initiative, redete auf uns ein, schlug die Bettdecke zurück und pries mich an wie auf einem orientalischen Basar. Noch war alles ein Spiel, noch war ein Rückzug möglich.

Ich sah Sebastian an, fand ihn schön, hatte Lust auf ihn. Jetzt gerade. Peter war plötzlich nur noch Mittelsmann, er war draußen aus dem Spiel. Das hier ging nur noch Sebastian und mich etwas an. Peter stand leise auf, ging raus. Sebastian beugte sich über mich, seine Haare hüllten mich ein. Wir schliefen zusammen. Es war unerwartet zärtlich und stark. Und es dauerte lange. Sehr lange. Irgendwann, im Schumm, hörte ich, wie Peter reinkam. Und wieder ging, als er sehr laut die Tür hinter sich zumachte.

Ich war plötzlich hellwach. Irgendwas lief hier falsch. Ich löste mich von Sebastian und stand auf. Peter war nirgendwo zu sehen. Ganz dicht vor dem Radio waren eine Menge Kissen aufgetürmt. Er mußte förmlich in den Apparat hineingekrochen sein. Ich ging ins Badezimmer. Und dort stand Peter, nackt, zitternd, so weiß wie das Waschbecken. Er hob die Hand wie zum Schlag, als ich reinkam und schrie: «Raus, ich kann dich nicht mehr sehen, ich ...» Er brach schluchzend zusammen, lag auf den kalten Fliesen, ein zitterndes, von Krämpfen geschütteltes Bündel.

Es hatte keinen Zweck, irgendwas zu sagen. Das hier war kein Spiel mehr, das lief auf einer anderen Ebene. Vielleicht konnte Sebastian helfen. Was war geschehen mit Peter, dem großen Sex-Guru? Es war alles so gelaufen, wie er sich das seit Monaten gewünscht hatte: Wir hatten endlich in der Körpersprache miteinander gesprochen. Ich hörte wieder seine Stimme: «Seid nicht so spießig, seid nicht so verkrampft, was ist denn schon dabei ...?»

Ich kann es dir beantworten, Peter: Gar nichts ist dabei. Es war schön, es war zärtlich und irgendwie ... freundschaftlich. Eine Schranke ist gefallen, wie du es dir gewünscht hattest. Warum bist du so ausgeflippt? War es Angst vor dem Vergleich? Angst vor Liebesverlust? Warst du eifersüchtig? Auf mich oder auf Sebastian? Was hat dich so fassungslos gemacht, Peter?

Die beiden sprachen lange zusammen, bestimmt eine Stunde. Ich schlief schon fast, als Peter kam. Er zitterte immer noch am ganzen Körper. Ich nahm ihn in die Arme wie ein Kind. Er sagte: «Ich habe es nicht ertragen können ... Ich habe mich so ausgeschlossen gefühlt. Ich habe mit so vielen geschlafen, aber ich habe nie jemanden so geliebt wie dich. Ich hatte Angst, daß ich dich verliere, es hat mich ganz krank gemacht, euch zu sehen. Ihr wart so ... so eine Einheit. Ich war gar nicht mehr existent für euch ...»

Am nächsten Morgen saßen wir drei befangen am Tisch. Durch die großen Atelierfenster fiel ein breiter Streifen Sonne ins Zimmer und ließ den Tee bernsteinfarben funkeln. Peter sah verweint und grau aus, fütterte den Kater mit Resten von seinem Frühstücksei. Sebastian rührte stumm in seiner Teetasse. Ich rauchte eine Zigarette nach der anderen.

Ich wäre gern zu Sebastian gegangen, hätte ihm übers Haar gestrichen, hätte gesagt: Es war schön mit dir, trotz allem ... Aber das war unmöglich. Wir wagten ja kaum uns anzusehen, aus Angst, Peter zu verletzen. Dennoch herrschte eine fast körperlich spürbare Vertrautheit zwischen uns. Ich mochte ihn und er mochte mich, wir waren Freunde.

Eigentlich wollte ich Peter sagen: Laß die Freundschaft zwischen dir und Sebastian nicht an dieser Sache kaputtgehen. Der Löwe und ich haben zusammen geschlafen. Na, und? Nun kennen wir uns ein bißchen besser. Nun mögen wir uns ein bißchen lieber. Das war es doch, was du gewollt hast! Sex als zwischenmenschliche Entspannungspolitik ... Aber ich sagte nichts.

Was blieb war eine Verletzung der Freundschaft zwischen den beiden ‹Brüdern›, die nur sehr langsam heilte. Und eine angenehme Vertrautheit zwischen Sebastian und mir. Nicht mehr. Nicht weniger.

Sebastian hatte eine intensive Beziehung zu einem Mädchen, die ihn lockerer und weniger aggressiv machte. Ich verließ Peter und ging nach Mexiko. Sebastian ging nach Berlin, um dort weiterzustudieren. Ich kam aus Mexiko zurück und ging nach Hamburg.

Manchmal, wenn ich beruflich nach Berlin mußte, erinnerte ich mich an den Löwen: Ach ja, der gute, alte, schroffe Sebastian. Ich rief an und wir trafen uns. Wir waren zwei Königskinder, die sich einmal flüchtig berührt hatten. Wir würden nie zueinander kommen. Ich sah, wie verschieden die Welten waren, in denen wir lebten. Die gestresste, hektisch herumwirbelnde Reporterin, die Interviews mit dem Establishment machte, der radikale Kommunarde, der in der politischen Arbeit aufging und für das, was ich machte, nur Verachtung übrig hatte.

Jetzt war ich es, die sich danach sehnte, in seiner Welt zu leben. Ich beneidete ihn um die Radikalität seines politischen Engagements, um seinen konsequenten Konsum-Verzicht, um die nächtelangen, erbitterten Diskussionen mit den Genossen. Da saßen sie denn alle auf ihren Matratzen in der Kommune, lebten ihre Drogenerfahrungen aus, ihre Frustrationen, ihre Sexual-Ängste, hatten ein politisches Ziel, für das sie sich einsetzten: den Umsturz der kapitalistischen Gesellschaft.

Und was machte ich? Ich richtete mir meine Wohnungen ein, düste in der Welt herum und sprach mit Show-Stars. Sebastian war wichtig für mich als Bindeglied zu dieser anderen Welt, der Welt der Demonstrationen, der Psycho-Trips, der Sensitivity-Trainings. Durch ihn gelang es mir, Distanz zu dem zu halten, was ich repräsentierte und was ich tat. Er stellte mich in Frage, immer wieder. Dadurch stellte er die Leistungsgesellschaft in Frage, in der ich lebte. Ich schaffte es zwar nicht, mich auszuklinken, aber ich machte die Wertmaßstäbe der Leistungsgesellschaft nicht zu meinen eigenen.

Bei meinen kurzen Besuchen bei Sebastian versuchte ich, mit den Kommunarden zu reden, aber es war unmöglich. Jetzt hatte ich, im Gegensatz zu Sebastian, das Vokabular nicht drauf, auch wenn ich über meine schlechten LSD-Trips sprach oder über das neueste Buch von Timothy Leary. Es klang alles zu aufgesetzt, zu schick. Ich spürte das Voyeuristische, das ich ausstrahlte: Na, wie sieht's denn so aus in der linken Szene?

Als Mann interessierte mich Sebastian nicht besonders. Wir schliefen ein paarmal zusammen, halt so, aus alter Freundschaft, und weil es irgendwie dazugehörte. Ich erinnere mich kaum daran. Ich machte keinen Versuch, ihn näher kennenzulernen. Das war auch kaum möglich. Früher hatte er sich hinter einer Mauer von Schweigen versteckt. Heute versteckte er sich hinter einem Wortwall ideologischer Überlegenheit.

Irgendwann verlor ich ihn ganz aus den Augen. Erst drei Jahre später sahen wir uns wieder. Die Zeit des politischen Aufbruchs war vorbei, man hatte sich, notdürftig, mit dem Establishment arrangiert. Sebastian war inzwischen Studienrat. Er lebte immer noch in Berlin, er lebte immer noch in Wohngemeinschaften.

Ich hatte nicht einmal besonders Lust, ihn wiederzusehen. Ich wußte kaum mehr, wie er aussah, hatte ihn irgendwie bläßlich und gedrungen in Erinnerung. Wir verabredeten uns am Ku'damm, um drei Uhr nachmittags, er kam auf mich zu, ganz in Blau, enge Jeans, verschossenes Hemd, seine Haare waren kürzer geworden und sein Blick offener, und plötzlich passierte etwas mit mir.

Ich sah ihn an und liebte ihn. Es war wie ein magischer Flash, der mich fassungslos zurückließ. Das war nicht mehr der gute, alte Sebastian, den ich erwartet hatte, das war jemand Fremdes, Faszinierendes, jemand, den ich jetzt zum erstenmal bewußt sah und den ich haben wollte, um jeden Preis.

Was war geschehen? Er war meilenweit entfernt von dem verkrampften Burschen in München, der den Mund nicht aufkriegte. Er hatte Ausstrahlung, Kraft, sogar Humor. Ich liebte die Art, wie sich sein Gesicht im Lachen verwandelte, liebte sogar den berlinerisch-rotzigen Tonfall, in dem er sagte: «Mann, du hast doch keene Ahnung, wat Sache is ...»

Ich trottete wie geschlagen neben ihm her und hatte nur einen Wunsch: Ihm zu sagen, daß ich ihn liebte und daß er mich lieben solle, daß alles andere gleichgültig ist, daß nur noch diese schmale Gestalt in den verwaschenen Jeans für mich zählt, die ich nicht kannte. Im Film würde jetzt wahrscheinlich das Hollywood-Bowl-Symphony-Orchestra einsetzen: *Love is in the air.*

Er merkte es nicht, er hatte keine Ahnung von meinem Gefühlsaufruhr, wie sollte er auch, für ihn war ich die gute, alte Fee aus Münchner Zeiten. Bei mir war Weiße Magie im Spiel, er hatte sich vom Frosch in den Prinzen verwandelt, und ich fühlte wie der Frosch.

«Hast du ’ne Freundin», sagte ich, mehr feststellend als fragend, und er machte stolz eine Bewegung, die die ganze Welt umfaßte. «Klar», sagte er, «klar hab ich ’ne Freundin.»

Klar, dachte ich verzweifelt, was hast du denn gedacht, wieso soll er keine Freundin haben ... Es ist sowieso Quatsch, was soll denn das alles, du kannst dich doch nicht plötzlich in jemanden verlieben, den du jahrelang kennst ... Ach, Scheiße.

Wir saßen im letzten Abendsonnenlicht im Garten einer Berliner Destille, die Luft roch feucht nach welkem Laub und schalem Bier, neben uns grölten zwei Besoffene, und ich liebte ihn und hatte Angst.

Als er, so nebenbei, mal sagte: «Na, und wat is nu? Bleibste heute nacht hier?» – da wußte ich, daß ich nicht bleiben würde. Die Zeit der kameradschaftlich-belanglosen Ficks war vorbei, ich war verletzlich geworden. Ich hatte Lust, ihn zu berühren, hatte Lust, seine großen, etwas schwieligen Hände zu spüren, überall, hatte sogar Lust auf seinen großen Schwanz, der mir früher immer etwas angst gemacht hatte. Ich saß da mit einem emotionalen Überdruck, der mich erstarren ließ, weil er keine Entsprechung fand. «Nein», sagte ich und trank den letzten Rest Wein aus, «nein, ruf mir ein Taxi, ich hab morgen unheimlich viel zu tun, aber wenn du Lust hast, mal nach Hamburg zu kommen ...»

Er kam, als es ihm schlechtging, zwei Monate später. Seine Freundin hatte sich von ihm getrennt, jene, die er mir mit dieser stolzen, weltumspannenden Geste vorgestellt hatte: Klar hab ich ’ne Freundin ...

Und ich war glücklich. Ich sah nur: Er war gekommen. Ich sah nur: Er war frei. Ich sah nicht, wie tief er noch in dieser Geschichte drin war, ich wollte es nicht sehen. Für mich zählten nur meine Gefühle, nicht seine Gefühle.

Er kam, und ich legte ihm Hamburg zu Füßen. Meine ganze Welt. Wir gingen an der Alster spazieren, der Schnee knirschte unter unseren Füßen, und unser Atem flog wie eine kleine weiße Wolke vor uns her. Wir hockten eine halbe Nacht in einer Kneipe auf dem Kietz, im Hintergrund plärrte die Musikbox *Agatà* ..., und wir tranken immer noch einen Sambuca, knirschend zerbissen wir die schwarzen

Kaffeebohnen. Hand in Hand fuhren wir durch die tiefverschneite Stadt ins Kinder-Theater nach Altona, es gab *Prinz und Bettelknabe*, ein Freund von mir war der Prinz. Wir kauften Bonbons und tranken Kakao im angrenzenden Café, und die Kinder saßen mit glühenden Bäckchen um uns herum, und ich war glücklich. Am Abend schleppte ich ihn mit auf ein Fest, schau, lauter tolle, interessante Leute, und er stand da, ein wenig fremd, weißer Pullover, dunkelbraune Cordhose. Und am Morgen kamen Freunde zum Frühstück, wieder tolle Leute, und wir saßen da bis zum Nachmittag und quatschten, tranken Sekt und hörten einen müden Leonard Cohen, während es draußen leise anfing zu schneien und alle Geräusche nur noch gedämpft nach oben drangen. Unaufhörlich inszenierte ich einen Wirbel von Menschen, Situationen, Ereignissen: Schau, so toll bin ich, und deshalb mußt du mich lieben!

Natürlich schliefen wir miteinander. Aber da konnte ich mich nicht mehr in Szene setzen, und ich hatte das Gefühl, daß Sebastian unbestimmt enttäuscht war. «War's schön», fragte ich, und er sagte nur: «Es ging alles so schnell, viel zu schnell.»

Ich küßte seinen flachen, harten Bauch mit dem blonden Flaum darauf und sagte, aus einem gewissen heiteren Überschwang heraus, so leichthin wie möglich: «Ach, ich glaube, ich bin verliebt in dich ...» Ich merkte, wie er zurückzuckte, wie er sich lachend und burschikos rettete: «Mach bloß keinen Scheiß!» Ich lachte auch, versuchte, meine Gefühle runterzuspielen. Es gelang mir nicht.

Er flog zurück nach Berlin, ich brachte ihn zum Flughafen, er stand da in seinem schmutzigen Schafsfell, ich warf mich in seine Arme, und er sagte: «War richtig jut in Hamburg ... War ja irre wat los, wa?» Ich blieb vorm Flughafengebäude stehen, blickte seiner Maschine nach, die langsam in den blaßblauen Winterhimmel hineinschwebte.

Er machte mir keine Hoffnung, die Hoffnungen machte ich mir selber. Er rief nicht an. Schrieb nicht. Ich rief an. Ließ nicht locker. Flog nach Berlin, war einfach da, fest entschlossen, ihn von mir zu überzeugen.

Aber je weiter ich auf ihn zuging, desto weiter wich er vor mir zurück. Er sah mich an wie ein gejagter Hase. Er hatte seine Chance gehabt, mir zu entfliehen. Nun war es zu spät. Er hätte sagen können, es hat keinen Zweck, jetzt oder überhaupt, komm nicht. Aber er hatte wohl nicht die Kraft dazu. Und nun war ich da, in seinem kargen Zimmer in der Wohngemeinschaft, in dem sich nichts Persönliches befand. Eine Matratze auf dem Fußboden. Ein paar Bücher, meist Fachliteratur. Ein Schreibtisch. Ein Stuhl. Das war alles. Er war einfach nicht existent in seinen Zimmern. So, als hätte er Angst, Spuren zu hinterlassen.

Als einziger Farbfleck hing in diesem Zimmer ein Plakat aus Südfrankreich, in Meerblau, Schindeldächerrot, Palmengrün, eine einzige Herausforderung in diesem tristen, spartanischen Environment. «Südfrankreich», sagte er, und seine ruhige, tiefe Stimme wurde weich, «im Juli fahre ich nach Südfrankreich zu Freunden, einen ganzen Sommer lang, sechs Wochen Ferien, wow! Da kann ich endlich wieder Französisch quatschen und in der Sonne liegen und *vin rouge* trinken ...»

Ich sah ihn vor mir, gebräunt, die Haare noch etwas blonder, im Kreis von Freunden, die ihm alle mehr bedeuteten als ich, entspannt, offen, nicht mehr vor mir und vor sich selber auf der Flucht, endlich vielleicht ganz er selber. Für mich war kein Platz in diesen Sommerplänen, für mich war überhaupt kein Platz in irgendwelchen Zukunftsplänen, ich war da, hier und heute, und das war schon zuviel.

Einmal kam ich rein, in dieses Zimmer, und da saß er mit dem Rücken gegen die Wand auf dem Fußboden, und ich hatte das Gefühl, wenn er gekonnt hätte, wäre er rückwärts durch die Wand gegangen, so stark war sein Wunsch, mir auszuweichen. Vor dieser Situation zu flüchten, vor meiner besitzergreifenden Liebe. Ich war der Häscher, der Eindringling, der Verfolger, der ein Netz von Emotionen über ihn geworfen hatte, das ihm kaum Luft zum Atmen ließ. Aus Panik vor dieser allzu großen Nähe schloß er sich stundenlang im Bad ein, er begann sogar die Küche zu schrubben, was alle Mitglieder der Wohngemeinschaft zu ironischen Bemerkungen veranlaßte.

Nun war er es, der einen Wirbel von Ereignissen inszenierte, aber nur, um nicht mit mir allein sein zu müssen. Überall legte er so viel Distanz wie möglich zwischen uns. Wir gingen auf einen Flohmarkt, und er trödelte absichtlich herum, so daß ich immer wieder stehenbleiben mußte, um ihn, weit entfernt von mir, an irgendeinem Stand zu entdecken. Wir gingen auf ein Fest, und schon saß ich allein zwischen lauter bekifften Typen, während er in einem der vielen Zimmer der Altbauwohnung verschwunden war.

Sebastian gab mir keine Chance. Ich versuchte, mit ihm zu reden, versuchte, herauszufinden, warum er so ablehnend war. Aber er war unfähig, darüber zu sprechen. Jede Offenheit war aus seinem Gesicht verschwunden, selbst seine Körpersprache signalisierte nur: Stop! Bis hierhin und nicht weiter! Und wenn ich mich bemühte, über das mit ihm zu sprechen, was ihn offensichtlich am meisten beschäftigte – sein kaputtes Verhältnis zu Anne –, kapselte er sich noch mehr ab. Das wenige, was er über sie sagte, ließ ihn als den Schwächeren erscheinen, der lange auf verlorenem Terrain gekämpft hatte.

Je mehr ich versuchte, ihn psychisch auszuloten, desto hilfloser wurde ich. Aus allzu großer Nähe betrachtet verschwamm mir sein Bild vor den Augen. Seine abblockende Haltung – war das nun einfach Desinteresse oder die Angst, in einer neuen Beziehung mit einer sogenannten ‹starken Frau› wieder der Schwächere, der Unterlegene zu sein, verletzt und verlassen zu werden wie in der Beziehung mit Anne? Konnte er überhaupt Gefühle entwickeln, war nicht genau an dieser Unfähigkeit zu lieben auch die Geschichte mit Anne kaputtgegangen? Ich wußte, ich hätte mit dieser Kargheit, die Sebastian in allem vermittelte – emotional, verbal, sogar in seiner Einrichtung –, nicht leben können. Ich versuchte manchmal, mir vorzustellen, wie es wäre, wenn Sebastian ganz einfach «Ich liebe dich» sagte. Es gelang mir nicht. Wenn er es gesagt hätte, nur so, es hätte wie eine Beleidigung geklungen oder zynisch oder ironisch oder lächerlich.

Auch in Gesprächen mit anderen sah ich das Bild eines Menschen, der ständig vor sich auf der Flucht ist. «Der Sebastian, der ist doch lange Zeit nur gerannt», sagte seine Freundin Sabine. «Den haben wir in der Wohngemeinschaft manchmal wochenlang praktisch gar nicht zu Gesicht bekommen.» Das tröstete mich irgendwie: also rannte er nicht nur vor mir davon. Ich hörte, daß er mit Anne nie in einem Zimmer gewohnt hatte. Auch das tröstete mich: also konnte er die Gegenwart anderer Frauen auch nicht ertragen.

Ich schwankte bei meinen Besuchen zwischen Selbstüberschätzung und heftigen Minderwertigkeitskomplexen. In Phasen der

Selbstüberschätzung fühlte ich mich stark, versuchte Sebastian, dem ‹sozialen Aufsteiger›, so viel Selbstvertrauen wie möglich zu geben, indem ich ihn ständig mit Liebesbeweisen überhäufte: Das empfinde ich für dich und darauf kannst du bauen! In Phasen der Unsicherheit rasteten bei mir sämtliche Vorurteile ein, die Sebastian gegen mich im Laufe der Jahre aufgebaut hatte. Wer war ich denn schon? Leistete ich überhaupt politische Basis-Arbeit? Wie oft war ich in meinem Leben schon für meine Überzeugung auf eine Demo gegangen? Wofür setzte ich mich eigentlich ein? All das, wodurch ich sonst mein Selbstbewußtsein bezog – meine Freunde, meine Karriere, teure Klamotten –, all das zählte hier nicht. Was zählte war politisches Bewußtsein. Und das hatte ich kaum vorzuweisen. Ich fühlte mich bei Sebastian auf mich selbst zurückgeworfen, nackt und schutzlos. Und er tat nichts, um mich aufzubauen.

Ich liebte ihn, trotz allem – oder vielleicht gerade weil er seine Stacheln aufstellte. Ich wollte ihn knacken, das, was sich mir entzieht, reizt mich stets am meisten.

Und zwischendurch gab es ja auch kleine Zeichen von Hoffnung, an die ich mich klammerte: Seine überraschende Zartheit und Zärtlichkeit im Bett (später erzählte er mir mal, er habe so eine gewisse sexuelle ‹Taubstummen-Sprache› entwickelt, weil er unfähig gewesen sei, sich verbal über Gefühle zu äußern). Oder wenn er mich plötzlich, mitten auf der Straße, in den Arm nahm. Oder daß er mich zum Flughafen brachte, am letzten Abend.

Ich sah ihn an, wie er da stand, all unsere Abschiede auf Flughäfen lagen in diesem Moment, er blieb zurück, und ich stieg ein in die Maschine, die idiotische 400 Kilometer zwischen uns legte. Noch im Flugzeug, als Ventil für meine widerstreitenden Gefühle, schrieb ich ein Gedicht. Ich schickte es ihm. Er erwähnte es niemals.

Ich flog noch mal nach Berlin. Es wurde ein Desaster. Sebastian war noch mehr auf der Flucht vor mir als beim letztenmal. Ich war völlig verunsichert, bezog alles nur auf mich, fand mich unattraktiv und zickig. Wieder rettete er sich in hektische Betriebsamkeit, um ja nicht mit mir allein sein zu müssen.

Am Samstagabend war ein griechisches Essen bei Freunden geplant, und so gingen wir morgens auf einen von Berlins Wochenmärkten, um einzukaufen. Ich war in meinem Element, ich war fast fröhlich. Ich liebe Märkte, wo immer ich auch bin, ich gerate in wahre Gemüse-Räusche, ich kann gar nicht genug kriegen von goldenen Zitronen, violett-schimmernden Auberginen, lackroten Tomaten und diesen grünen Salat-Rosen.

Das Essen drohte in ein Chaos auszuarten. Keiner schaffte es, die Regie für eine Mahlzeit von vierzehn Leuten zu übernehmen. Also krempelte ich die Ärmel hoch und brachte es fertig, innerhalb von drei Stunden fünf verschiedene Salate zusammenzustellen und das Lamm pünktlich garzubrutzeln. Sebastian fand das toll, alle fanden das toll, aber auch das brachte mich Sebastian nicht näher. Liebe ist zwar auch Leistung, aber Leistung erzeugt keine Liebe.

Wir hatten noch eine gemeinsame Nacht vor uns, und bei dieser Kälte und Fremdheit, die sich wie ein dunkles Tuch zwischen uns ausbreitete, war das ein ziemlicher Horror-Trip.

Schweigend lagen wir nebeneinander im Bett, Sebastian ganz an der äußersten Kante. Keiner hatte Lust, noch etwas zu sagen. Da erinnerte ich mich an Peters Körpersprache. Vielleicht könnte das in dieser verfahrenen Situation irgendeine Kommunikation herstellen. Ich streichelte Sebastian, zog die Linien seines glatten Rückens nach, nahm all meinen Mut zusammen und sagte: «Komm, laß uns zusammen schlafen.»

«Nein», sagte Sebastian brüsk, «da hab ich überhaupt keinen Bock drauf.» Mir krampfte sich alles zusammen. Es hatte mich viel gekostet, dies zu sagen, obwohl es, wie ich gehofft hatte, ganz beiläufig klang. Und nun wurde ich so schroff zurückgewiesen, ich war verletzt und enttäuscht.

«Dann eben nicht», sagte ich und drehte mich um, «ist schon gut. Alles klar.»

Ich haßte ihn plötzlich, ich haßte ihn für all die Gefühle, die er in mir hervorgerufen hatte, und die ich nun irgendwie abbauen mußte, und ich wollte ihn nie wiedersehen. Am Morgen nahm ich schweigend meine Sachen, stieg schweigend in mein Taxi und fuhr zum Flughafen.

Ein Dreivierteljahr später war ich wieder in Berlin, beruflich. Ich wußte, daß ich nicht die Kraft haben würde, ihn nicht zu sehen. Kaum war ich in meinem Hotelzimmer, rief ich ihn an. Er wohnte jetzt in der gleichen Straße, ein paar hundert Meter vom Hotel entfernt. Ich nahm das als gutes Omen.

Ich bat ihn, mit mir essen zu gehen, um noch mal über alles zu reden, und holte ihn ab. Sein Zimmer war noch karger als das andere, und ich liebte ihn noch immer. Um ihn nicht wieder in die Flucht zu jagen, versuchte ich ihm ständig klarzumachen, daß er mich überhaupt nicht mehr interessierte, und er wurde etwas zutraulicher. Als er nach dem Essen sagte, komm noch mit zu mir, da können wir ungestört weiterreden, wollte ich ablehnen. Aber ich willigte schweigend ein.

Das Licht der Neonlaternen zeichnete harte Schatten in sein Gesicht. Die Straßen waren kalt und naß, und er hatte immer noch sein räudiges Schafsfell an. Er legte kurz den Arm um mich, als wir zum Auto gingen, und ich fühlte mich hoffnungsvoll und geborgen. Dann, mitten auf dem Ku'damm, sagte er plötzlich gleichgültig: «Ach nee, es wird doch zu spät, wenn du jetzt noch mitkommst, ich muß morgen so früh aufstehen.»

«Okay», sagte ich, «setz mich da an der Telefonzelle ab, ich ruf Jochen an und geh mit ihm noch einen trinken.»

«Okay», sagte er freundlich, «und vielen Dank für das Essen. Tschau.»

«Tschau», sagte ich, sah dem Auto nach und weinte.

Ich versuchte, ihn zu vergessen. Es war unmöglich. Vor der Wirklichkeit kann man seine Augen verschließen, aber nicht vor der Erinnerung. Es gelang mir nie, seine Spur in meinem Leben endgültig zu verwischen. Ich erschrak, wenn ich in alten Notizbüchern blätterte und seine Adressen fand. Manchmal, beim gedankenlosen Telefonkritzeln, ertappte ich mich dabei, wie ich die vier Silben seines Namens wie eine Säule untereinander schrieb: SE-BA-STI-AN. Ich trug nach wie vor sein Foto in meiner Brieftasche herum, ein begrabener Traum. Monatelang dachte ich nicht an ihn, und dann überfielen mich Bilder: Sebastian, in einer regenbogenbunten Jacke im Café, verschlossen, schweigend, nah und doch unerreichbar. Sebastian, mit vom Wasserdampf gerötetem Gesicht in der tiefen, mosaiksteinbelegten Uralt-Badewanne der Wohngemeinschaft. Sebastian, der Löwe ...

Manchmal träumte ich von ihm. Auf Bali, der mystischen Insel, wo seltsame Dinge passieren, hatte ich einen so starken Traum, daß ich ihn aufschrieb und ihm schickte: Mir träumte, ich sei auf einem Kriegsschiff gefangen. Nach Jahren kam der Tag der Befreiung. Sebastian schritt, mit nacktem Oberkörper, durch den düsteren Schiffsbauch ins Licht, der Freiheit entgegen. Ich blieb zurück. Schmutzig, in Ketten, hoffnungslos.

Es gab eigentlich überhaupt keinen Weg zueinander, weder damals in München noch später in Berlin. Wir lebten immer in völlig verschiedenen Welten. Du hast dich irgendwie auf einem anderen Parkett bewegt als ich, und ich hab dir ständig dein Großbürgertum vorgeworfen. In Gesellschaft von Leuten wie dir hätte ich nie den Mund aufgemacht, wenn die in der Mehrzahl gewesen wären. Und auch wenn ich mit dir allein gewesen wäre – ich hätte nicht gewußt, was ich mit dir hätte quatschen sollen. Weil ich auf deine Geschichten nicht eingehen wollte und auch nicht konnte. Locker zu sagen: Hallo, wie war's in Paris ... das brachte ich nicht. Ich lief grämlich durch München, hatte 'nen dicken Parka an und signalisierte demonstrativ nach außen: Ihr könnt mich alle am Arsch lecken.

Ich war früher irgendwie unverzeihlich. Wenn einer nicht reinpaßte in das Raster, das ich im Kopf hatte, sagte ich sofort: Scheiß-Typ. Scheiß-Frau. Das ging ganz schnell. Da kannst du mal sehen, wie ich mit mir selber umgegangen bin zu der Zeit. Was ich den anderen nicht verziehen habe, hab ich mir selber auch nicht verziehen.

Du warst das genaue Gegenteil von mir. Du kamst da locker rin, hast einen draufgemacht: Na, Jungs, wie sieht's denn aus? Ah, der schweigsame Sebastian schon wieder? Was will der denn hier? Poff – da ging bei mir die Klappe runter. Anfangs hast du mich nicht mal als Frau interessiert. Wenn ich dich auf der Straße getroffen hätte, wäre ich glatt an dir vorbeigegangen. Du warst die Freundin meines Freundes Peter, das war das einzige Interesse, was ich an dir hatte. Ich fand dich oberflächlich, schauspielernd – alles Dinge, die meinen Wertbegriffen diametral entgegenstanden –, über was konnte man sich mit dir schon unterhalten ...

Ich kann mich erinnern ... 1968, mittendrin, es schäumte ... Na, wir haben doch natürlich nur über Politik gesprochen oder zumindest das, was wir dafür gehalten haben! Und dein Kommentar, der interessierte mich überhaupt nicht, das war völlig klar, du verstandest sowieso nichts davon. Du warst irgendwo auf 'ner ganz anderen Ebene. Vielleicht hast du damals schlauere Kommentare von dir gegeben als jeder von uns, aber das spielte gar keine Rolle. Ich meine, wir kamen ja auch nur aus dem Mustopf, aber das war auch ein Vorteil. Es ging eben völlig ungezielt einfach mal los, gegen alles.

Also, du warst 'ne Journalisten-Ziege für mich, zack, wenn ich das mal so sagen darf. Und das Bild hielt sich auch lange, denn ich ging dann ja nach Berlin und bin da völlig in die politische Bewegung rein. Man las seinen Marx, man ging nicht schlittschuhlaufen, man ging in Vollversammlungen. Ich war nie in einer Partei, ich war politisch schon damals ein Sponti. Ich war allerdings in einer Roten Zelle, das war so eine Welle damals, an den Universitäten gründeten sich die Roten Zellen, und ich war in einer davon organisiert.

Also, vor diesem Hintergrund muß man unsere Geschichte auch sehen. Und im übrigen warst du ja auch Peters Freundin. Das hab ich sehr ernst genommen. Obwohl ich dich später manchmal unheimlich sexy fand. Du gingst öfter so mit leichter Bluse durch die Räume und sagtest: Na, Jungs, wollt ihr mal was sehen ...? Das waren irgendwie ganz gute Signale, auf so was habe ich schon reagiert. Aber ich wäre viel zu schüchtern gewesen, um mit einer Frau wie dir in irgendeiner Weise was anzufangen. Erst die soziale Barriere und dann noch diese. Wie du so dahergekommen bist und hast locker mit deiner Bluse gewedelt, da hätte ich doch nie einen hochgekriegt. Da erwachten doch meine sämtlichen Sexual-Ängste. Da hätte ich immer Angst gehabt, daß ich zwar einen hochkriege, aber dann sofort einen Orgasmus kriege und so ... Das war zu spannungsreich. Du warst zu anders. Was mochte ich denn damals für Mädchen? Na, jedenfalls ganz andere Typen. Wenn mich eine frech angemacht hat, da konnte ich nicht, zu der Zeit.

Ich habe ja auch sehr spät angefangen zu bumsen. Ich war zwanzig, als ich zum erstenmal mit einem Mädchen richtig – in Anführungsstrichen – geschlafen habe. Vorher war ich dazu viel zu schüchtern. Ich hatte zwar immer Freundinnen, aber ich war auch sehr scheu und habe mich an das Bumsen erst so allmählich rangeschlichen. Mit einer war ich schon sehr, sehr weit, aber wir haben uns beide nicht getraut. Intensives Petting – ja, aber kein richtiger Geschlechtsverkehr. Na, und das erste Mal, das war dann auch grauenhaft. Ich war kaum 'n Zentimeter in ihr drin, da habe ich schon einen Orgasmus erster Güte gekriegt. Das war zwar schön, aber ich war völlig hilflos. Das wußte ich, daß einem so was nicht passieren darf. Ich konnte damit überhaupt nicht umgehen. Wir haben dann auch lange nicht mehr zusammen geschlafen, über ein halbes Jahr. Erst dann haben wir ganz vorsichtig wieder miteinander angefangen.

Was Sex betrifft hatte ich so ein negatives Schlüsselerlebnis in meiner Kindheit. Wir waren eine Clique in der Schule, Nachbarschaftskinder und so, und wir spielten immer im Hof und auf der Straße. Na, und die ganzen Kinder, die habe ich mal alle eingeladen und habe gesagt, heute will ich mit der Nanni ficken, habe ich gesagt, so als Sechs- oder Siebenjähriger. Ich wußte ja schon, was das war, so unter dem Decknamen Doktorspielchen haben wir das ja schon fleißig versucht. Aber natürlich passierte nichts. Einer dieser Idioten – den hätt ich in der Luft zerreißen können –, der hat das gepetzt. Der hat zu meiner Mutter gesagt, der Sebastian will heute mit der Nanni ficken. Meine Mutter erbleichte, schaute mich an und sagte nur: Komm mal her. Und da ging's auch schon los. Und ich brach völlig zusammen. Ich wußte ja, das war ein totales Tabu, das durfte nicht sein. Allein das Wort! Ich kleiner Steppke kriegte ein unheimliches Schuldbewußtsein vermittelt. Das Fest wurde natürlich abgeblasen, alle Kinder rausgescheucht, ich ins Bett gehetzt, und meine Mutter hat mir dann ordentlich eins drüber gegeben. Das ließ Sexualität irgendwie als etwas Schmutziges, Sündiges erscheinen.

Sex war ja eh ein heikles Problem. Schließlich bin ich katholisch erzogen, ich bin in eine katholische Volksschule gegangen, hab jeden Morgen um acht immer regelmäßig gebetet. Ich war ein ganz frommer Kommunionsschüler und hab jede meine Schweinereien sofort gebeichtet. Auch später, beim Onanieren, als ich so elf, zwölf war, da habe ich natürlich unheimliche Schuldgefühle gehabt. Das war tabu. Eigentlich durfte man das nicht machen, das war mir klar. Als Katholik mußte man ja regelmäßig beichten gehen, und im Gesangbuch hast du dann so vorgegebene Dinger für die Beichte gehabt – gegen welche der Zehn Gebote du verstoßen hast –, und ich habe auch immer alles gebeichtet, ich Depp. Ich war irgendwie sehr gläubig. Ich habe mich diesen Konventionen unterworfen, ich bin auf diese Wertmaßstäbe völlig abgefahren. Die Sexualität, die habe ich eine gewisse Epoche lang völlig weggeschoben, verdrängt. Die

Doktorspielchen als Kind – auch mit Jungs, übrigens –, die fand ich unheimlich gut. Und mit Mädchen habe ich natürlich auch unheimlich rumgemacht, aber nach dem eben geschilderten Erlebnis ging das dann irgendwie total den Bach runter.

Später hab ich versucht, mich sexuell zu befreien, aber das ging natürlich nicht so ohne weiteres. Peter hat mir sehr geholfen dabei. Peter war ja überhaupt der Sexual-Prophet. Er hat immer gesagt: Hier ... das ist das Zentrum der Welt! Damit hat er mich ungeheuer beeindruckt. Seinen ganzen Bums-Geschichten stand ich ja mit offenem Mund gegenüber, ich hab das überhaupt nicht verstanden. Der hat mich immer angemacht. Der hat immer gesagt: Ich versteh das gar nicht, du siehst toll aus, hast 'n großen Schwanz, die Weiber werden nach dir lechzen, wenn sie das entdecken, mach das doch mal 'n bißchen publik. Der hat mich richtig zur Selbstdarstellung aufgefordert und mir in sexueller Beziehung Tür und Tor geöffnet, als sei das nun die tollste Sache der Welt überhaupt.

Ich hab immer gesagt, ich muß noch 'ne andere Beziehung zu den Mädchen haben, eine emotionale, das geht nicht so ohne weiteres. Peter hingegen sagte, das ist doch vollkommen unwichtig, das kommt von alleine. Er versuchte schon damals, den Sex zu entmythologisieren. Aber was er nicht einkalkulierte war eben die Tatsache, daß es doch nicht nur über den Kopf läuft, sondern daß es ganz stark auch emotionale Kisten sind. Na ja, und bei dem berühmten Dreier, den Peter monatelang so propagierte, hat er dann ja auch sehr emotional reagiert, während es uns nicht so viel ausgemacht hat.

Irgendwann fand ich's von der Idee her auch ganz verführerisch – so als Möglichkeit, eine Fremdheit abzubauen und überhaupt. Na ja, ich war nicht verliebt in dich, aber ich wollte mit dir schlafen. Das war schon ein Anreiz. Ich hab auf dich als Frau reagiert. Irgendwie fand ich dich dann auch gut – deinen Entschluß, das zu tun. Da dachte ich: Hoppla, is ja 'ne starke Frau. Die legt sich da locker zwischen zwei Typen hin, und das war ja auch ganz locker. Ich habe das zwar im Bett auch noch abgelehnt, ich habe immer gesagt, Peter, das ist deine Freundin. Ich habe dich zwar gestreichelt und so – ich weiß noch genau, daß ich deinen tollen Busch bewundert habe, daß ich gesagt habe, Mann, du hast ja 'n tolles Fell –, aber alles eben so bewußt distanziert: Das ist Peters Freundin.

Na, und dann war es ein sexuelles Abenteuer. Du warst darauf eingestellt, und ich war darauf eingestellt, und es hat mich auch interessiert. Und es war, glaube ich, auch ganz schön, als wir zum erstenmal miteinander geschlafen haben. Es war sehr spannungsreich, ich hatte eine ungeheure Muffe, und als ich merkte, daß wir zusammen schlafen, und wie sogar ... Das war schon eine ganz schöne Bombe.

Und dann ging die Tür auf und Peter kam mal rein und du sagtest nur: *Please don't disturb.* Und dann ging er wieder raus und hat die Tür zugemacht, und da hast du das, glaube ich, abgebrochen. Du bist rausgegangen, und da saß Peter im Bad, und dann bin ich auch gekommen. Ich glaube, da war so ein Punkt, da hat er sich ausgeschlossen gefühlt, da hat er gemerkt, die Geister, die er rief, die kann er nicht mehr kontrollieren, das entzieht sich ihm, und prompt klappte er zusammen. Plötzlich war er mit der Tatsache konfrontiert, das, was er immer beschworen hatte, läuft nun tatsächlich vor seinen Augen ab, die vögeln tatsächlich miteinander und sagen ihm, er soll rausgehen.

Ich weiß nicht mehr, was ich nachher mit ihm besprochen habe im Bad. Es hat mich nur gewundert, daß er auf dich so sauer war und nicht auf mich. Ich kann mich nur noch erinnern, daß er sagte, mit mir hätte das gar nichts zu tun, und ich war fürchterlich betroffen und wußte überhaupt nicht, wie ich mich ihm gegenüber verhalten sollte. Ich war völlig erschüttert von diesem heulenden Typ, weil ein Typ, der heult, für mich ein Tabu war: Männer weinen nicht. Aber im Grunde fand ich das gut, daß er das tat. Ich hätte das nie gekonnt. Ich war völlig geschockt. Da heult ein Typ hemmungslos und bricht völlig zusammen ... Ich wußte überhaupt nicht, was ich in dieser Situation machen sollte, hatte einen ungeheuren Schuldkomplex, ein schlechtes Gewissen und weiß der Geier was alles.

Obwohl ich mich noch gut an das Frühstück am nächsten Tag erinnere, wo wir beide so eine Art Komplicenschaft entwickelten und sagten: So, den Typ müssen wir jetzt wieder aufbauen. Das fand ich ungeheuer gut, das war 'ne tolle Stimmung. Der Peter war völlig zerstört, und wir haben zusammen alles getan, um ihn wieder aufzubauen.

Wir haben uns dann irgendwie gemocht, das war so ein *break even point*. Plötzlich stand ich dir, der Bürgerziege, nicht mehr so ablehnend gegenüber, plötzlich konnte ich sogar mit dir reden, ich, der ich lange bei dir nie den Mund aufgemacht hatte.

Was du, glaube ich, nie ganz verstanden hast, ist meine Verkrampfung und Verklemmung, mein überaus aggressives Auftreten in München gewesen. Aber der Zusammenhang zwischen meiner Aggression und meinen Minderwertigkeitskomplexen ist ganz einfach: Ich akzeptiere mich nicht, also akzeptiere ich auch andere nicht. Da ich mich selbst nicht schätzen kann und alles runtermache, was mich betrifft, andere dafür um so höher bewerte, werde ich unnachsichtig. Mir selbst und anderen gegenüber. Ich versuche beispielsweise, mir unangenehme Eigenschaften in einer Beziehung rauszupicken und dagegen anzugehen. Ich werde aggressiv, weil ich mir meine eigenen Schwächen auch nicht verzeihe. Besonders bei Frauen. Wahrscheinlich kann ich jemanden, der mich liebt, nicht lieben, weil ich mich selbst nicht liebenswert finde. Ich reagiere aggressiv darauf, ich kann das nicht annehmen. Da gibt es so einen wunderschönen Groucho Marx-Satz, der dies Problem beleuchtet. Der sagte mal, er würde nie einen Club betreten wollen, der ihn als Mitglied aufnimmt.

Das war mir jahrelang überhaupt nicht bewußt. Ich fand nur alles Scheiße. Ich wollte alles anders machen. Vor allem Leute fand ich unheimlich bescheuert. Ich hatte überhaupt keinen Sinn für Humor, ich war nie locker, ich war immer an ‹Wesentlichem› interessiert, unheimlich ernsthaft, ich habe mich in alles reingeschmissen, verbissen, das war die einzige Methode, die mir offenstand. Das war der Autodidakt. Ich war zwar schüchtern, aber mit so einer verhüllten Aggression dahinter. Ich glaube, so haben mich viele früher erlebt.

Und Peter ... Peter war ein gewisses Vorbild für mich. Peter war direkt, Peter war gewieft, Peter war witzig, war offen und ein unheimlicher Antörner. All das, was ich nicht war. Als ich zu meinem Freund Peter nach München kam, da war ich 21 Jahre alt. Peter schleppte mich gleich am ersten Abend ins ‹Rational-Theater›, und da stand ich denn und kiekte. Blauer Pullover, blaue Jeans. Und sagte den ganzen Abend in der Rational-Theater-Clique kein Wort. Ich bin gestorben vor Minderwertigkeitskomplexen. Ich hab die Klappe einfach nicht aufgekriegt.

Ich glaube, das ist die Erziehung, das kommt von meiner Mutter. Sie hat überhaupt keine Persönlichkeit. Sie stellt sich total hinter andere. Sie hat einfach keine Ich-Stärke, und das hat sie mir ganz deutlich vermittelt. Irgendwann hat sich das auf mich übertragen. Da schlug immer wieder die Erziehung meiner Mutter durch, brav sein, nicht auffallen, keinen Mist bauen und möglichst den Mund halten, um nicht blöd daherzureden. Daher später auch meine Unfähigkeit, so locker mitzuquatschen bei den Unterhaltungen.

Ich hab mal darüber nachgedacht, was für mich prägend war in meiner Kindheit, und bin draufgekommen, daß ich oft eins draufgekriegt hab. Bei Raufereien, da habe ich immer verloren, ich war nie besonders kräftig, weil, ich war so 'ne schmale Bohnenstange. Und dann die Tatsache, daß ich nie Führer in so 'ner Jugend-Truppe war, sondern immer nur Mitläufer.

Entscheidend war natürlich auch meine Proletarier-Vergangenheit. Die habe ich früher nicht akzeptiert. So mit vierzehn, fünfzehn habe ich mich gegen meine Eltern ganz stark abgesetzt. Ich kann mich an Konflikte mit meinem Vater erinnern, wo wir uns so – mit geballten Fäusten – gegenüberstanden.

Mein Vater war Fließbandarbeiter, bei Daimler-Benz in Stuttgart, und stand in der Werkhalle. Der war ein simpler Prolo. Seine Eltern sind gestorben, als er drei Jahre alt war. Danach kam er nach Schlesien in ein Waisenhaus. Da ist er auch erzogen worden und zur Schule gegangen und da hat er auch eine Lehre gemacht, Fahrzeugstellmacher, Wagner hieß das damals. Ein Wagner ist einer, der diese Holzleiterwagen gebaut hat, die Bauernwagen, das übliche Transportmittel damals. Ganz schöne Arbeit, so ein Holzspeichenrad zusammenzusetzen, und auch ganz schön kompliziert. Auf jeden Fall besser als Fließband. Aber das hat er gemacht, weil er da mehr Geld verdient hat, '54 ist er in der Metall-Branche gelandet, aufstrebende Branche mit Spitzenlöhnen und so, und da ist er geblieben.

Mein Vater und ich, wir sind uns ziemlich ähnlich. Wir haben ein ähnliches Temperament, und viele sagen, wir hätten auch die gleiche Stimme. Deshalb mag ich wohl meine Stimme auch nicht, irgendwie habe ich diese Ähnlichkeit lange Zeit abgelehnt. Obwohl ich meinen Vater jetzt ganz gern mag. Der sieht aus wie so 'n Typ auf den Fünfzig-Mark-Scheinen. Er ist 'n untersetzter Typ, so einmeterachtundsechzig groß, ich bin also über einen Kopf größer als er, und ein kräftiger Typ, hat keinen Speckbauch, nichts, ist schlank wie am ersten Tag, eben so 'n kleiner, agiler, drahtiger. Hat Schmackes, sieht eigentlich sehr sympathisch aus. Er ist ein grundehrlicher Typ, ein ganz gradliniger, autoritärer Charakter, mit sehr liebenswerten Zügen. Mit ihm kann ich noch eher reden als mit meiner Mutter. Die ist völlig in den Konventionen verhaftet. Der kannst du erzählen, was du willst, da kommt kein Echo. Mein Vater sagt wenigstens noch, is Scheiße oder is gut. Aber sie akzeptiert eigentlich alles, was ihr so vorgesetzt wird und ordnet sich unter und versteckt sich dann. Sie ist eine ganz biedere kleine Frau, von der ich gar nicht weiß, woher sie ihr Selbstwertgefühl bezieht – vielleicht aus ihrer Ehe, vielleicht aus ihren beiden Söhnen, die ihr ganzer Stolz sind.

Die Ehe meiner Eltern lief ja auch sehr gut, hatte ich den Eindruck. Ehekrachs gab's zwar, aber eigentlich sehr selten, und im Prinzip war die Ehe nie in Frage gestellt. Auch sexuell klappte es offenbar hervorragend zwischen den beiden. Ich habe das mitgekriegt, weil wir in 'ner kleinen Wohnung lebten, und das war regelmäßig. Ich fand das gut, daß sie da ihren Spaß aneinander hatten, das hat mich beeindruckt. Bis ich vierzehn war, schliefen wir 'ne Zeitlang auch im gleichen Schlafzimmer, und da hab ich das natürlich voll mitgekriegt. Die haben sich keinen Zwang angetan. Obwohl mein Vater oft völlig erledigt von der Maloche war. Er kriegte dann auch eine fürchterliche Migräne, lief tagelang völlig grau herum und war total krank von der Fließbandarbeit.

Mein Vater hat immer gesagt, ich solle nicht in die gleiche Situation kommen wie er. Deshalb haben mich meine Eltern aufs Gymnasium geschickt, die hatten die Idee, ich sollte studieren, ich sollte was anderes, was Besseres werden. Na, und ich hab dann versucht, den Intellektuellen hervorzukehren bei meinen Eltern. Ich habe jahrelang nicht mit meinen Eltern gesprochen, eben aus diesem komischen Bewußtsein heraus – sie Prolos, ich mich dagegen abgesetzt. Ich war was Besseres, ich ging aufs Gymnasium. Soweit ich mich erinnere, wurde das auch mal angesprochen. Ich habe sie immer für dumm erklärt, beide, ihr seid ja doof, habe ich gesagt ... Meine Eltern haben dann sogar mal gesagt, vielleicht wäre es besser gewesen, du wärst nicht auf die Schule gegangen, dann wärst du vielleicht anders geworden. Die haben schon gespürt, daß ich ein Chauvinist erster Güte war.

Ich habe mit denen nichts besprochen, alles hab ich mit meinen Freunden besprochen. Da gab's 'ne Phase, da war ich so gut wie nie zu Hause. Da war ich immer nur bei anderen Leuten. Ich habe meine Freunde besucht, und damit auch deren Eltern. Bei uns zu Hause waren eben andere Verhältnisse. Das habe ich schon gemerkt. Zum Beispiel, ein Freund, der wuchs mit seiner Mutter und seiner Tante auf, das war eine sehr kultivierte Familie. Da habe ich dann immer versucht, mich anzupassen, das war so ein Wert, der existierte, diese Kultiviertheit, das erschien mir erstrebenswert.

Für meinen Vater muß das ziemlich traumatisch gewesen sein: Er will, daß ich was Besseres werde, und ich danke es ihnen nicht. Im Gegenteil – ich reagiere mit totaler Absetzung von zu Hause. Ich war irgendwie sauer auf meine Eltern, daß sie nicht so waren wie die Eltern meiner Freunde. Ich wußte, ich komme aus 'ner ganz anderen Ecke, aus 'ner ganz anderen Welt. Ich habe meine Herkunft immer als benachteiligt empfunden, im Vergleich zu anderen. Irgendwann habe ich dann begonnen, meinen Intellektualismus auszuprägen, ich habe angefangen, mich für sehr viele Sachen zu interessieren, für Philosophie, Kunstgeschichte, Politik, ich habe angefangen, regelmäßig Tagebuch zu schreiben.

Mittlerweile bin ich stolz auf meine Prolo-Vergangenheit, mittlerweile schätze ich die. Aber damals hab ich die voll abgelehnt, und damit auch mich selbst. Und so bin ich dann geworden, wie du mich in München erlebt hast: total verklemmt. Erstens: dieses Proletarier-Gefühl, zweitens: dieser spezifische Erziehungsstil meiner Mutter, ihr Charakter, sich zurückzunehmen als Person, nie aufzutrumpfen, sich immer gut zu verhalten. Und dann kamst du mit deiner großbürgerlichen Lässigkeit und Sicherheit ... Das konnte ja nicht gutgehen. Da mußte ich ja Aggressionen entwickeln.

Im April '69 bin ich dann nach Berlin gegangen. Und, ehrlich gesagt, an die Zeit dazwischen habe ich kaum mehr Erinnerungen. Du bist dann doch nach Mexiko gegangen, und mit Peter war Schluß, weil da so 'n Typ rumsaß, der Rudi hieß. Da habe ich mich dann solidarisch gefühlt mit Peter, weil ich das Scheiße fand, daß er als mein Freund so 'ne Pleite erlebt, daß diese Beziehung in die Brüche ging. Du warst diejenige, die sich einfach abgesetzt hatte, und Peter war derjenige, der deine Unterstützung gebraucht hätte. Der hing unheimlich an dir, der wollte da sehr viel machen mit dir und hat das nie verstanden, daß du einfach abgehauen bist nach Mexiko, ohne ihn.

Ich habe dich aber trotzdem weiter besucht. Fee war für mich so 'ne nette Freundin, mit der habe ich schon mal geschlafen, das war schwierig, das war 'ne gemeinsame Geschichte – da hatte ich dann plötzlich eine Ebene, mit dir zu reden. Und natürlich hat mich deine Mexiko-Geschichte auch interessiert. Das fand ich gut. Da is so 'ne junge Frau, die gibt hier alles auf und fährt ganz allein nach Mexiko und schreibt mir sogar ... Da war die Sache dann am Laufen.

In Berlin hast du mich zweimal besucht, in dieser Wohngemeinschaft am Mehringdamm. Einmal bist du da gewesen, da haben wir uns bei mir unterhalten, da saßen wir im Berliner Zimmer an so einem großen gelben Tisch. Du hast im Hotel *Berlin* gewohnt, und ich bin mit einem Taxi mit dir da hingefahren und habe gesagt: Hm, jetzt möchte ich ja gerne mit hochkommen ... Das war so 'ne ganz lockere Atmosphäre zwischen uns. Und da sagtest du: Ach, hm, hm, die haben sich da immer so ... Und da haben wir uns ganz innig geküßt, und ich bin nach Hause gegangen.

Und dann bist du noch mal dagewesen, da sind wir mit diesem Schauspieler essen gegangen. Du hast mich mit einem Taxi abgeholt, und ich kam gerade aus'm Bett, völlig vermufft und verpennt, und du hast mich in so 'ne Scheiß-Pizzeria am Ku'damm geschleppt. Ausgerechnet am Ku'damm, den ich alle Jahre mal gesehen habe, bei 'ner Demonstration oder so. Und da saß ich nun einem Schauspieler von der Schaubühne gegenüber, und wir haben uns über Marx gestritten ... Das war schon 'n Ding.

Damals war für mich klar, daß wir in völlig verschiedenen Welten lebten. Diese Schreibertante da, na, soll sie mal kommen, mal sehen, was mit der los ist. Und du warst immer ganz interessiert, du wolltest immer alles ganz genau wissen: Wie macht ihr's mit der Küche? Und schlaft ihr alle gemeinsam? Macht ihr Gruppen-Sex und so? Nein, haben wir gesagt, wir arbeiten alle hart, politisch!

Irgendwie war mir vollkommen klar, daß du damals in bezug auf Männer einen ganz anderen Geschmack hattest und dich Typen wie mich eigentlich nur als Repräsentanten eines bestimmten Milieus interessierten, zu dem du nicht so den Zugang hattest. Die Polit-Szene. Und ich war da eben einer von denen, die du kanntest, und

Berlin und Kommune, das war ja 'n stimmiges Bild, das war ‹in›. Und das mußte dich mit deinem Gespür für Zeit-Tendenzen natürlich interessieren.

Aber mir war auch klar, daß ich mich mit dir nie über politische Themen würde unterhalten können, und das war ja bei uns das Thema, und deshalb fand ich die Treffen mit dir – na, oberflächlich. Etwas gehetzt und oberflächlich: Ich hab nur 'ne halbe Stunde Zeit, aber wir können trotzdem schnell 'n Kaffee trinken. So kamst du immer reingeschneit. Du jettetest hin und her, hast tausend Leute getroffen, und ick saß da und hielt mich nun für das andere Ende der Zündschnur. Da hast du fast diese Szene repräsentiert, die wir in die Luft jagen wollten.

Du warst völlig drin in diesem bürgerlichen Establishment, du hast mit denen klare Sache gemacht, du hast Gott und die Welt getroffen, aus dem Show-Business auch noch, absoluter Schwachsinn, wenn ich nur ans Fernseh-Programm dachte, wurde mir schlecht. Wie kann man da auch noch Schlager-Stars interviewen!

Wir waren damals zu fünft in der Kommune – und das war eine Kommune, wir haben uns politisch verstanden –, wir haben da ein Jahr lang gehockt und nur noch diskutiert. Gruppen-Sex oder so lief aber nicht. Wir haben zwar versucht, immer beim Vögeln die Türen aufzumachen, wir haben gesagt: Mich stört das nicht, lassen wir doch die Türen auf, is doch viel schöner. Und es war auch ganz angenehm, nebenan die anderen rummachen zu hören und die dich dann auch ... Das war so 'ne Vertrauens-Ebene. Aber es dauerte nicht lange, und es knallte hinten und vorne, weil wir das alles natürlich nicht bewältigt haben. Es knallte in allen Kommunen. Die Geister, die wir beschworen haben, die waren so riesig, damit konnte keiner umgehen. Auf Grund der Ansprüche und auf Grund der Psycho-Prozesse, die da gelaufen sind, setzte so eine ungeheure Psychologisierungs-Welle ein, alles mußte analysiert werden. O Gott, wir haben Abende ... nein, Wochen damit zugebracht, uns gegenseitig unsere Verhaltensweisen zu erklären und unsere Probleme zu besprechen! Wir wollten eigentlich alle etwas anderes, wir haben dauernd davon gesprochen, aber sowie du einen Schritt nach vorn getan hast, gab's Probleme, Knatsch, Zusammenbrüche – und das hat die Leute ganz schön fertiggemacht. Bis es dann eben nur noch Wohngemeinschaften gab, wo alles nicht mehr so rigide war.

Vor diesem Hintergrund hab ich dich immer in Frage gestellt. Das Leben, das du führtest, hat mich überhaupt nicht beeindruckt. Und wenn du mit Gary Cooper gevögelt hättest – ich hätte höchstens gesagt: Na, laß sie doch, wenn sie das nötig hat. Mich hätte allenfalls beeindruckt, wenn du mit Che Guevara gevögelt hättest. Da wärst du ‹in› gewesen. Nach dem Comandante hätte ich dich ausgequetscht wie eine Zitrone.

An eine Szene kann ich mich noch erinnern: Wir saßen zusammen im Kino und haben uns einen Film mit Joe Dallessandro angeguckt, entweder *Flash* oder *Trash*, ich weiß es nicht mehr genau. Wir sind jedenfalls in die Nachmittagsvorstellung, weil dein Flieger ging am späten Nachmittag, und du bist so nach zwei Dritteln abgehauen zum Flughafen, und ich habe mir den Film zu Ende angeguckt. Da saßen wir dann einträchtig, du hast meinen Schwanz in der Hand gehabt, das war so ganz gemütlich. Vorher haben wir Kaffee getrunken, und dann haben wir uns den Film angeguckt, mit dieser ersten Szene, wo sie da hängt und ihm einen bläst und er keinen mehr hochkriegt. Das war doch der Schocker damals: Joe Dallessandro zeigt's im Kino und sagt's öffentlich: Ich kriege keinen mehr hoch! Da sind sie alle hingerannt. Die ganzen Weiber haben gejubelt, na, endlich mal einer, der's zugibt, und die Männer waren völlig verschreckt, wie kann einer nur …

Ja, und dann haben wir uns wohl etwas aus den Augen verloren. Wir hatten uns mindestens drei Jahre nicht mehr gesehen, als du plötzlich mal wieder anriefst. Ich war nicht mal erstaunt: die gute alte Fee mal wieder auf Zwischenlandung. Hat mich schon interessiert, was du machst, weil ich dich auch lange nicht mehr gesehen hatte. Eine größere Bedeutung hatte das nicht für mich. Ich wollte dich einfach aus Neugier mal wiedersehen.

Ich bin dann auch nicht vom Hocker gefallen, als wir uns getroffen haben, weil du überhaupt nicht mit meinen Wertmaßstäben korrespondiert hast. Du gehörtest einfach in einen anderen Zirkel. Die Studenten-Bewegung, die war ja nun vorbei. Das war die Phase, wo die ganze Generation damals anfing, ihre Jobs zu machen, und dann vor dem Problem stand, na, wie sieht's nun aus mit dem langen Marsch … Wie sieht's aus in den Institutionen … Wo wir reihenweise baden gegangen sind, weil die Institutionen sich als zäher erwiesen haben, als wir gedacht haben. Ich war nach wie vor gewerkschaftlich organisiert, und ich war immer auf der linken Seite. Aber ich war nicht mehr so radikal, ich bin nicht mehr mit der roten Fahne ins Klassenzimmer. Im Gegenteil. Ich habe mich gut getarnt. Man darf ja auch nicht vergessen, daß da die ganzen Einschüchterungs-Phasen gelaufen sind, mit Berufsverbot und so Sachen, die mich ja auch fast betroffen hatten. Ich habe da zum Beispiel einen freundlichen Brief vom Senator gekriegt: «... im übrigen bezweifeln wir, daß Sie mit dem Paragraphen 9 des Landes-Beamtengesetzes konform gehen, der da heißt, jederzeit für die freiheitlich-demokratische Grundordnung einzutreten ...» Oder so ähnlich.

Na, jedenfalls, du standest da plötzlich vor mir, und ich bin überhaupt nicht auf dich abgefahren. Du warst ausgesprochen unvorteilhaft angezogen, und ansonsten wie immer ziemlich hektisch. Ich habe dich wohl als den üblichen bunten Farbklecks in meinem grauen Einerlei empfunden, aber dich persönlich habe ich gar nicht so wahrgenommen. Ich habe in keiner Weise geschnallt, daß es bei dir in diesem Moment des Wiedersehens wohl unheimlich gefunkt hat, wie du mir später erzählt hast. Für mich warst du nichts weiter als das Klischee, das ich nun mal von dir hatte, und im übrigen war ich ja auf einem ganz anderen Dampfer. Ich war sehr engagiert mit meinem Lehrer-Job und steckte mittendrin in den Querelen mit Anne.

Als wir uns trafen, da lief die Geschichte mit Anne noch, da hatte ich noch ungeheure Hoffnungen. Als du mich fragtest, hast du 'ne Freundin, da habe ich ganz stolz gesagt: Klar hab ich 'ne Freundin, so mit der Betonung: Ich bin doch nicht darauf angewiesen, herumreisende Journalistinnen bei mir aufzunehmen ... So sollte das vermutlich klingen. Aber damals war schon klar, das war 'ne kaputte Beziehung, mit Anne, ich war mir schon bewußt, da müssen neue Inhalte her, das müßte neu definiert werden, und irgendwann habe ich mir auch klargemacht, wie die Trennung von Anne verlaufen würde.

In die Beziehung mit Anne bin ich anfangs nur mit starken Vorbehalten eingestiegen. Ich habe mich ganz lange gegen dieses Verhältnis gesträubt und habe meine Unabhängigkeit demonstriert. Dazu hatte ich allen Grund: Sie hatte noch ein auslaufendes Verhältnis mit einem anderen Typ. Je stärker es mit ihm auseinanderging, um so stärker wandte sie sich mir zu.

Soweit die Ausgangsposition. Weswegen ich mich überhaupt mit ihr einließ, war ihre Mischung aus Phantasie, psychischer Stärke, Intelligenz und einem umwerfenden Charme, wenn sie was erreichen wollte. Sie hingegen fand es herausfordernd, daß ich nicht nach ihrer Pfeife tanzen wollte. Ich fühlte mich anfangs ungeheuer stark ihr gegenüber und war damit interessant für sie. Einen Knacks kriegte das Verhältnis in einer Phase, in der ich mein Selbstvertrauen Stück für Stück verloren gab. Das Problem, daß ich – der soziale Aufsteiger – mich in einer anderen sozialen Schicht wiederfand, machte mir da schwer zu schaffen.

Das war etwa ein Jahr nach Beginn unserer Referendarzeit, mitten in der Ausbildung also und unter hohem Arbeitsdruck und Profilierungszwang. Darauf habe ich mit totaler psychischer Verunsicherung reagiert, fühlte mich mir fremden, bürgerlichen Wertmaßstäben unterworfen und kriegte nach einer Weile eine Wut über die seifenglatte Art, Leute fertigzumachen und zurechtzustutzen.

Teile dieses Konflikts kehrten in meinem Verhältnis zu Anne wieder. Sie war für mich immer mehr die Bürgerzicke, die mit ihren Kenntnissen, ihrem Sozialverhalten und mit ihren spezifischen Fähigkeiten auf psychoanalytischem Gebiet ziemlich gut konkurrentes Verhalten ausspielen konnte. Ein halbes Jahr später war von der Beziehung eigentlich nicht mehr viel übrig, etwa genausowenig wie von meiner Persönlichkeit. Das 2. Staatsexamen hatte ich nur unter starkem Nervenverschleiß überstanden, meine Identität war danach noch unklarer als vorher. Dazu noch die Abtreibung Annes, vier Wochen vor dem Examen ... Da habe ich völlig versagt. Die Szene im Krankenhaus, als sie sich vor Schmerzen krümmte und heulte ... Und ich saß zwei Meter von ihr entfernt und war vollkommen versteinert, zu keinem Gefühl, keinem tröstenden Wort fähig! Von da an war sie in wichtigen Bereichen für mich verschlossen.

Anne wußte schon viel eher als ich, daß die Beziehung nicht mehr zu kitten war, und sie handelte entsprechend. Schritt für Schritt begann sie ihren Ausstieg aus einer unfruchtbaren und – für sie – langweiligen Beziehung vorzubereiten. Denn ich habe im letzten Jahr eigentlich nur noch meine Minderwertigkeitskomplexe eingebracht, kreativ oder anregend war ich nicht. Damit war ich für sie erledigt.

Als sie dann endlich den Mut hatte, mit mir Schluß zu machen, weil der neue Mann schon in der Tür stand, traf's mich trotzdem mit aller Wucht und völlig unvorbereitet. Sie war die Böse, sie hatte Schuld daran, daß es mir so schlecht ging.

Na, und als es dann aus war mit Anne, da wollte ich raus aus dem Ganzen und habe dir erzählt, was los war. Und du sagtest: Na, dann komm doch nach Hamburg. Diese Bereitschaft hast du mir jedenfalls vermittelt, und so kam ich auch – nur darauf eingestellt, mein lädiertes Selbstwertgefühl etwas aufzumöbeln und nicht in Selbstmitleid zu versinken. Dabei spielte auch sicher eine Rolle, daß ich mich gefragt habe, ist es nicht vielleicht am besten, ein kaputtes Verhältnis gleich mit einem anderen zuzudecken. Aber es hat sich ja im nachhinein gezeigt, daß das nicht ging.

Ich habe etwa anderthalb Jahre gebraucht, um die Geschichte mit Anne zu verdauen. In dieser Zeit war ich emotional für keine andere Frau offen. Denn im Grunde fürchtete ich nichts mehr, als wieder in einen solchen Schlamassel zu geraten, wie ich ihn gerade erlebt hatte. Rückbesinnung auf meine Fähigkeiten, allmählicher Aufbau meiner zerbröckelten Persönlichkeit, Klarheit über meine Ziele – das waren die Leitmotive während der nächsten Monate. Das Wichtigste war, nicht zu vergessen, sondern aufzuarbeiten und mir bewußt zu machen, warum dieses und viele andere Verhältnisse kaputtgegangen waren. Ich wollte mir selbst auf die Schliche kommen und mich dabei nicht von affektiven Entwicklungen behindern lassen. Dein Frontalangriff konnte also nur das Zeichen zum Rückzug sein.

Ich wollte dich eigentlich immer fragen, wieso du damals nicht gecheckt hast, daß ich überhaupt nicht zur Verfügung stand. Im September hatte ich 'ne Freundin, im Dezember, als ich in Hamburg war, hatte sie sich von mir verabschiedet, und ich war voll in der Scheiße, und bei deinen Berlin-Besuchen im Januar, Februar war das ähnlich. Da war ich überhaupt nicht offen für dich. Das mußt du doch gemerkt haben. Aber ich glaube, du hast mit einer gewissen Verbissenheit, ohne nach rechts und links zu schauen, dein Ziel verfolgt: Ich will aber, daß er mich liebt, also soll er mich lieben, verdammt noch mal! Meine Situation – das Kapitel Anne, das längst nicht abgeschlossen war – hast du erstaunlich wenig einbezogen. Wobei man berücksichtigen muß, daß ich damals auch so ziemlich jede Auskunft über mich und mein Seelenleben verweigert habe.

Selbst als du mir dieses Gedicht geschickt hast – *Take off*, was ich sehr gut fand, das ging mir richtig unter die Haut, weil ich merkte, wie es dich gepackt hatte –, konnte ich nicht darauf reagieren. Ich war einfach ganz woanders.

Und was diesen Besuch in Hamburg betrifft ... Ich kann mir eigentlich nicht vorstellen, daß ich mich dir gegenüber zwiespältig benommen hätte. Ich meine, ich habe dir schon gesagt, wie es um mich steht. Und daß ich nicht unbedingt deinetwegen gekommen bin. Aber du warst so herrlich angetörnt, deine Erwartungen waren wahrscheinlich, mit dem jungen Mann ließe sich was anfangen. Der wäre zu ködern. Wahrscheinlich haben wir in Hamburg zwei total verschiedene Geschichten erlebt.

Ich habe eben keine neue Verbindung gesucht, sondern ... vielleicht Ablenkung. Heraus aus Berlin. Ich kann mich noch gut erinnern, am ersten Abend hast du mich sofort auf diese Wahnsinns-Fete geschleppt, dann waren wir mit 'ner ganzen Clique in 'ner Kneipe und haben Jazz gehört, dann waren wir im Kinder-Theater. Wir waren eigentlich laufend auf der Rolle. Das war für mich ganz gut, denn dadurch war ich gezwungen, mal wieder etwas zu agieren. Ich weiß noch, meine Bemühungen auf dem Fest, unabhängig von dir Kontakte zu finden, mir selbst mal wieder zu beweisen, daß ich dazu fähig bin ... Das heißt, ich war ziemlich offen, ich habe die Flucht nach vorn angetreten. Deshalb auch der Entschluß, nach Hamburg zu kommen. Und ich habe dann ja auch zehntausend Leute getroffen, und es gab unheimlich intensive Gespräche, zum Beispiel dieses Frühstück mit Jobst und Luisa. Die fand ich so gut, mir kamen da meine Grenzen mal wieder unheimlich zum Bewußtsein.

Es war ein sehr schönes Wochenende. Aber das Wichtige für dich jetzt: meine Emotionen waren Sympathie. Ich war weder verliebt noch total angetörnt von dir, aber ich begriff dich besser und du wurdest interessant für mich. Ich merkte, daß ich bisher eine ganz andere Brille aufgehabt hatte und dich sehr klischeehaft, sehr eingeengt gesehen hatte. Ich sah zum erstenmal mit etwas anderen Augen, was du so machst. Aber emotionell ... Um es ganz klar zu sagen: es hätte auch eine andere sein können. Ich hatte auch nie damit gerechnet, daß das in irgendeiner Weise ein Nachspiel haben könnte. Mir war zwar irgendwie klar, daß das für dich ganz schön tief ging, das hast du mir ja auch vermittelt, aber das wollte ich nicht an mich rankommen lassen. Ich habe es bewußt verdrängt. Deine Erschütterung bis in die Grundfesten habe ich nie so richtig verstanden, wobei ich mich auch immer wieder fragte: Was findet die eigentlich an mir?

Ich habe dies Treffen in Hamburg wohl ganz in dem Stil begriffen, wie alle anderen Treffen vorher: locker, flockig, ohne daß das für dich oder für mich eine größere Bedeutung hatte. Ich habe mir wahrscheinlich gesagt, na gut, offenbar ist sie angetörnt, aber das wird sich schon wieder legen. Und ich wollte damit nichts zu tun haben. Ich wollte dich weder runterholen noch aufbauen. Ich habe mich einfach nicht gemeldet.

Bis du wieder nach Berlin gekommen bist. Da mußtest du ein Interview machen, wie üblich, aber mir war wohl klar, daß du in erster Linie meinetwegen gekommen bist. Du hast ja auch nicht im Hotel gewohnt, sondern in der Wohngemeinschaft.

Ich weiß von diesem Wochenende nur noch wenig. Ich weiß nur ganz klar, daß ich dich nicht an mich rankommen lassen wollte. Ich war völlig unfähig dazu. Und mein Davonrennen war ein Ausdruck meiner Hilflosigkeit. Ich habe mir ja auch nicht bewußt gesagt, du bist 'ne unmögliche Frau, sondern ... Das hätte Brigitte Bardot sein können. Ich war blockiert.

Kurz darauf bist du noch mal gekommen, auch daran kann ich mich nur noch vage erinnern. Da war dieses große Essen für vierzehn Leute, was du geschmissen hast. Was ich auch unheimlich gut fand, ohne dich hätte das nie geklappt. Bei diesem zweiten Besuch war es noch deutlicher, daß du hinter mir her warst und ich nicht darauf antworten konnte, weil ich sofort auf Verteidigung geschaltet habe: Bloß weg. Bloß nicht zu nahe rankommen lassen. Weil ich gespürt habe, daß ich nicht auf dich eingehen konnte. Das, was du von mir gewollt hast, das konnte ich dir nicht geben. Ich konnte keine ‹Liebe› entwickeln. Ich war viel zu sehr damit beschäftigt, diese Geschichte mit Anne zu verdauen. Ich habe mich so empfunden, als sei ich völlig liebesunfähig. Und daß wir zusammen geschlafen haben ... na gut, es muß ja nicht immer die große Liebe sein.

Und selbst mit dem Sex lief am letzten Abend nichts mehr, weil ich dir dann sagte, nee, geht nicht. Ich kann nicht mit dir schlafen, da muß noch was anderes vorhanden sein, und das konnte ich nicht entwickeln. Das hast du wohl als Schlag überhaupt empfunden. Wutentbrannt bist du am nächsten Tag wortlos ins Taxi gestiegen und bist weg.

Und ich dachte nur, um Gottes willen, was ist denn mit der los? Du hast das total persönlich genommen. Du hast überhaupt nicht gecheckt, was ich dir eigentlich sagen wollte. Was ich dir sagen wollte war, daß ich auch mit 'ner Frau, die ich gern mag, nicht immer schlafen kann und will. Es ist eben nicht immer so viel Spannung da, daß man zusammen sein möchte. Das ist ja auch völlig normal. Aber wahrscheinlich habe ich das ziemlich schroff gesagt, weil irgendwie schon keine Kommunikation mehr da war. Das beleuchtet meine damalige mangelnde, verbale Ausdrucksfähigkeit. Ich konnte dir einfach nicht vermitteln, was mir da im Kopf rumgeht. Und was sage ich? Poff – scher dich doch, jetzt doch nicht, wie kommst'n überhaupt auf die Idee, wo nichts ist, da kann nichts werden … So in dem Stil. Wenn ich dir das anders erklärt hätte, wäre das Ganze sicher nicht so panikartig für dich abgelaufen. Wobei das vermutlich auch nicht verhindert hätte, daß du das sehr persönlich genommen hättest, dich ungeheuer in deinem Selbstwertgefühl getroffen gefühlt hättest.

Das beste wäre gewesen, dir von vornherein zu sagen: Schlechter Moment, um nach Berlin zu kommen, ich fühl mich nicht so. Aber aus Unfähigkeit, dir klar zu sagen, wie es um mich steht, habe ich dir dann doch immer noch so Köder hingeworfen, und du mußtest zu der Annahme kommen, na, ganz so schlimm ist es ja doch nicht, es ist ja doch noch nicht alles den Bach runter. Deshalb mußte dich mein Verhalten um so schlimmer treffen.

Später hast du irgendwann mal meine Freundin Sabine angerufen und hast mit ihr über mich gesprochen. Für dich muß das ja alles sehr rätselhaft gewesen sein. Sabine sagte mir anschließend, warum ich dir gegenüber eigentlich so verschreckt reagieren würde, sie würde dich unheimlich offen empfinden und interessiert und auch interessant. Weil ich immer gesagt habe, Mann, das ist doch keine Frau für mich, die ist doch ganz anders, die lebt in einer völlig anderen Welt. Bis Sabine mir ihre Interpretation gegeben hat: Die hat doch was drauf, die hat doch emotionale Qualitäten, die ist doch nicht irgendwer, die finde ich richtig gut. Und das hat mich ziemlich beeindruckt, weil ich auf Sabines Urteil immer sehr viel gebe. Ich habe ja immer deine Oberflächlichkeit vorgeschoben, die du so auf den ersten Blick vermittelst, und plötzlich war da jemand, den ich selber sehr schätzte, der mir von dir ein ganz anderes Bild zeichnete.

Sabine sagte mir dann auch, ich müßte dich unbedingt anrufen. Und das habe ich nicht getan. Ich fand das ja selbst sehr unglücklich, wie das gelaufen ist, und habe gesagt, eigentlich hast du recht, ich sollte zumindest erklären, wie es um mich steht, aber ich habe das verdrängt, ich habe das einfach nur flatternd abgewimmelt. Weil ich mit dir nicht sprechen konnte und wollte. Ich war halt völlig verkrampft. Da gab's 'ne Schwierigkeit, und mit dieser kam ich nicht zurecht.

Beim letzten Treffen dann, vor zwei Jahren, hast du ständig betont, du wolltest nichts mehr von mir, damit ich nicht wieder scheu wurde, und ich habe das ganz dankbar aufgenommen. Das war dann der Korken, der aus der Flasche gezogen wurde. Plötzlich konnte ich mit dir reden. Aber ich glaube, für dich war das sehr unbefriedigend. Ich habe immer noch viele Ausflüchte gemacht. Ich kann nicht behaupten, daß ich unehrlich gewesen wäre, aber das war zu mager, das war keine hinreichende Erklärung. Ich redete zu abstrakt, zu sehr um den heißen Brei herum. Aber für mich war's wichtig, daß wir überhaupt noch mal 'n paar Takte darüber gesprochen haben. Und das war's dann auch. Ich habe dich dann irgendwo am Ku'damm abgesetzt.

Ich habe mir immer gesagt, es müßte dir doch ganz klar sein, daß ich aus ganz anderem Holz geschnitzt bin, als daß ich zu dir passen könnte. Aber vielleicht war deine Zuwendung zu mir so groß, daß du alle Widersprüche planiert hast. Dir mußte doch klar sein, daß wir völlig verschiedene Interessen hatten, in ganz verschiedenen Welten lebten. So groß war die Differenz allerdings auch nicht, daß wir nicht miteinander kommunizieren konnten. Es gab schon immer mal wieder einen Anlaß, sich anzurufen: Na, du aus der anderen Ecke, wie sieht's aus? Aber ich hatte immer so 'n Verständnis, daß die Frau von der gleichen Couleur sein mußte. Und alle meine Frauen waren eben aus der Studentenbewegung. So Jeans-Typen. Aus der linken Ecke.

Wenn ich das jetzt mal so überschaue, hatte unsere Geschichte einen eklatanten Anfang, dann sind wir lange so nebeneinander hergelaufen, ich habe diese Linie durchgehalten, mit einem winzigen

Schritt auf dich zu, während du total auf mich abgefahren bist. Du bist auch immer zum falschen Zeitpunkt gekommen, und so ist die Geschichte auch zu Ende gegangen: für beide Teile unbefriedigend.

HENNING

Verstanden habe ich es nie, es passierte einfach. Ich konnte nichts dagegen tun. Es war nicht gewollt, es war nicht geplant. Ich habe später nach rationalen Erklärungen gesucht und keine gefunden. Ich fand Henning interessant, ich mochte ihn sehr, aber ich war nicht verliebt in ihn. Ich ließ mich überrumpeln von dem, was sich plötzlich zwischen uns entwickelte, ließ mich fallen, ohne darüber nachzudenken.

Geschehen war, ganz einfach, dies: Wir waren Kollegen, die man losgeschickt hatte, um eine Reise-Reportage zu machen. Am ersten Abend, überdreht und übernächtig nach dem langen Flug, ging ich zu Henning ins Zimmer, um noch ein bißchen zu quatschen, nur so. Irgendwann berührte ich, vielleicht zufällig, seinen Arm, und plötzlich wurde Absichtslosigkeit zu Verlangen. Es funkte ungeheuer.

Und es passierte auch in den nächsten Tagen und Nächten immer wieder, ich brauchte nur leicht mit der Hand über Hennings Arm zu streichen, ich mußte ihn manchmal nur ansehen, und schon machte es ZOING! Es war völlig verrückt – so, als ob man beliebig oft am Tag nur auf einen Knopf zu drücken braucht und schon ist man bereit für die Liebe. Es war reine Körperlichkeit, eine Kette von unglaublich mühelosen Orgasmen, die fast spielerisch aufzischten, wie Wunderkerzen.

Mit Henning erfuhr ich, was pure Sexualität sein kann, im positivsten Fall. Losgelöst vom Alltag, losgelöst von allen Ängsten, Hemmungen, Komplexen und, vor allem, von jeder Erwartungshaltung.

Das war Henning für mich: ein schwereloses sexuelles Abenteuer. Es war ganz banal, es war sehr schön. Es war unwiederholbar, bis heute.

Obwohl ... Wenn ich damals, in dieser ersten Nacht, mehr von Henning gewußt hätte, wäre ich sicher zurückgeschreckt vor dem, was es in ihm auslösen mußte. Aber was es für ihn bedeutete, dieses Gefühl nicht abzublocken, sich dieser Situation zu stellen, erfuhr ich erst später, auf unseren langen Spaziergängen über die Insel, auf denen Henning Monologe hielt, Stunde um Stunde, wie befreit von einem psychischen Überdruck. Und da war ich erstaunt und auch ein bißchen erschüttert von der Tatsache, mit welcher Wucht ihn das getroffen hatte, was für mich nur ein schönes, aufregendes Gefühl war.

Am Ende dieser einen Woche waren von der Persönlichkeit des Mannes, mit dem ich diese Reise angetreten hatte, nur noch Bruchstücke übrig. Nichts als ein Haufen Scherben. Er empfand das als positiv. Er hatte die Chance, sich neu zusammenzusetzen. Und er nutzte sie.

Damals, mit dir, gerieten sämtliche Dinge aus den Fugen. Für mein persönliches Leben war das der erotische und sexuelle Urknall. Du warst der Umbruch in meinem Leben, der alles entscheidende. Das klingt für dich jetzt sicher überzogen, aber es hat mein Leben auf jeden Fall vorentschieden. Es war ... ja, es war schon eine Entscheidung – nur, es war noch keine Lösung. Es hat sich nichts spontan aufgelöst, es hat sich nur vieles geändert.

Bis dahin, bis zu dieser Reise, warst du immer so etwas, was man begehrt hätte. Ich kann den Umstand, wie du auf mich gewirkt hast, nur dahingehend beschreiben, daß ich mich festlegen mußte auf meine moralischen Zwänge. Die waren ganz klar: Ich ging nicht zu Nutten, ich habe keinerlei erotische oder sexuelle Erziehung zu Hause gehabt, und als wir uns trafen, da hatte ich schon sehr lange mit dieser Enthaltsamkeit in der Ehe vor mich hin gelebt. Es gab Zeiten, da haben wir manchmal ein Vierteljahr nicht miteinander geschlafen. Wenn ich mal ausrechnen wollte, wie oft wir in unserer Ehe zusammen waren, müßte ich anfangen wie ein Kind zu rechnen: Eins, zwei, drei ...

Ich hatte selbst gar keine Libido mehr, die schlief wohl irgendwann ein. Ich hatte Angst vor mir. Ich hatte selbst Hemmungen, mit einer gewissen Regelmäßigkeit zu onanieren, weil ... da schwangen sicher so Dinge mit wie Sündhaftigkeit und so, aus diesem katholischen Bereich. Ich habe mich selber nicht gemocht. Aber das habe ich erst sehr viel, viel später gemerkt, daß ich mir selber nicht viel Liebesfähigkeit zutraute, denn ich konnte ja die Ursachen nicht erklären.

Die Tatsache, daß ich beim Onanieren zum Samenerguß kam, hieß noch nicht, daß ich von echtem Lustgewinn eine Vorstellung hatte. Ich wußte gar nicht, daß der Mechanismus so funktioniert, daß du onanierst, daß du einen Samenerguß hast und dann auch noch toll glücklich bist als Mann. Zunächst einmal: die Orgasmusfähigkeit war hergestellt über den Samenerguß, also, sagte ich mir, da bist du wohl intakt als Mann. Erektionsschwierigkeiten hatte ich überhaupt nicht, aber ich konnte darüber nichts für mich aussagen, ich hatte ja keine Vergleiche. Das war das Problem. Mit Freunden konnte ich auch nicht darüber sprechen, um Gottes willen! Du weißt ja selber, daß Mitte der sechziger Jahre nie darüber gesprochen wurde. Ich wußte einfach zu wenig von all diesen Dingen, obgleich ich so alt war. In meiner Ehe sind wirklich zwei Kinder aufeinandergetroffen, die beide ohne Unterleib erzogen wurden und die sich zu früh intellektuell mit Dingen beschäftigt haben, statt sich freizuvögeln oder freizutanzen. Ich hab zum Beispiel Rock'n'Roll – der hat für mich so eine unglaubliche Ur-Funktion –, also ich hab den erst akzeptiert und gemocht zu einem Zeitpunkt, wo diese Ära längst vorbei war, so um 1969/70.

Ich war neunzehn, als ich geheiratet habe, die Annika war unterwegs, und bis dahin hatte ich vielleicht mit vier Frauen geschlafen, so diese ganz kleinen und flüchtigen und eher sinnlich sehr leeren Erlebnisse, die von einer großen Angst geprägt waren. Das erste Mädchen, mit dem ich schlief – das war eine ganz typische Situation für mich: Daß ich selber nicht die Initiative ergriff, sondern von dem Mädchen aufgefordert wurde, mit ihr zu schlafen. Es ging auch später nie von mir aus, daß ich das wollte und dann auch die Situation herbeigeführt habe. Ich weiß noch wie heute – ich hatte Angst, nach Hause zu gehen. Ich war fast sechzehn, und ich hatte Angst, nach Hause zu gehen, weil ich dachte, man würde mir das ansehen, daß ich mit einem Mädchen geschlafen habe. Es gab bei uns ja überhaupt keine Diskussion über Sexualität, in der Schule nicht und im Elternhaus auch nicht.

Ein bestimmendes Erlebnis: als ich zum erstenmal onanierte, entdeckte meine Mutter am nächsten Tag in der Bettwäsche was. Ruft den Vater, und der sagt nur einen Satz: Das möchte ich nie wieder sehen! Und ich habe nie wieder onaniert. Jedenfalls damals nicht, in dieser wichtigen Phase. Damit habe ich erst später, in der Ehe, wieder angefangen.

Außerdem war das Dorf von seiner ganzen Struktur her dazu angetan, diesen sexuellen Verdrängungs-Mechanismus der fünfziger Jahre – in der Zeit, als meine Pubertät einsetzte – noch zu intensivieren. Wir lebten in einem kleinen Ort vor Darmstadt, das Dorf klebte direkt an der Stadtmauer von Darmstadt, und diese Mauer war irgendwie symbolisch. Mit dreizehn bin ich zum erstenmal in

Darmstadt gewesen. Ich habe als Kind oft an der Stadtmauer gestanden und habe in die Stadt geschaut und bin nie rein.

Mein Großvater war überzeugter Kommunist und Kunstmaler und Stukkateur. Hat den Dom zu Speyer über Jahre hinweg restauriert und ganz großartige Arbeit geleistet. Sein Bruder war der größte Beton-Fabrikant in der Pfalz. Der eine war also überzeugter Kommunist – und der andere hat die Geschäfte gemacht.

Mein Großvater ging dann wegen seiner Überzeugung ins KZ, und die Familie meiner Mutter hat meinem Vater das immer so ausgelegt, daß es ja sowieso nur eine Familie von Säufern sei und so ... Weil, der Großvater kam aus dem KZ und hat nur noch getrunken. Man hat ihm eine Hand abgehackt im KZ, er konnte also nicht mehr arbeiten und lebte im Grunde genommen vom Suff und starb auch sehr früh.

Mein Vater hatte auf Grund der politischen Einstellung seines Vaters keine Bildungschancen, weil der ihm alle bürgerlichen Schulen verwehrte. Das heißt, er konnte das Abitur nicht machen, obwohl er die Fähigkeiten dazu hatte. Er besuchte dann eine Journalistenschule und wurde Feuilletonredakteur bei einer Tageszeitung. Mein Vater hat im Grunde genommen seinen Vater verlängert, indem er alles abgelehnt hat, was mit höherer Gesellschaftsschicht zu tun hatte. Er ging beispielsweise in Cordhosen – nicht etwa wie die Intellektuellen, sondern wie die Arbeiter, in Manchesterhosen. Er fuhr mit dem Fahrrad in die Redaktion, obwohl er sich längst hätte ein Auto leisten können, er ging auch nie in die Angestelltenkrankenkasse, er lehnte sogar einen Redakteursvertrag ab. Diese moralische Strenge hat er an uns weitergegeben.

Als Katja dann schwanger wurde und ihre Mutter sofort für Abtreibung plädierte, da sagte ich in meinem hohen moralischen Anspruch einfach: Gibt es gar nicht. Da wird geheiratet, und Schluß! Die Ehre wird wiederhergestellt.

Das Irre ist, daß wir ein Kind gekriegt haben, ohne daß wir direkt miteinander geschlafen haben. Wir haben nur so 'n bißchen gefummelt, weil Katja von Haus aus eben auch sozusagen unterleibslos erzogen worden ist, und die Folge war, daß sie gesagt hat, okay, Petting, aber weiter nichts.

Weil ich das Mädchen wahnsinnig gern mochte und es viele Indizien dafür gab, daß es eigentlich stimmte zwischen uns und die innere Bindung da war, hatte ich in mir den Wunsch, den ganz normalen Wunsch, einfach mit ihr zu schlafen und damit glücklich zu sein, rundum glücklich zu sein. Aber dann passierte, ungefähr nach einem Jahr, die Sache mit dem Kind. Und nachdem Annika zur Welt gekommen war, ging genau dies Problem los, daß Katja wahnsinnige Angst hatte, mit mir zu schlafen. Ist ja klar: dieses Gefühl, das kann ja nur wieder ein neues Kind geben und so ... 1964 ist Annika geboren worden, und wir haben von da an eigentlich nur versuchsweise versucht, miteinander zu schlafen. Entweder tat es Katja weh oder es ging überhaupt nicht.

Ich hatte da auch meine Ängste. Bei all meinen Versuchen, mit Katja zu schlafen, hatte ich einen Spontanerguß – oder doch fast. Bei dir gar nicht. Da war alles traumhaft, *wherever you want and whenever you want*. Aber bei Katja, bei diesen wenigen, kläglichen Versuchen, knallte das ... und da war nichts. Es gab auch Momente, wo es nicht sofort knallte, das mag dann am Alkohol gelegen haben, der unendlich verzögern kann, aber bei ihr lief sowieso nichts. Nur über die mittelbare Manipulation. Das war eben damals auch eine meiner Ängste, daß ich mir keine eigene Sexualität zutraute. Und diese prähistorische Erinnerung an die paar Freundinnen, die es da gab, so mit fünfzehneinhalb ...

Es war jedenfalls krampfhaft, es war gefühllos, sie war irgendwie gar nicht dabei, und ich hatte auch kaum Empfindungen, aus Angst, sie zu enttäuschen. Ich war einfach nicht sensibilisiert für so etwas. Ich war das, was man so schön nennt: Voll im Arsch an der Stelle. Hatte kein Selbstvertrauen, hatte erhebliche Selbstzweifel und gleichzeitig eine große gesellschaftliche Hemmung, den entscheidenden Schritt zu tun und zu sagen, okay, läuft nichts, wir trennen uns. Je früher, desto besser. Im Gegenteil, wir beide haben es immer mehr verlängert. Und es lief ja auch auf der geistigen Ebene, auf der Kommunikationsebene, da lief es ja gut! Wir hatten nie Kräche! Ich glaube, wir lebten uns verbal aus, ich war – und bin – ja so ein manischer Redner, der alles in Sprache umsetzt. Nur manche Dinge, die konnte ich eben nicht verbalisieren. Und über unsere Sex-Probleme konnten wir nicht sprechen. Das war genau der Punkt, worüber wir schwiegen – und gelitten haben.

Dieses Schweigen wurde erst gebrochen nach dir. Du warst die erste Frau nach ... mal ausrechnen, ja, nach sieben Jahren Ehe, mit der ich geschlafen habe. Fremdgehen war für mich etwas, das selbst in dieser schizophrenen Situation nicht möglich war.

Bis wir zusammen weggefahren sind. Die Katja, die hat geahnt, was das für mich bedeuten könnte. Sie hat mich zum Flughafen gebracht und gesagt: Ich weiß, daß du mit dieser Frau etwas haben wirst ... Und ich lachte nur. Das war für mich überhaupt nicht möglich! Ich wäre nie auf die Idee gekommen! Ich wäre mit dir hingefahren und wäre mit dir zurückgefahren, und wir hätten schön zusammen gegessen und schöne Fotos gemacht ... Gut, vielleicht hätte ich versucht, dich nach einem Essen irgendwo auf dieser schönen Insel zu küssen, vielleicht hätte ich so was getan – was ja schrecklich gewesen wäre, weil, das hat so was Merkwürdiges –, aber ich glaube nicht, daß ich in diesen paar Tagen direkt versucht hätte, mit dir zu schlafen. Selbst wenn ich noch so verliebt gewesen wäre. Ich hätte keinen Mut gehabt. Ich hätte Angst gehabt, einfach Angst ... Die Angst, zu versagen, aber auch – und das ist viel wichtiger – die Angst, den Partner zu betrügen und damit vielleicht zu riskieren, selber betrogen zu werden. Das hat in mir so eine Art Schutzschicht für den anderen gleichzeitig mit aufgebaut. Ich hätte eine ganze Reihe von diesen kleinen, flüchtigen, sexuellen Abenteuern haben können, das war nie das Problem, aber ich hab das abgeblockt. Ich habe mich der Situation entzogen, habe entweder getrunken oder bin weggegangen oder habe einfach nicht reagiert. Und habe auch nie etwas provoziert. Ich habe nie einen Menschen dazu verleitet, in so 'ne Spannung zu kommen und dann zu sagen: Ätsch, jetzt geh ich.

Aber die Sache mit dir – die hatte für mich nicht den Grad eines Abenteuers, die hatte für mich sogar eine sehr tief-innerliche Wärme, eine tiefe innerliche Einstellung zu dir.

Vielleicht habe ich mich schon auf diesem gemeinsamen langen Flug in dich verliebt. Schon da hast du mir einen sehr hohen sinnlichen Wert verschafft. Du hast mir im Flugzeug deine Flugangst geschildert und eine gewisse körperliche Nähe gesucht, aber nur so, aus einem Schutzbedürfnis heraus. Ich müßte dazu noch sagen, es gibt so Gesellschaftsebenen, und so 'ne Redakteurin, das war was. Weißt du, so als selbstgemachter Fotograf ... das war halt auch was, aber es war nicht das. Du warst halt 'ne Gesellschaftsstufe höher. Und diese Wertung war bei mir noch sehr verwurzelt zu der Zeit, das Weltbild stimmte noch nicht ganz. Du warst für mich so ... toll. Und diese Frau kommt zu dir, legt den Kopf auf deine Schulter, hält das Händchen und hat für ihre Person ein adäquates Parfum – ich glaube, du hast es immer noch, jedenfalls, die Richtung stimmt –, da gibt es eben so bestimmte Dinge, die zueinander kommen. Modisch ausgedrückt würde man sagen: Das hatte so was. Und ... ich gebe zu, ich war angesprochen, wirklich.

Und dann passiert einfach die Sensation. Da kommt dieser Mensch, diese Frau, zur Tür herein. Ich konnte auch nicht schlafen, weil es einfach zu exotisch war, das Klima, die Situation, ich hörte, wie die Palmen rauschten, dauernd zirpte was im Garten ... Viele Leute, selbst wenn sie da allein hinfahren, die explodieren dann sogar für sich selber in dieser Situation, und da waren bei uns eben zwei Explosionen nebeneinander. Du kamst da also rein und setztest dich auf die Bettkante – und ich konnte mich in diesem Moment dieser erotischen Situation schon nicht mehr entziehen. Die war bereits passiert, ohne daß das geringste passiert war. Und ... ich habe unheimlich gezittert, ich weiß nicht, ob du das gemerkt hast, du warst irgendwie ganz locker, aber ich zitterte am ganzen Körper. Mir war, als ob es eiskalt wäre, und dabei war es knackeheiß, so um die 27 Grad, tropische Schwüle. Aber ich hatte Angst, das zu tun, was ich vielleicht wahnsinnig gern getan hätte und später dann auch getan habe, und diese Angst hat sich so, in diesem Zittern, ausgedrückt.

Und ich habe lange gezittert. Bis du zu mir ins Bett gekommen bist. Und dann ging es, weil, das war dann der Bruch, der Ur-Knall, das war's einfach und Schluß! Was dann lief, war einfach wahnsinnig, das weißt du so gut wie ich.

Ein bißchen mag bei diesem wahnsinnigen Erlebnis, das wir beide zusammen hatten, die Exotik eine Rolle gespielt haben – doch nein, bei mir mag das ein bißchen so gewesen sein, aber du kanntest ja solche Länder, du hast ja oft in der Sonne gelebt. Ich halte Sonne, nebenbei, für etwas ungeheuer Wichtiges. Die Energie der Sonne setzt immer noch Dinge frei, die unter grauem Himmel nie freigesetzt würden. Ich hatte ja nun wirklich ein Bündel voller Hemmungen, und ich kann auch nicht sagen, ich sei sie so spontan losgeworden, aber was für mich sehr wichtig ist: Es war nicht so 'ne komische Neugier oder Abenteuerlust dabei. Sondern es war einfach – na, du eben halt, in deiner Gesamtheit und ... da war plötzlich nichts mehr relevant. Ich war schon ganz, ganz tief in dich verliebt. Ich spürte, du hast mir sehr viel geben können, scheinbar mit dem Körper, aber dann gab es ja auch eine ganze Reihe von Dingen, die wir gemeinsam unternommen haben. Wenn ich nur an dies bunte Hippie-Haus an der Ostküste denke, wo ich gesagt habe, komm, wir schmeißen die Klamotten in Hamburg hin und ziehen zusammen in dieses Haus! Selbst wenn es spontan so dahingesagt war – so war eben für mich die Situation.

Das Ganze war schon ein unglaublicher Schock. Ein positiver Schock. Jetzt nicht nur von der Leistung her, denn wir haben ja wirklich oft zusammen geschlafen, was sag ich, oft ist gar kein Ausdruck. Ich habe oft über diese Zeit nachgedacht, ihr nachgeträumt, nachsinniert, es war alles so mühelos ... Aber ich muß dir dabei die primäre Rolle zugestehen – jetzt nicht so als Super-Lehrerin, die in Sex-Praktiken unterweist, nein, das Tolle war, daß du mich so aufgebaut hast dabei. Ich glaube, das hast du ganz bewußt gemacht, nachdem ich dir von meinen Schwierigkeiten erzählt hatte. Du hast mir ein ganz neues Selbstwertgefühl gegeben, du hast mir jeden Tag, immer wieder, gesagt, wie fabelhaft ich sei.

Ich kann zu mir eigentlich nur sagen, daß ich voll abfuhr auf dich, daß ich völlig gelöst war, daß ich unglaublich locker war und daß ich unglaubliche Freude hatte, daß ich ... Wow, ich war sogar eifersüchtig! Das heißt, da gab's mal so einen Moment, so einen kleinen Pool-Flirt mit einem Typ, ich weiß es nicht mehr – irgendso eine Irritation. Aber auch das hat mit meinem Gefühl für dich zu tun. Für mich war das eben nicht nur die Lust mit dir, sondern das war schon Hingabe an einen Partner, den ich wahnsinnig liebte. Plötzlich liebte, sicherlich, denn vorher war ja nichts da zum Lieben.

Als wir zurückkamen, brauchte ich gar nichts zu sagen. Katja wußte sofort, was da gelaufen war, als sie uns abholte. Sie ist ja nicht doof. Wir gingen dann ja noch alle zusammen essen, und das Mädchen war in dem Moment ganz schön beschissen dran. Aber es war nun mal nicht zu ändern. Wir fuhren anschließend die halbe Nacht durch die Heide, und sie war völlig durcheinander. Das ging von Selbstmord-Drohungen bis zu dem Wunsch, mich sofort zu verlassen. Es war chaotisch.

Das ist es ja: Diese Geschichte war nicht nur für mich persönlich der Ur-Knall, sondern sie war der Start zur Veränderung einer ganzen Familie. Es gibt immer Prozesse, die voneinander abhängig sind.

Wir fanden eine ganz neue Offenheit in der Ehe, wir konnten endlich über alles reden. Wir haben dann auch die Schlafzimmer getrennt und kaum mehr miteinander geschlafen. Die Beziehung zu Katja war von dem Tag an klar demaskiert als eine Beziehung zwischen zwei Menschen, die sich unglaublich gut verstehen, die aber sexuell und erotisch überhaupt nichts miteinander zu tun haben. Die Entscheidung, mich von Katja zu trennen, habe ich erst mal verschoben und verdrängt; ich hatte nicht die Kraft, das spontan zu tun.

Statt dessen bin ich auf einen noch größeren Arbeitstrip gegangen, ich habe noch mehr Arbeit und Belastung gesucht, um einer gefühlsmäßigen Welt zu entfliehen. Ich hatte meinen festen Job und einige Neben-Jobs dazu, ich war im Stadtelternrat von Neumünster, ich war in der Bildungskommission Kiel, ich war samstags in der Lehrerkonferenz, ich war in Neumünster im Fremdenverkehrsausschuß und hab die Stadt 'n bißchen angekurbelt, ich habe mir Tiere angeschafft, bis dahin hatte ich keine – ich war in einem so ausgelasteten Kreislauf, daß ich für die zwischenmenschlichen Beziehungen keine Minute mehr hatte. Ich ging jede Nacht völlig abgeschlafft ins Bett. Selbst zum Onanieren hätte mir die Kraft gefehlt. Ich habe alles mit Arbeit zugedeckt.

Als Reaktion auf diese Verdrängung bekam ich dann sehr schnell diese Nierensteinkoliken. Bis dahin war ich immer gesund gewesen, und mir war völlig klar, daß dies ein klassischer Fall von psychosomatischer Störung sein mußte. Immer wenn ich zu Hause war, kriegte ich beispielsweise diese Koliken, die manchmal bis zu zwei Tage andauerten, mein Leben war eben heillos durcheinander. Und in dem Moment, wo ich im Verlag auf dich traf, und das war zu Zeiten, wo ich sehr oft zu dir kam, wo ich manchmal Stunden in deinem Zimmer hockte – also immer dann war ich scheinbar intakt. Ist ja klar, da lebte ich meine neue Persönlichkeit. Und wenn ich nach Hause kam – es war ja auch kein echtes Zuhause mehr –, da flippte alles aus bei mir.

Ich ging daraufhin drei Monate lang zu einem Psychotherapeuten. Ich habe mich zu der Zeit sehr viel mit Psychoanalyse beschäftigt und fast meterweise von Freud über Jung bis hin zu Wilhelm

Reich alles gelesen, der letzten Endes auch der wichtigste für mich war. Dabei habe ich viele Dinge über mich entdeckt. Ich konnte so ganz allmählich kleine Bausteine finden, und diese habe ich vorsichtig versucht, zu einem Gesamtbild aufzubauen, aber es fehlte sehr viel. Erst heute könnte ich allmählich ein Bild von mir bauen. Jetzt erst, nach fast zehn Jahren.

Was dich anging, so warst du für mich trotz dieses Gefühls die nicht erreichbare Partnerin. Ich glaube, daß meine Einschätzung von dir sehr richtig war, daß du nämlich ein Mensch bist, der einen so hohen Grad an Selbständigkeit verwirklicht hat, daß er an eine so kleine Liebesgeschichte nicht zuviel Zeit hätte verschwenden können. Das heißt, ich wäre in der Beziehung zu dir wahrscheinlich sehr schnell Opfer geworden, und mir war das eigentlich auch klar, und das hat mich in diese Form des Leidens gebracht. Ich wußte genau, hier geht etwas, das so wichtig wäre, daß du das einfach von da an lebst – das wird nun einfach zu Ende sein. Und das hat mir sehr weh getan. Ich wäre bereit gewesen, auf Grund dieser großen Befreiung, die ich empfunden habe, meine Ehe mit Katja sofort zu beenden, aber ich hätte wahrscheinlich von dir – in meiner damaligen Vorstellungswelt – wahnsinnig viel erwartet. Du hättest mir quasi einen Blankoscheck für dich ausstellen müssen. Und dazu wärst du sicher nicht bereit gewesen.

Und selbst wenn du es getan hättest – es wäre nicht gutgegangen, weil einfach sehr viele Prozesse des Denkens und des Wollens bei mir im Umbruch waren. Weil mein Bewußtseinsprozeß nicht so weit gegangen wäre, dich in der Art, wie du bist, zu akzeptieren – ein Stand, den ich heute fast erreicht habe. Ich hätte dich nur belastet. Einerseits hättest du mir sicherlich erotische und körperliche Sensationen gebracht, du hättest auch sehr viele pädagogische Möglichkeiten gehabt, mir viele Dinge klarzumachen – aber du hättest mir nie klarmachen können, daß die Akzeptierung des anderen eine der wichtigsten Voraussetzungen für eine gute Beziehung ist.

Wenn wir uns später wieder getroffen haben, habe ich mich dir gegenüber wohl sehr abblockend verhalten, was dich sicher erstaunt hat. Jedenfalls sagtest du das mal. Ich kann dir heute auch sagen, warum ich so zurückhaltend war. Ich hatte immer 'n bißchen Angst, daß es wieder knallt und wieder knallt und wieder knallt. Die Intensität meiner Beziehung zu dir hatte in Hamburg ja nicht nachgelassen. Eher im Gegenteil. Ich hatte Angst, daß wir wieder in den Clinch gehen. Dir hätte das vielleicht nichts ausgemacht – aber ich bin sicher, daß es mir sehr viel ausgemacht hätte. Vielleicht hättest du toll damit leben können, daß ich dich hin und wieder besucht hätte, oder daß wir, weiß der Teufel, mal essen gegangen wären, aber mich hätte es umgebracht. Weil ich noch mittendrin war in der Geschichte, und das war sehr problematisch.

Trotzdem war die Begegnung mit dir gefühlsmäßig wahnsinnig positiv für mich. Ich glaube, daß du einem Mann sicherlich sehr weitgesteckte Grenzen zeigen kannst, weil du eine ungeheure Liebesfähigkeit hast, sexuell und erotisch, beides. Deine erotische Ausstrahlung ist natürlich 'ne Typfrage, da kann auch einer kommen und sagen: Die Frau – ungeheuer langweilig! Aber auf mich hast du eine sehr sinnliche Ausstrahlung.

Es gab mal so eine Situation, als ich dich besuchte – du wohntest damals schon mit Stefan zusammen, den ich übrigens immer wahnsinnig gern mochte. Na, und ich besuchte dich aus irgendeinem Grund, ich weiß nicht mehr warum, ich hatte irgendein berufliches Anliegen, und es war auch relativ lange nach unserer Geschichte. Das war so eine merkwürdige Situation. Ich wollte provozieren, mit dir was zu tun zu haben. Na, und ich war bei euch zu Hause, und das knisterte schon, wir saßen in der Küche, und du füttertest die Katzen, und dann sind wir ins Wohnzimmer gegangen, und es funkte ungeheuer ... Ich bilde mir das vielleicht auch ein ... Aber jedenfalls öffnete sich dann die Tür, und Stefan kam, und ich schlich mich davon. Das war so das allerletzte Ende, wenn du so willst.

Nur da, gebe ich zu, hätte ich die Situation ausgenutzt. Ich hätte mich mit meinem damaligen Bewußtseinsstand sozusagen betrogen. Ich hätte mich betrogen, weil das gegen meine übliche Haltung gegangen wäre. Ich bin sicher, daß ich's gewollt hätte. Was sehr wichtig für mich gewesen wäre, weil das zum erstenmal ein Vorsatz gewesen wäre, ohne daß mich jemand angemacht hätte, aus freiem Entschluß. Es ist doch so: Die sexuelle Befreiung ist das, was du bei mir bewirkt hast, die sexuelle Freiheit wäre die, daß ich selber entscheide, welche Beziehung mit welcher Frau ich aufnehme.

Wenn ich jetzt sage, daß die Problematik, die aus dieser Geschichte mit dir entstand, so ungeheuer wichtig für mein Leben war, so verbietet sich eigentlich der Schluß, daß es auch negative Dinge gab. In meinem Leben sind völlig neue Dimensionen entstanden, ich habe völlig neue Freiheiten kennengelernt – es hat aber auch andere Dinge verändert, über die ich nicht sehr glücklich bin. Aber das hat nicht mehr mittelbar damit zu tun, sondern das sind Folgeerscheinungen, die sich aus dieser und jener Veränderung ergeben haben.

Zum Beispiel der Konflikt mit Katja, der letzten Endes auch ein sehr entscheidender Konflikt wegen dir wurde. Es schwebte immer im Raum: Hier der wissende Henning, der einfach mit dieser Frau toll abgefahren war, der trägt das irgendwo in seinem Kopf, der trägt das in seinen Augen, der weiß das! Und der kann das nicht leben, der kann diese neue Erfahrung mit mir nicht leben.

Ich habe dann noch vier Jahre gebraucht, um mich von Katja zu trennen. Aus verschiedenen Gründen. Erst die Einbindung in die verschiedenen Arbeitsprozesse, und dann die Klammer Annika. Das war für mich die entscheidende Klammer. Als wir unsere Affäre hatten, war Annika sieben und noch nicht in der Lage, den Verlust von mir zu verkraften. Mit elf Jahren war sie dazu in der Lage. Ich habe mir auch sehr viel einfallen lassen, Dinge, die ihr geholfen haben, unsere Realität zu akzeptieren.

Und Katja war ja auch sehr krank, wie du weißt, eine tückische und bösartige Krankheit, und das ist etwas, was ich immer mit Nietzsche geteilt habe: Die Erkenntnis, daß alles in dem Moment aus ist, wo in einer Liebesbeziehung Mitleid ein Faktor ist. Und da war eben Mitleid, verstehst du, unglaublich großes Mitleid für dieses arme Mädchen, so jung und wirklich 'n dufter Typ im Kopf, eine hervorragende Einstellung zur Umwelt, zu den Menschen, zu Kindern, zur Politik, in der ganzen grundsätzlichen Einstellung ganz toll, aber – faß mich bitte nicht an! Verstehst du? Faß mich nicht an! Das war die Tragik, und genau da hinein hast du deinen Akzent gesetzt. Da hast du die Rolle gespielt für mich. Nicht ich für dich. Sondern du für mich.

STEFAN

Die Geschichte mit Stefan begann romantisch: eine Zigeunerin sagte sie mir voraus. Sie schaute lange in meine Hand und sagte: «Du wirst bald – es kann ein paar Tage, aber auch ein paar Wochen dauern – einen Mann treffen, der eine große Liebe werden wird, vielleicht die größte Liebe deines Lebens. Er ist dunkelhaarig. Und er hat etwas mit deinem Beruf zu tun.» Ich lachte. Machte Witze. Schwarzer Mann über'n kurzen Weg ...

Drei Tage später traf ich Stefan. Dunkelhaarig. Journalist. Natürlich denke ich manchmal, daß es *selffulfilling prophecy* war. Stefan stand neben mir an einer Ampel. Er hatte eine alte, abgewetzte Lederjacke an, ein merkwürdiger Kontrast zu seinem eleganten Aktenkoffer, und ich dachte, verdammt, irgendwoher kennst du den. Stefan merkte, daß ich ihn musterte und wandte den Kopf. Wir sahen uns einen Augenblick an. Und plötzlich fiel es mir ein: Vor Monaten hatte es in einer Zeitschrift eine ebenso provokant wie faszinierend geschriebene Reportage über den Kiez gegeben, dazu ein ebenso faszinierendes Foto von Stefan, mit jenem weltschmerzlichen Zug um den Mund, den er auf Fotos gern zur Schau trug. Ich hatte es mir lange angesehen und gedacht: diesen Mann müßtest du mal kennenlernen.

Ich war mir immer noch nicht ganz sicher, ob er das war. Die Ampel schaltete auf Grün. Ich nahm meine drei Einkaufstüten in die Hand und all meinen Mut zusammen, lief hinter Stefan her und sprach ihn an. «Hallo», sagte ich, «auf Fotos sehen Sie aber viel besser aus als in Wirklichkeit.»

«Wie bitte?» sagte Stefan und blieb stehen. So ging mein Wunsch in Erfüllung. Und die Prophezeiung der Zigeunerin.

Wir gingen gemeinsam den kurzen Weg zum Pressehaus. «Na, denn ...» sagte Stefan und gab mir die Hand. «Wiedersehen», sagte ich.

Das war der Moment, in dem sich alles entschied. Dabei hätte es bleiben können, eine kurze Begegnung auf der Straße. Mir wäre viel erspart geblieben. Aber das konnte ich da noch nicht ahnen. Schon halb im Fahrstuhl, rief Stefan plötzlich hinter mir her: «In welchem Zimmer sitzen Sie überhaupt? Und was machen Sie heute abend?»

«Heute abend», sagte ich, «bin ich auf einer Demonstration für Angela Davis. Wenn Sie Lust haben, können Sie ja mitkommen.»

So zogen wir durch die Stadt, in einem Fackelzug, den die Kommunistische Partei organisiert hatte. Es war eine feuchtkalte Herbstnacht, und nach dem dreistündigen Marsch waren wir beide durchgefroren.

«Krieg ich noch einen Tee, zum Aufwärmen?» fragte Stefan vor meiner Haustür.

«Klar», sagte ich, «aber dann muß ich Sie rausschmeißen, weil ich noch Besuch von einem alten Freund aus München bekomme.»

Peter. Peter, den ich zwei Jahre nicht gesehen hatte. Ein seltsamer Tag, jener 27. September 1971.

Peter kam, Stefan blieb. Die beiden Männer redeten bis vier Uhr morgens miteinander, meist über Politik. Ich war außen vor. Irgendwann sagte Stefan – wohl, um das Terrain zu sondieren: «Na, und ihr zwei, habt ihr mal was miteinander gehabt?»

«Was miteinander gehabt?» rief Peter und lachte. «Geliebt haben wir uns! Miteinander gelebt haben wir!»

Damit war das klar. Stefan ging. Peter blieb.

Am nächsten Abend traf ich Stefan in einem italienischen Lokal, lauschte seiner schönen, warmen Stimme, fuhr mit dem Fingernagel sanft jener Linie nach, die seine rechte Wange messerscharf durchzog, und verliebte mich in diesem Moment in ihn. Schlief mit ihm. Begann, mit Stefan zu leben. Fast vier Jahre. Nur in einem Punkt hatte die Zigeunerin unrecht: Er wurde nicht meine größte Liebe. Sondern meine längste Liebe.

Natürlich war Stefan nicht frei. Er lebte in München mit Nina zusammen, einer jungen Fotografin. Aber er war unabhängig. Er hatte seine bürgerliche Existenz hinter sich gelassen. Er war das, was man heute einen Aussteiger nennen würde. In einer Midlife Crisis hatte er mit 38 Jahren alles über Bord geworfen, was ihn belastete, seine Karriere im Management, eine Ehe, die schon lange keine mehr war, sogar die Verantwortung seinen beiden Kindern gegenüber, und war nach Formentera gegangen, um zu «leben». Ein Spät-Hippie. In Formentera begann er zu schreiben, beschloß, mit diesem Talent das bißchen Geld zu verdienen, was er fortan brauchen würde. Er hatte nur ein Ziel: frei zu sein. Frei von Besitz, frei von Verpflichtungen, frei auch von Gefühlen. Seine Gefühle für Nina belasteten ihn nicht, es lag keine Besessenheit darin.

Im Herzen ein Bankrotteur: das war Stefan, als ich ihn kennenlernte.

Alles, was er besaß, war eine alte Reiseschreibmaschine, ein silbernes Amulett, das ihm einmal eine Freundin geschenkt hatte, und ein bestickter Fellmantel, der sich in diesen Breitengraden etwas eigenartig ausnahm.

Er verließ meinetwegen München und Nina, zog zu mir, in meine Dachwohnung. Schreiben, sagte er, kann ich überall. Ich wurde seine Einstiegs-Droge. Ohne mich hätte er sich vielleicht nicht so schnell wieder in all das eingeklinkt, was er einst so verächtlich hinter sich gelassen hatte: Karriere, Konsum, Zukunftssicherung – das ganze Kreditkarten-Leben.

Aber noch war es nicht soweit. Stefan ließ sich allenfalls nieder wie ein Zugvogel, bereit, beim ersten kühlen Hauch weiterzufliegen in wärmere Regionen, ständig mit Ausbrecher-Gedanken beschäftigt. Er, der frei sein wollte, war erneut in Gefangenschaft geraten, in die Gefangenschaft seiner Liebe zu mir.

Ein Brief aus dieser Zeit spiegelte seine widerstreitenden Gefühle: «Irgendwann zwischen dem 21. Januar und heute habe ich mich – obwohl ich an dergleichen nicht mehr glaubte und obgleich ich ein wenig stolz darauf gewesen war, daß ein Mädchen mich den ‹Prinzen mit dem erkälteten Herzen› genannt hatte – in Dich verliebt. Oder auch schon vorher. Oder auf den ersten Blick, der dem allerersten gefolgt ist. Wir haben jeden Abend miteinander geschlafen. Es war schön für mich, daß Du jeden Akt rezensiertest, als wäre er eine Premiere. Schöner war indes, daß ich mich in Dir fühlte wie nach Flucht, Verfolgung und Einöd-Entbehrungen heimgekehrt, daß Deine Reaktion genießerisch und voller Verständnis waren. Es war, als hätten mein Schwanz und Deine Möse wie zwei von allen Umwelten erlöste, vor der Sonne verborgene, aber von Gott erkannte Tintenfische in der tiefsten Tiefe des Meeres miteinander gesprochen, während über ihnen, weit über ihnen, Korallen funkeln. Es gab Augenblicke, in denen ich traurig war, wenn ich fühlte, wie meine innere Freiheit schwand. Es gab Augenblicke, in denen ich traurig war, weil Du mich in das süße Phlegma der Gefangen-

Alles, was Stefan besaß …

... war eine alte Reiseschreibmaschine, ein silbernes Amulett und ein bestickter Fellmantel. Er war endlich das, was er immer sein wollte: vogelfrei.

Stefan ist einer jener Aussteiger, die ihre Absage an die Leistungsgesellschaft nicht durchhalten, weil sie im Grunde zu begabt und zu ehrgeizig sind. Fee sagt, daß er sich im Laufe ihrer Beziehung Schritt für Schritt aus ihrem Schatten herausgearbeitet und sie schließlich im Beruf sogar überrundet hat.

Es wäre auch schade gewesen, ein solches Talent zu vergeuden – wie es genauso schade ist, Geld in einen Sparstrumpf zu stecken, wenn es wirklich sicher angelegt werden kann und dabei auch noch zunimmt. Schritt für Schritt.

schaft, die Du mir machst, nicht einschließt. Eines Tages wirst Du diesen Brief, wie andere Liebesbriefe von anderen Gefangenen zuvor, zerreißen.»

Das war typisch Stefan, von dem ich mal lachend sagte: Stefan schreibt, wie Enrico Caruso singt – und den ein Freund fortan nur noch Robinson Caruso nannte.

Robinson Caruso. Freiheitssüchtig. Liebessüchtig. Zwei Dinge, die unvereinbar sind, und die Stefans Widersprüchlichkeit ausmachten.

Ich glaube, in dieser ersten Zeit bei mir fühlte er sich wirklich ein wenig wie Selkirk auf seiner Insel, da oben, hoch über der Alster. Und ich war sein emanzipierter Freitag, der einzige Bezugspunkt, den er in der fremden Stadt hatte. Ich genoß dieses Insel-Dasein, weil ich Herr über die Insel war. Am Anfang unserer Beziehung war ich, ganz klar, die Stärkere. Es gehörte alles mir: Meine Wohnung. Meine Freunde. Meine Stadt. Meine beruflichen Erfolge.

Gleichzeitig war das auch meine Schwäche, ich war gebunden. Stefan konnte jederzeit seine drei Bücher und seine Schreibmaschine packen und mich verlassen. Er war endlich das, was er immer sein wollte: vogelfrei. Er war nirgendwo gemeldet, er zahlte nicht mal Steuern. Er lebte im Untergrund der Liebe, sie war das einzige, was ihn hier hielt.

Dieser Liebe war ich mir lange zu sicher. Die Verlustängste kamen erst später und wurden von Stefan ganz bewußt geschürt. Immer wenn ich versuchte, in dieser Beziehung ein wenig Wurzeln zu schlagen, nahm ihnen Stefan die Nahrung. Er hatte ständig neue Pläne. Mal wollte er für eine Zeitschrift als Korrespondent nach New York, mal nach Mexiko, um dort endlich sein Buch zu schreiben. Mal überlegte er sich, ob es nicht doch besser sei, den ganzen Scheiß hier hinter sich zu lassen und wieder in einer weißgekalkten Finca auf Formentera zu leben.

Aus diesen Plänen wurde nie etwas, aber er baute unverdrossen weiter seine Kartenhäuser, und ich saß da und fühlte mich auf schwankendem Boden. Ich drosselte meine Gefühle bewußt, um nicht eines Tages vor dem Nichts zu stehen. Es war mir nie möglich, eine tiefe, vertrauensvolle Beziehung zu Stefan zu entwickeln, weil er immer auf dem Sprung war. *Freedom is just another word for nothing left to loose* hätte seine Lebens-Philosophie sein können.

Diese Vogelfreiheit war das einzige, was er mir anfangs entgegenzusetzen hatte, aber auch damit nahm ich es auf. Ich war glücklich, ich hatte alles, was ich brauchte, Selbstbestätigung durch einen Mann, Selbstbestätigung im Beruf, diese innere Harmonie machte mich unbekümmert. Ich dachte niemals darüber nach, was dieses Prinzgemahl-Dasein für Stefan bedeuten mochte. Hauptsache, er war da, wenn ich etwas angemüdet, aber voller neuer Eindrücke von Reisen zurückkam.

Und Stefan war da. Er hüllte mich ein mit Wärme und Zärtlichkeit, hatte Blumen und Wein gekauft, war ein leidenschaftlicher, phantasievoller, stets ausgeruhter Liebhaber, dessen Lust unerschöpflich zu sein schien. Stefan konnte, wann er wollte. Verblüffend. Ein sexuelles Stehauf-Männchen. Bis zuletzt. Auch wenn die Lust da oft nur noch Routine war.

Mit Stefan reproduzierte ich ein bißchen das Leben, das ich mit Peter geführt hatte. Ich bosselte an meiner Karriere und leistete mir, nebenbei, einen Hausmann. Was nicht heißen soll, daß Stefan nicht arbeitete. Er saß nächtelang am Schreibtisch und füllte, ernst, verbissen, Seite um Seite. Manchmal wachte ich morgens so gegen drei Uhr auf und betrachtete liebevoll sein Profil mit der leicht gebogenen Nase, das im konzentrischen Schein der Lampe fast indianisch wirkte. Ich gewöhnte mich an dieses nächtliche Stakkato der Tasten, sein Schreibmaschinengeklapper wurde so eine Art Lullaby für mich.

In diesen Nächten arbeitete sich Stefan aus meinem Schatten heraus, Schritt für Schritt. Nach außen behielt er die lässige Attitüde des Aussteigers bei, den all das ankotzt, was mir scheinbar wichtig war, dieses ganze Haste-was-biste-was-Leben. Aber tief innen, da muß es ihn ungeheuer getroffen haben, daß er für die anderen nur der Mann an meiner Seite war – noch dazu jemand, der den meisten unbestimmt exotisch vorkam, der in keine Schublade paßte.

Stefan strahlte nun mal nicht jene leise, feine Gediegenheit aus, die in Hamburg so gut ankommt. Stefan war der Typ, der immer einen Knopf zuviel offen hatte an seinem Hemd. Dessen Anzüge zu tailliert und dessen Geschichten zu anzüglich waren. Der Pointen verpatzte, weil er selbst am lautesten lachte. Der immer noch einen draufgab, wo andere längst verstummten in hanseatischer Zurückgenommenheit. Der mit sich renommierte und nicht wahrhaben wollte: Erfolg ist die Münze, für die man Anerkennung bekommt – aber man klimpert nicht mit der Kohle.

Wer ihn kennenlernte, fühlte sich von seinem Marlboro-Machismo erst mal peinlich berührt. Ein Gesicht, das wie sonnengegerbt wirkte, silberne Fäden im verwuschelten Haar, schwarze Zigarettenspitze, die Hände in so einer High-Noon-Haltung in die Taschen seiner Jeans gestemmt, am Finger einen Navajo-Ring mit Türkisen – da rasteten bei den meisten sofort sämtliche Vorurteile ein. Als sogenannter ‹schöner Mann› rief er bei Männern spontan ein fast aggressives Konkurrenz-Verhalten hervor. «Er erinnert mich immer an pubertäre Pinkel-Wettbewerbe», sagte einer meiner Freunde von ihm, «so nach dem Motto: Wer pißt am weitesten? Aber ich hab gar keine Lust, mit dem um die Wette zu pinkeln.»

Stefan spürte die Vorbehalte, die ihm entgegengebracht wurden, und kehrte, aus Unsicherheit, noch mehr den großen Zampano heraus. Er, dem in seinen Reportagen oft so subtile Schilderungen gelangen, war erstaunlich unsensibel, was seine Wirkung auf andere betraf. Seine besseren Töne waren die leisen. Aber zu denen war er nur fähig, wenn er meinte, sich nicht produzieren zu müssen. Stefan setzte nie auf sich, sondern nur auf seine Wirkung. Aber gerade weil er so sehr anerkannt, bewundert, geliebt werden wollte, erreichte er oft das Gegenteil.

Auch bei mir. Ich habe nie jemanden gekannt, der in mir so viele ambivalente Gefühle auslöste wie Stefan. Rührung, Liebe, Aggression, Mitleid, Angst, Gleichgültigkeit, Bewunderung, Scham, sogar Haß – es war ein Labyrinth von widersprüchlichen Gefühlen, in dem ich mich nie zurechtfand. Wenn lieben heißt, einen Menschen zu akzeptieren, wie er gemeint ist, bedingungslos – dann habe ich Stefan nicht geliebt. Ich setzte ihm zuviel Kritik entgegen, zuviel Skepsis. Zuckte zu oft zusammen, wenn er mal wieder rumdröhnte. Hatte zu oft das Bedürfnis, ihn zu ducken, ihm die Flügel zu stutzen, wenn er zu einem seiner Ego-Trips startete. Daß sein Renommier-Gehabe nur seine Verletzlichkeiten zudecken sollte, seine Ängste und Unsicherheiten – das habe ich lange nicht erkannt.

Bis Stefan zusammenbrach. Bis hinter diesem Macho-Ding, das er ständig draufhatte, seine Angst vor Liebesverlust sichtbar wurde.

Wir hatten ein Fest gefeiert, und irgendwann, so gegen fünf Uhr morgens, bekam ich ungeheure Aggressionen gegen Stefan, weil er rumtorkelte wie ein besoffener Tanzbär. Alle Leute anrempelte. Hinfiel. Sich mit einem dümmlichen Lächeln wieder aufraffte und tolpatschig zu der Musik im Kreise drehte. Nur der Nasenring fehlt noch, dachte ich, und sah ihn an, wie er dastand, mit hängenden Armen und leerem Blick, und mir wurde ganz kalt vor Wut.

Ich hätte ihn ohrfeigen mögen, weil er sich so lächerlich machte vor allen Leuten und mich dazu. Sogar sein Gesicht wurde fremd, es geriet total aus den Fugen, wenn er getrunken hatte, die Konturen lösten sich auf, zumindest kam es mir so vor. Ich fand nichts mehr von dem darin, was ich liebte.

Ich sah in dieses fremde, verquollene Gesicht und hatte nur einen Wunsch: weg von hier. Inzwischen war es draußen hell geworden. Die letzten wollten gerade gehen. «Ich bring Joachim und Kristin noch zum Auto», sagte ich betont ruhig zu Stefan, um ihn meinen Haß nicht merken zu lassen. Er sah mit einem merkwürdig gläsernen Blick durch mich hindurch.

Langsam schlenderte ich am Kanal entlang, atmete tief die frische Luft ein. Versuchte, meine Wut zu kontrollieren. Stand lange auf der Brücke und schaute auf die Alster, die so grau war wie der Morgenhimmel.

Als ich mich umdrehte, um zurückzugehen, kam mir ein Mann entgegen. Ich erkannte ihn zunächst nicht. Es war Stefan. Er ging mit einem merkwürdig schleppenden, unbeirrten Schritt geradewegs auf mich zu. Sein Gesicht war lehmfarben, sein Mantel voller Blut, seine Hände auch, und er kam immer näher.

Ich stand da und merkte zum erstenmal, was das heißt, gelähmt vor Entsetzen. Ich hatte Beine wie Gummi. Die knickten einfach ein, als ich versuchte wegzulaufen. Also blieb ich stehen, sah dieses gespaltene, lehmfarbene Gesicht immer näher kommen, dachte wirr, Stefan, das ist Stefan, du kennst ihn doch, hab keine Angst, das ist Stefan ...

Stefan blieb vor mir stehen, sagte rauh: «Du Schwein», und schlug mir zweimal mit der flachen Hand ins Gesicht. Dann wandte er sich um und entfernte sich mit demselben schweren, schleppenden Schritt. Wurde immer kleiner.

Ich stand da. Zitterte. Wußte nicht, wohin. Hielt, ohne zu wissen, was ich tat, ein Auto an. Ein Araber stieg aus, starrte auf meine Wange, auf der Stefans Hand blutige Abdrücke hinterlassen hatte.

Im Auto saßen noch drei abenteuerlich aussehende Araber, und ich dachte, auch das noch, das ist ja wie in einem schlechten Film. *«Are you all right?»* fragte der Mann besorgt in einem harten Englisch. *«Anything we can do for you?»* – «Ja», sagte ich, «haben Sie zwanzig Pfennig? Ich muß telefonieren.»

Ich rief einen Freund an, bat ihn, mit mir in die Wohnung zu gehen. Wolf kam sofort. Überall im Treppenhaus waren Blutspuren. Ich hatte Angst. Die Tür zu meiner Wohnung stand offen. Wolf ging rein, ich wartete. Er kam, legte den Arm um mich, sagte: «Mit Stefan ist alles in Ordnung. Tot ist er jedenfalls nicht. Aber deine Wohnung – die kannst du wegschmeißen.»

Stefan saß zusammengesunken auf der Couch. Der Rest war Chaos. Überall Glasscherben, zerbrochene Stühle, die Bilder waren von den Wänden gerissen, auf dem Teppichboden mischten sich Essensreste mit Blutflecken. Bei dem Versuch, die Wohnung kurz und klein zu schlagen, mußte er sich an den Scherben verletzt haben.

Später stellte sich heraus: Um für das Fest in Form zu sein, hatte Stefan Captagon genommen, was er sonst nie tat. Und als er sich immer noch mies fühlte, ein paar Stunden später nochmals zwei Cappis.

«Irgendwie», sagte Stefan, «war ich mir sicher, daß du nie wiederkommen würdest, als du mit den anderen weggingst. Da habe ich einfach rot gesehen. Gut, daß du nicht da warst in diesem Moment.»

Okay, sagte ich mir in den nächsten Tagen immer wieder, er ist eben ausgeflippt. Alkohol, Frust und Speed ... Kann ja jedem passieren. Halb so schlimm. Aber ich hatte seitdem Angst vor Stefan. Noch Monate später erschien mir im Traum dieses Dschingis Khan-Gesicht, der blutbeschmierte Mantel, und ich wachte auf, schweißgebadet, tastete nach Stefan, der neben mir lag, sah im Mondlicht seinen entspannten, fast kindlichen Gesichtsausdruck, schämte mich meiner Angst und dachte: Ist ja alles gut. Du hast ja nur geträumt.

Aber die Angst blieb. Sie wurde der Grundakkord in meiner Beziehung zu ihm. Irgendwo war da ein Bereich in Stefans Wesen, der für mich rätselhaft blieb und eruptiv. Seine wahren Abgründe habe ich nie erfahren. Ich glaube, es gibt in Beziehungen immer einen Punkt, wo man meint, den anderen genügend zu kennen. Fortan lebt man mit diesem Abziehbild eines Menschen. Dahinter verwandelt er sich, macht neue Erfahrungen, entdeckt neue Abgründe – aber du erfährst sie nicht, weil du nicht mehr zu weiteren Expeditionen ins Innere dieses Menschen aufbrichst.

Meine Ängste potenzierten sich, als ich meine Insel hoch über der Alster aufgab und damit meine Unabhängigkeit. Zusammen mit Stefan, seinem sechzehnjährigen Sohn Mischa und meinen beiden Katzen bezog ich eine Fünf-Zimmer-Altbauwohnung. Aus meiner Wohnung wurde ‹unsere Wohnung›, aus meinen Freunden allmählich ‹unsere Freunde›. Ganz normal. Aber ich wurde damit nicht fertig, fühlte mich Stefan plötzlich schutzlos ausgeliefert. Ich hatte kein Schneckenhaus mehr, in das ich mich zurückziehen konnte und das ich mit niemanden teilen mußte, wenn ich nicht wollte.

Stefan machte Karriere, zäh und besessen, überrundete mich langsam. Vor nicht allzu langer Zeit hatte ich noch lachend gesagt: «Na, ich bezweifle, daß es dir bei deinem Arbeitstempo jemals gelingen wird, deinen Lebensunterhalt zusammenzuschreiben.» Nun mußte ich erleben, daß Stefan plötzlich mehr Geld verdiente als ich. Unsere Beziehung wurde im Laufe der Zeit immer mehr zu dem, was sie, unbewußt, vielleicht von Anfang an schon gewesen war: zu einem Konkurrenzkampf. Wer ist besser, beliebter, begabter? Zum Schluß saßen wir nur noch da und hauten uns unsere Erfolge um die Ohren. Die Arbeit wurde zum alles beherrschenden Element in Stefans Leben. Während ich die Wochenenden meist damit zubrachte, die Wohnung auf Vordermann zu bringen, saß Stefan elitär in seinem erdhaft-braun gestrichenen Arbeitszimmer und schrieb. Wagte ich es mal anzuklopfen, um ihn mit der profanen Frage zu stören, ob er Rotwein oder Weißwein zum Essen trinken wolle, reagierte er gereizt.

Das, was er tat, hatte in unserem Zusammenleben stets eine größere Relevanz als das, was ich tat. Von meiner Arbeit bekam er nicht viel mit, die erlebte er nur mittelbar, wenn ich, das Produkt eines aufreibenden Tages in der Redaktion, abends geschafft nach Hause kam.

Stefan veränderte sich, wurde mir immer fremder. Aus dem Dropout, den ich wegen seiner Absage an die Leistungsgesellschaft bewundert hatte, war wieder das geworden, was er mal gewesen war: ein Karrierist, für den all das Bedeutung gewann, was er meinte für immer hinter sich gelassen zu haben, Erfolg, Geld, Sozial-Prestige. Der Aussteiger wurde zum Aufsteiger – allerdings zu einem, der immer noch mit der großen Freiheit kokettierte, der Mischa und mir stets das Gefühl gab, seine Höhenflüge zu bremsen.

«In einer Beziehung», sagte Stefan oft, «gibt es eben immer einen Henker und einen Gehenkten.» Ich wurde langsam zu dem, den man aufknüpft. Voller Selbstzweifel. Voller Versagensängste. Wie viele Frauen wollte ich den Kuchen behalten und trotzdem aufessen. Ich wäre gern Stefan eine gute Geliebte gewesen, Mischa eine gute Freundin, allen beiden eine gute Hausfrau und in der Redaktion eine gute Journalistin – statt dessen war ich mit allem überfordert.

Die praktizierte Gleichberechtigung scheiterte an den banalen Dingen des Alltags, an denen auch so viele Kommunen kaputtgegangen sind. Zwar machte Stefan jeden Morgen das Frühstück – aber der Rest blieb an mir hängen. Ich bezog die Betten neu, füllte die Waschmaschine, erstellte Einkaufslisten, säuberte die Katzenklos, sorgte für Blumen, kochte. Immer, wenn ich zart antippte, könnte nicht einer von euch beiden auch mal was kochen, hieß es nur: «Ach nee, wir können ja genausogut ein Brot essen.» Wenn es nach Mischa und Stefan gegangen wäre, hätten wir drei Jahre lang nur Stullen essen können. Als ich mal auf den Tisch haute und sagte, ich möchte einmal nach Hause kommen und ein warmes Essen vorfinden – da stand abends auf dem Herd eine einsame Büchse Linsen, die darauf wartete, geöffnet zu werden. Da kapitulierte ich.

Schon der tägliche Kampf um den Abwasch zermürbte mich, also machte ich das lieber gleich selber. Ich fand nie den richtigen Ton mit Mischa. Sagte ich locker: «Na, haste nicht mal Lust abzuwaschen?», kam prompt die maulige Antwort: «Nee. Da hab ich keinen Bock drauf.» Schlug ich autoritäre Töne an, wurde er trotzig. Wer war ich denn schon? Die Geliebte seines Vaters. Zu alt, um für ihn eine Freundin sein zu können, aber auch zu jung, um als ‹Stiefmutter› respektiert zu werden.

Ich entwickelte Schuldgefühle. Andere Frauen schafften das doch auch mit links, Haushalt, Familie, Beruf, warum kriegte ich das nicht in den Griff? Ich war nur noch im Dauer-Stress, hinkte mir selber hinterher. Alles war mir zuviel. Ich konnte nicht mal mehr Musik hören, manchmal lag ich unbeweglich auf der Couch und dachte nur: Ruhe. Endlich Ruhe.

Nachts kriegte ich plötzlich keine Luft mehr, begann unkontrolliert zu zittern. Ich bekam Herz-Rhythmus-Störungen, rannte in Panik zu allen Ärzten, die nach einem Blick auf das EKG etwas von ‹vegatativer Dystonie› murmelten und mir eine Packung Tranquilizer in die Hand drückten. Ich entwickelte seltsame Psychoflips, wie Verlassensängste, die sich in Angst vor der Dunkelheit äußerten, oder die latente Angst, mich beim Essen zu vergiften.

Als ich das, halb lachend, einem befreundeten Psychotherapeuten erzählte, fragte er als erstes: «Hat sich in deinem Leben in den letzten Monaten etwas verändert?»

«Na ja», sagte ich zögernd, «ich bin mit meinem Freund zusammengezogen.»

«Aha», sagte er. «Vielleicht hast du ganz einfach Angst, daß diese Beziehung dich vergiftet.»

Ich fand diese Deutung etwas simpel. Und außerdem: sie hatte ja auch eine Menge für sich, diese Beziehung. Stefan gab mir, trotz allem, ein Gefühl der Geborgenheit. In guten Momenten dachte ich oft, wie schön, nach Hause zu kommen, wenn ich schon von weitem die erleuchteten Fenster sah. Die Katzen standen zur Begrüßung mit gehißten Schwänzchen an der Tür, und Stefan kam, um mich in die Arme zu nehmen und mit seiner tiefen, warmen Stimme zu sagen: «Na, wie war's in der Redaktion, Kätzelchen?» Aus Mischas Zimmer wehten Pink Floyd-Klänge herüber, und dann erschien Mischa selbst, groß, blaß, schulterlange blonde Haare, wie üblich leicht angehascht, steckte den Kopf in die Küche und murmelte: «Gibt's was zu essen? Oh, geil ...»

In diesen vier Jahren fand ich niemanden, der besser zu mir gepaßt hätte als Stefan. Wir hatten den gleichen Beruf, die gleichen Interessen. Wir mochten die gleichen Leute, sprachen die gleiche Sprache. Wir machten sogenannte Traumreisen zusammen: Mexiko, Griechenland, Korsika, Kuba. Ich langweilte mich nie mit ihm, und ich weiß noch, daß ich als junges Mädchen einmal hochmütig sagte: Ich würde einem Mann alles verzeihen – nur nicht, daß er mich langweilt. Also verzieh ich Stefan vieles. Ich war immer wieder beeindruckt, wie profund sein Wissen auf vielen Gebieten war. Und manchmal, wenn er ruhig und ein bißchen melancholisch und zärtlich war, dann liebte ich ihn sehr.

Aber da war unser unterschwelliger Konkurrenzkampf. Da war

Stefans Bedürfnis, sich vor anderen lautstark in Szene zu setzen. Da war sein permanenter Flirt mit der Freiheit, *up up and away*, der mich nie zur Ruhe kommen ließ. Da waren, trotz seiner Erfolge, nach wie vor seine Ängste und Unsicherheiten, die ihn immer wieder ausflippen ließen. Auch ohne Drogen.

Diese Ausbrüche, die ich so fürchtete, ereigneten sich immer dann, wenn ich sie am wenigsten erwartete. Stefan fraß erst mal lange alles in sich hinein, spielte den Coolen – bis er plötzlich explodierte, wie ein benzingetränkter Lappen, an den jemand ein Streichholz hält.

So verzieh mir Stefan nie, daß ich auf unsere erste gemeinsame Reise Rochus mitnahm, meinen besten Freund. Aber erst mal ließ sich alles ganz gut an. Rochus angelte sich noch auf dem Flug ein nettes Mädchen, und Erika, Rochus, Stefan und ich hätten 'ne Menge Spaß in Mexiko haben können. Aber dann wurde Stefan krank, die Rache Montezumas ereilte ihn, und auf einmal fühlte er sich schwach, ungeliebt, das fünfte Rad am Wagen.

Noch fiebernd, mit Schmetterlingen im Bauch, fuhr Stefan mit uns in das 240 Kilometer nördlich von Acapulco gelegene Fischerdorf Zihuatanejo – und da machte ich einen Fehler: Ich brachte rasch erst Rochus und Erika zu ihrem Hotel, statt gleich mit dem maladen Stefan hinauf ins *Sotavento* oberhalb der Bucht zu fahren. Von diesem Augenblick an steigerte er sich in einen regelrechten Haß hinein, und ich – gutgelaunt und glücklich, in Mexiko zu sein – achtete nicht auf die Rauchwolken, die mal wieder einen Vulkanausbruch ankündigten.

Er ließ nicht lange auf sich warten. Wir waren alle high vom Tequila und schlenderten am frühen Abend über den menschenleeren Dorfplatz von Zihuatanejo. Der abnehmende Mond spiegelte sich in den Pfützen, an den Häusern blätterte die schon hundertmal überstrichene Farbe ab, Altrosa, Türkis, die Mexiko-Farben. Mitten auf dem Platz stand ein junger Polizist und regelte einen Verkehr, den es nicht gab. Aus Daffke ging ich zu ihm hin und zog ihm den Colt aus der Tasche, und der dachte natürlich, hallo, wenn die Gringa so an dir rumfummelt, dann läuft da auch was.

Er verließ seinen Posten und trottete mit uns hinunter an den Strand. Mittlerweile war es ganz dunkel geworden. Wir legten uns in die Hängematten und schauten in die Sterne. Der Polizist stand mit Seidenaugen da und schaukelte meine Hängematte.

Das alles war zuviel. «Was willst'n eigentlich von der Fee», schrie Stefan und gab Rochus' Hängematte einen Stoß, «ich merk doch, wie du ständig um sie rumstreichst, gib's doch zu, du bist geil auf sie.»

«Komm», sagte Rochus, «reg dich ab, schließlich kenn ich sie länger als du.»

«Ach, Scheiße», brüllte Stefan, «wenn du so scharf auf sie bist, warum vögelt ihr dann nicht mal zusammen? Das ist es doch, was ihr wollt, dieses ganze intellektuelle Rumgemache ist doch nur ein Vorwand!»

«Bei dir tickt's wohl nicht richtig», sagte ich zu Stefan, «hör auf, so 'n Quatsch zu reden, du weißt genau, daß zwischen Rochus und mir nichts läuft ...»

Die ganze Zeit über schaukelte der Polizist verträumt meine Hängematte und schmachtete mich an, was Stefan nur noch wütender machte. Seine Wut kehrte sich plötzlich gegen den Mexikaner.

«Hau ab», schrie er ihn auf deutsch an, «du stehst hier auch nur rum, weil du scharf auf sie bist, hau ab oder fick sie endlich, wenn du's nötig hast ...»

Der Polizist ließ seufzend meine Hängematte los. Er hatte kein Wort verstanden, aber eines war klar: Hier war dicke Luft.

Er grüßte höflich und ging hinaus in die warme Nacht.

Ein anderes Mal bedrohte Stefan auf einer Party in Hamburg einen jungen Musiker, von dem er annahm, daß ich was mit ihm hatte, ohrfeigte mich vor allen Leuten und trieb mich mit Schlägen die Straße hinunter, bis nach Hause.

Es war müßig, ihm zu sagen, daß sein Verdacht unbegründet war. Er hätte es mir nicht geglaubt. Schließlich hatte ich diesen Verdacht sogar bewußt hochgespielt. Ich war froh, daß ich Stefan mal was entgegenzusetzen hatte, wenigstens einen Flirt – Stefan, der mich oft genug in der letzten Zeit unseres Zusammenlebens betrog.

Zumindest vermutete ich das. Beweisen konnte ich ihm lange nichts. Und ich hätte es ihm nicht mal übelnehmen können. Bei meinem Arbeits-Stress war ich meistens froh, wenn Stefan mich mit seinem Stehaufmännchen in Ruhe ließ. Ich hätte nicht mit mir zusammen leben mögen in jener Zeit. Das bißchen Kraft, das ich noch hatte, investierte ich in den Job. Nachts schlief ich sofort erschöpft ein, statt Stefan eine meiner Katzen im Arm. Ich zog mich auf meine Katzen zurück, sie forderten nichts, waren einfach nur da, weich und warm, tröstlich.

Stefan litt unter dem Mangel an Zuwendung. Er holte sich seine Erfolgserlebnisse woanders. Immer öfter kam er erst morgens so gegen vier, fünf Uhr nach Hause. Ich lag dann meistens wach, machte mir Sorgen, ob nicht doch etwas passiert sei, war wütend und erleichtert zugleich, wenn er endlich kam, eine passende Ausrede immer parat. Einmal war er in einer Kneipe eingeschlafen, ein andermal waren sie noch auf eine Party gegangen, die sich bis in die frühen Morgenstunden hinzog, ein drittes Mal waren sie zu fünft irgendwo versackt ...

Einen endgültigen Knacks bekam unsere Beziehung, als ich schwanger wurde, ungewollt. Stefan fühlte sich hintergangen, reingelegt, seiner Freiheit beraubt. Hatte ich, die Emanzipierte, die jetzt nichts als ein schwaches Weib war, nicht immer gesagt: Ich wollte keine Kinder? Ich wollte nicht heiraten? Und nun wollte ich dieses Kind doch! Wollte ihn mit diesem Kind für immer an mich fesseln!

Für mich war diese Schwangerschaft genauso eine Katastrophe wie für ihn. Ein alter Konflikt flammte wieder auf: hier der Wunsch nach Sicherheit, Geborgenheit – dort der ebenso starke Wunsch nach Ungebundenheit. Aber ich hatte nicht den Mut zu einer Abtreibung. Ich dachte, vielleicht soll es so sein, vielleicht werde ich mir später Vorwürfe machen, daß ich es nicht bekommen habe.

Ich sah die Panik in Stefans Augen, spürte seinen Haß gegen mich, den Klotz am Bein, und beschloß, dieses Kind allein zu kriegen. Ich fühlte mich nie so verlassen wie in der Zeit der Schwangerschaft. Bemühte mich, Stefan nichts merken zu lassen, zog meinen Bauch ein, solange es ging. Lag nachts wach, geschüttelt von Existenzängsten. Hatte keine Ahnung, wie es weitergehen sollte.

Im sechsten Monat hatte ich eine Totgeburt. Die Placenta war zu klein; der Fetus war nicht richtig ernährt worden. Stefan kam, mit Blumen, als ich da in den Wehen lag für dieses unerwünschte Kind, das schon nicht mehr lebte, und ich hatte nur ein Bedürfnis: allein zu sein. Ich konnte sein halb mitleidiges, halb erleichtertes Gesicht nicht ertragen.

Wir lebten noch ein paar Monate nebeneinanderher. Es hätte noch lange so weitergehen können; viele Paare tun das. Ich merkte, wie alles stagnierte, meine Gefühle für Stefan, mein ganzes Leben.

Es war alles erstarrt, verkrustet. Ich empfand nie mehr so etwas wie Zärtlichkeit für ihn, das war das Schlimmste. Irgendwann beschloß ich, mich von Stefan zu trennen. Einfach so, ohne konkreten Anlaß.

Ich sagte es ihm in einem Restaurant, und er nickte, mehr mit seinen Schnecken als mit mir beschäftigt: «Gut, vielleicht ist es besser so.» Wir sahen uns an, etwas wehmütig, Stefan mit seinem weltschmerzlichen Zug um den Mund, der sich auf Fotos so gut machte. Etwas war zu Ende gegangen, etwas, das wir beide zerstört hatten.

Oder vielleicht hatte es uns zerstört. Vielleicht war der Anfang schon das Ende. Stefan hat mir wohl nie verziehen, daß er einmal der Unterlegene war. Später wurde meine Schwäche seine Stärke. Stefan, ein glänzender Rhetoriker, ließ keine Gelegenheit aus, mir meine ‹Pseudo-Emanzipation› vorzuhalten, statt mir zu helfen, meine Ängste abzubauen.

Dennoch: Wenn ich in den folgenden Wochen mit Stefan und Mischa in unserer gemütlichen alten Küche saß und so etwas wie Fröhlichkeit aufkam, erschien mir der Wunsch, dies alles zu verlassen, irgendwie absurd. Was hatte ich Stefan überhaupt vorzuwerfen? Daß er mich in einer Krise im Stich gelassen hatte? Ich hatte immer gewußt, daß er kein Kind wollte. Daß ich mich mit dem Haushalt überlastet fühlte? Er hatte mich nie gebeten, zu putzen oder zu kochen. Daß er oft erst gegen Morgen nach Hause kam und ich nicht schlafen konnte? Wenn ich wollte, hätte ich ja mitgehen können.

An irgendeinem dieser Abende, als ich wieder mal erschöpft zu Hause herumsaß, klingelte in Stefans Arbeitszimmer das Telefon. Ich ging ran. Auf seinem Schreibtisch lag ein kleines schwarzes Buch, und ich begann gedankenverloren darin zu blättern. Es war Stefans Tagebuch. Ich hätte es weglegen sollen, es war unfair, was ich da tat. Aber ich hörte nicht auf zu blättern. Unter vielen Eintragungen stand ein kleines Zeichen, ‹L›. Ich fand rasch heraus, daß es ‹L› wie ‹Liebe› bedeutete. ‹L› mit Barbara, mit Christa, mit Ilona, mit Susan, mit Hannelore, mit Ingrid ... Zum Schluß durchforstete ich das Büchlein nur noch nach diesen verräterischen ‹L› und hatte so eine lückenlose, buchhalterisch genau geführte *chronique amoureuse* der letzten Monate. 3. September? Ach ja, da war Stefan erst um halb fünf nach Hause gekommen und hatte etwas von einem Pokerspiel auf dem Kiez gemurmelt ... Statt dessen: ‹L› mit Sylvia.

Als ich das Buch schloß, war ich ganz ruhig. Jetzt hatte ich wenigstens einen Grund, Stefan zu verlassen. Er hatte mich nicht nur betrogen – er hatte mich auch belogen. Monatelang. Das war schlimmer als das Rumbumsen mit irgendwelchen Mädchen, um sein angeschrammtes Ego aufzumotzen. Das hätte ich verstanden. Das tat nicht so weh wie die Tatsache, daß ich Stefan nie mehr würde glauben können. Die Vertrauens-Ebene war abschüssig geworden. Und dabei hatte ich immer gesagt: Du hast jede Freiheit, du kannst alles machen – aber bitte lüg mich nicht an.

Ich erzählte Stefan nicht, daß ich das Tagebuch gelesen hatte. Ich hatte auch kein schlechtes Gewissen. Vertrauensbruch gegen Vertrauensbruch: Wir waren quitt.

Als ich endlich eine Wohnung gefunden hatte und die Möbelpakker mit dem letzten Karton verschwunden waren, gab ich Mischa einen Umschlag für Stefan. Darin war ein Brief, in dem ich ihm kurz die Sache mit dem Tagebuch berichtete – und eine Uhr. Es war das schönste Geschenk, das Stefan mir jemals gemacht hatte, eine alte, griechische Taschenuhr mit blauen Steinen. Er hatte mich vor der Trennung gebeten, sie ihm zurückzugeben, immer wieder. Nun bekam er sie. Ich wollte nichts mehr von ihm.

Morgens, wenn ich in meiner neuen Wohnung aufwachte, kam mir oft der Titel einer Biographie über den spanischen Stierkämpfer El Córdobes in den Sinn: *... oder du wirst Trauer tragen.* Ich sagte diesen Satz ein paarmal vor mich hin, versank kurz in eine ganz angenehme Melancholie – aber die Trauer um Stefan kam nie, so sehr ich, ein wenig schuldbewußt, auch darauf wartete. Ich war wie erlöst, befreit von Doppelbelastung und Verlassensängsten: Ich hatte den Spieß umgedreht, ich war gegangen. Ich hatte wieder Lust, Musik zu hören, einen loszumachen, ich freute mich auf meine Freunde, ich sang und pfiff vor mich hin, wochenlang. Jetzt erst verstand ich den Satz von Giraudoux: «Du verlierst ein einziges Wesen und die Welt um dich herum belebt sich wieder.»

Aber in diese Erleichterung mischte sich die Erkenntnis, daß ich wohl immer mit diesem Konflikt würde leben müssen, Mann oder Beruf. Er war unlösbar. Beides zusammen, das war mir klar, würde immer meine Kräfte übersteigen. Der Preis für die Rückkehr ins alte Rollenverhalten – die Frau hat die Küche, der Mann die Karriere – war Ego-Verlust. Der Preis für ein neues Selbstverständnis war Einsamkeit. Denn die Männer, die stark und selbstbewußt genug sind, eine selbständige, erfolgreiche Frau zu ertragen, ohne daß diese Beziehung irgendwann in einen Machtkampf ausartet – die habe ich bisher noch nicht gefunden.

Also blieb ich allein. Ich richtete mich ganz gut in dieser Einsamkeit ein; als Einzelkind war ich von kleinauf daran gewöhnt. Ich lebe gern mit mir zusammen. Immer noch besser, sage ich mir, als in allen Rollen gleichzeitig zu versagen – als Hausfrau, Geliebte, Mutter, Freundin, Karrierefrau.

Ich dachte nur selten an die Zeit mit Stefan zurück. Sie war wie ausgelöscht. Manchmal, wenn ich Stefan irgendwo treffe, sehe ich ihn an und denke: Mit diesem Fremden hast du einmal gelebt? Seltsam.

Was mir so spontan einfällt, wenn ich an unsere gemeinsamen Jahre denke? Das hängt ganz von der Stimmung ab, aus der heraus ich über dich nachdenke. Wenn ich in einer guten Verfassung bin, dann fällt mir natürlich das ein, was ich am meisten entbehre, nämlich unsere Gespräche. Die waren unheimlich inspirierend, sie haben mir sehr geholfen, meinen eigenen Weg zu gehen. Sie waren eigentlich das Fenster zur Insider-Welt meines Berufs, aus der ich ja anfangs ausgeschlossen war.

Und wenn's mir mies geht, dann fällt mir immer Mexiko ein. Mexiko war deshalb so schlimm, weil ich merkte, ich kann bei dir nicht krank sein. Denn es war ja keine eingebildete Krankheit, ich hatte über 40 Grad Fieber und fühlte mich elend und beschissen, und der Arzt meinte zuerst sogar, es sei Typhus. Da dachte ich, nun könnte sie eigentlich doch mal Händchen halten. Ich weiß, du hast das später auch gemacht, du hast mir morgens um drei Kamillentee gekocht und so, aber an diesem einen Abend hast du mich allein gelassen und bist in diese Kneipe gegangen, *La Huerta* – noch dazu mit Rochus! Ich habe bis heute nicht begriffen, warum Rochus mit auf diese Reise mußte. Er war wohl eine Art Sicherheitsfaktor, weil man nie weiß, was auf einer Reise passiert. Du warst lieber mit zwei Männern unterwegs als mit einem, und ich mußte das hinnehmen.

Aber was das Schlimmste war: Zwei Tage später fuhren wir nach Zihuatanejo und kamen nach sieben Stunden Busfahrt völlig kaputt im Dunkeln an. Und das habe ich dir bis heute nicht verziehen: daß du mich mit meinem hohen Fieber einfach unten am Hafen hast sitzenlassen, um erst den blitzgesunden Rochus und seine Freundin in deren Pension zu bringen. Und während ich da in diesem fremden Dorf mit Fieber allein am Hafen hockte, da war mir klar, daß wir keine Zukunft haben. Ich fühlte mich wirklich verraten, und du hast das nicht kapiert. Man sollte einem leidenden Menschen gegenüber – obwohl, ich war als Mann ja tapfer und zeigte das nicht – doch eigentlich nicht pragmatisch sein. Es wäre vielleicht unpraktisch gewesen, aber du hättest mich erst mal ins Bett bringen sollen.

Ich wußte ja nicht, wo es war, das Bett! Ich war ja absolut abhängig von dir!

Und da wurde mir klar: Das kann ich nicht. Eigentlich ist an dieser Stelle am Hafen unsere Beziehung gestorben. Denn ich kann mich natürlich als alternder Mensch nicht mit einer Frau verbinden, neben der ich nicht krank sein kann. Ich fühlte mich völlig verlassen, allein gelassen und ungeliebt.

Und daraus resultierte natürlich auch mein Verhalten zu Rochus, obwohl er mir nie sehr wichtig war, er hat nur durch dich eine gewisse Wichtigkeit bekommen. Und ich sehe auch noch wie ein Flashlight, wie ich in Acapulco ins Zimmer komme, und ihr steht beide nackt unter der Dusche. Das nach allem, was vorangegangen war! Ich meine, ich habe ja auch gar nicht gedacht, daß ihr gevögelt habt, aber der Vorgang hatte eine Intimität, die ich Rochus nicht gönnte, weil ich meinte, das ist eine Intimität, die ihm nicht zustand. So war diese ganze Reise natürlich ein ziemlicher Schuß in den Ofen. Aber sie hat zentrale Bedeutung als Krankheitserfahrung.

Trotzdem habe ich dich geliebt – sofern ich dazu fähig bin. Und da muß ich leider sagen, daß ich nie wieder eine Frau so geliebt habe wie meine erste Frau, Julia. Sie hat alles mitgenommen, glaube ich. Ich hätte mich getötet für sie, ich hätte alles getan, und ich war neunzehn. Und dann hat es noch mal eine Liebe gegeben, das war Marlies. Marlies war schon in meiner alten, repressiven Lebensphase ein außerordentlich freier Mensch. Das hat mich angezogen. Aber dich habe ich ebenfalls geliebt, durchaus. Es ist vielleicht so, wenn man älter wird, dann kriegen Gefühle auch eine andere Farbe, eine andere Intensität. Ich habe dich ja sehr leidenschaftlich geliebt, am Anfang.

Und diese Liebe ist nicht etwa langsam eingeschlafen. Sie ist am Schock gestorben. Der Mexiko-Schock war der erste. Der zweite war das Kind.

Ich sehe das so: Unsere Beziehung war immer ein Konkurrenzkampf. Und ich bin der Ansicht, ich habe diese Konkurrenz gewonnen, weil ich einfach meine, am Ende gesehen zu haben, daß ich besser schreibe. Und damit erst wurden die Dinge kritisch, die vorher nicht kritisch waren. Als ich dich kennenlernte, war ich ja nur ein Nobody, der immer – nicht ohne Eifersucht – zu Hause herumsaß, wenn die Dame auf ihre Reisen ging. Ich erinnere mich an einen

Zettel, den ich mal beim Nachhausekommen auf dem Schreibtisch fand: «Stefan – heute bin ich in Düsseldorf. Morgen fliege ich nach London, und am Donnerstag fahre ich nach Genf zu Charlie Chaplin. Aber eigentlich bin ich immer bei Dir. Deine Fee.»

Und ich saß zu Hause, hatte keinen Auftrag und also auch keine Reise und also auch keine Reise-Erlebnisse. Aber ich habe diese Konkurrenz gewonnen, weil ich beobachtet habe, wie dir der Arm lahm wurde. Für mich hast du in dem Augenblick die weiße Flagge gehißt, als du gesagt hast, laß uns heiraten. Das war der Moment, wo deine ganze Emanzipation in dir zusammenbrach und du dir sagtest, das ist ja alles Scheiße – was der Feminismus für die meisten Frauen dieser Generation ja wohl auch ist –, jetzt will ich doch mal was ganz anderes.

Dieser Heiratswunsch kam, wenn ich mich recht erinnere, schon vor der Schwangerschaft und war natürlich stets in eine etwas heitere und ironische Form gekleidet, die dir die Möglichkeit bot, dich davon wieder zu distanzieren. So in dem Sinne: Ich hab's natürlich nicht ernst gemeint. Ernst wurde es dir damit wohl erst, als du schwanger warst und damit in einer schwachen Position. Und ich hatte mich ja auch dazu bereitgefunden, die Ehe mit dir einzugehen. Was die Panik in mir auslöste war dein Wunsch, noch vor der Entbindung zu heiraten. Ich erinnere mich zum Beispiel sehr deutlich an jenen Abend im *Don Antonio*, wo ich aus meiner Verzweiflung heraus – die wahrscheinlich auch noch vom Alkohol angeheizt war – etwas tat, was natürlich in hohem Maße peinlich war. Ich erklärte coram publico, sie ist schwanger, sie will mich heiraten, ich will das nicht. Da erfuhr diese ganze Panik und Verzweiflung und Angst in mir eine peinliche Entladung.

Du hast immer gesagt, wenn du mal schwanger würdest, dann wäre das dein Kind und der Mann hätte nichts damit zu tun. Demgegenüber hatte ich damals erklärt, als das Ganze noch theoretisch war, das finde ich ganz okay – nur eines finde ich nicht in Ordnung: der Mann hat zumindest die Verpflichtung, sich finanziell an der Entwicklung dieses Kindes zu beteiligen. Und als die Theorie dann drohende Praxis wurde, da haben wir wahrscheinlich alle mal alles gesagt. Du hast auch sehr oft deinen Standpunkt geändert, du wirst auch mal erklärt haben, gut, Stefan, das ist mein Kind, du hast damit nichts zu tun. Das hättest du sagen können, aber es hätte für mich nichts bedeutet. Ich hätte das nicht hinnehmen können.

Ich muß betonen, ich habe mich, wenn auch innerlich leidend, zu meinen Pflichten bekannt. Das habe ich immer getan. Das ist mein Preußentum. Ich hätte dich aus Pflicht geheiratet, nach der Entbindung. Das reichte natürlich nicht, und du hättest es dann vielleicht auch nicht mehr gewollt. Aber ich bin nun mal einer, der die Konsequenzen trägt. Mir ging es nur darum, erst nach der Geburt zu heiraten. Denn solange das Kind nicht da war, gab es für mich immer noch die winzige Chance, daß es nicht zur Welt kommt. Und das erwies sich ja auf eine sehr tragische Art als richtig.

Vorher passierte noch etwas Seltsames – jedenfalls für mich, da ich ja anfällig bin für Mystizismen. Eines Abends, als wir Freunde besuchen wollten, und ich mit dir über diesen Kiesweg zur Haustür ging – da sah ich auf einmal etwas auf dem Boden liegen. Es war ein Skelett, ein kleines menschliches Skelett aus Plastik, und ich habe mich gebückt und habe es aufgehoben und habe in diesem Augenblick gewußt, daß wir kein Kind kriegen, und mir fiel eine Last vom Herzen.

Und als du dann mit der Fehlgeburt im Krankenhaus warst, da hab ich dich angerufen, und das Telefon stand nicht in dem Raum, wo du lagst, sondern im Nebenraum, und ich konnte dich stöhnen hören, konnte hören, daß du Qualen hattest. Und da ergriff mich eine solche Angst um dich, da habe ich dieses Skelett genommen und habe es in viele kleine Teile zerbrochen und weggeworfen.

Ich hätte vielleicht dieses kleine Skelett nicht wahrgenommen, wenn ich nicht schon früher Zeichen bekommen hätte, die ich in der Tendenz richtig interpretiert hatte. Wie das Kreuz unter der Maske der Unbekannten von der Seine.

In meiner ersten Ehe feierten wir Silvester 1951/52 in unserem möblierten Zimmer in Berlin. Es war gerade ein Ehemonat verstrichen, und Julia liebte und besaß die Maske der Unbekannten von der Seine. Na ja, die Geschichte dieses Mädchens kennt wohl jeder, man hatte es als Selbstmörderin aus der Seine geborgen und irgend jemand hat die Totenmaske abgenommen, weil dieses Mädchen so geheimnisvoll lächelte. Die hing also an der Wand, und genau um Mitternacht, als das Jahr sich wendete, sah ich unter dieser Maske ein scharf konturiertes großes schwarzes Kruzifix.

Ich bekam einen eisigen Schrecken, denn ich empfand es sofort als böses Omen. Ich zeigte es Julia, die sich davon jedoch nicht beeindrucken ließ, sondern eine rationale Erklärung fand: Es war der Schatten des Fensterkreuzes, der durch die Silvester-Illumination auf diese Wand geworfen wurde. Aber im Juli dieses Jahres starb Julia.

Seitdem glaube ich an Zeichen. Im Prinzip bin ich natürlich rational, sonst wäre ich nicht Journalist, aber diese Dinge haben für mich eine Bedeutung. Ich rufe sie nicht herbei, aber wenn es geschieht, dann weiß ich sie zu deuten. Das ist wichtig. Man könnte mir sonst unterstellen, ich habe mit diesem kleinen Skelett das Kind gemordet, in einer gewissen Weise geistig gemordet, man könnte mir unterstellen, ich habe dieses Skelett gefunden und daraus die Interpretation gezogen, nun muß es sterben, weil ich wollte, daß es starb. Das war es nicht. Ich wußte in diesem Augenblick einfach, daß es sterben würde. Das war alles.

Ich glaube, diese Panik, aufs neue gebunden zu sein, war die schlimmste Panik meines Lebens. Das war schlimmer als im Flieger mit defektem Ölanzeiger über dem Dschungel am Amazonas, wo wir nicht wußten, ob wir den Flughafen erreichen. Da siehst du, wie kaputt ich auf diesem Gebiet bin.

Als wir uns kennenlernten, da hatte ich mich ja gerade von all dem befreit, was mich ein Leben lang gefesselt hatte: Erziehung, Ehe und ungeliebter Job. Das alles hatte ich nun endlich hinter mich gebracht, ich war gerade ein freier Mensch geworden. Und nun sah ich das aufs neue gefährdet und reagierte panisch.

Ich kam ja aus einer Ehe, die so eng war, wie es enger gar nicht geht, ich meine, eng im Sinne von Mangel an Freiheit und Toleranz. Aus einer Ehe, in der ich tagtäglich beschimpft wurde, weil ich entweder die Kohlen nicht geholt hatte oder weil ich mich nach der Arbeit auf die Couch legte – das war eine der häufigsten Anklagen meiner Frau. Mich erschöpfte die Arbeit als Abteilungsleiter in einem Stahlwerk, weil ich diese Arbeit nicht liebte, sie erschöpfte mich mehr als heute einen Tag lang schreiben. Na, und da kam ich nach Hause und schmiß mich erst mal auf die Couch. Und das war jedesmal ein Anklagepunkt, ich wurde sofort von der Couch gescheucht, weil Ute natürlich meinte, ich plage mich hier den ganzen Tag mit den beiden Kindern und der kommt nach Hause und schmeißt sich auf die Couch.

So klein waren die Streitigkeiten, sie waren alltäglich, aber sie haben mich damals zum alten Mann gemacht. Bis ich ausflippte. Formentera – das war meine Wiedergeburt. Was ich in Formentera entdeckte, war eine Welt, von der ich gar nicht wußte, daß es sie gibt: eine Welt der absoluten Selbstbestimmung.

Zum erstenmal selbst bestimmt habe ich mich ja, als ich mich entschied, ich haue jetzt ab, schmeiß den Job hin, laß den ganzen Dreck, laß die Kinder, ich hau ab, gehe nach Formentera und bin ich selber. Das war meine erste Selbstbestimmung. Und nun erlebte ich, daß man überhaupt weitgehend selbstbestimmt leben kann, frei von materiellen Zwängen. Ich hatte ja keinen Besitz mehr, und das war eine der schönsten Erfahrungen meines ganzen Lebens: mich von Besitz befreit zu haben. Ich habe früher gedacht, du mußt das haben, du mußt ein Auto haben und Graphiken und eine Wohnung. Dafür habe ich dann abgezahlt und Schulden gehabt, und nun hatte ich nichts mehr, und das war der größte Selbstgenuß, den ich je gehabt habe.

Ich bedauere es auch heute noch, daß diese wohl schönste aller Zeiten – die ausgehenden sechziger Jahre – nur so eine kurze Erscheinung gewesen sind. Für mich bedeutete diese Zeit die Befreiung von allen Zwängen und Normen, denen ich bisher gehorcht und an die ich geglaubt hatte. Ich wäre wahrscheinlich nicht so spontan aus meinem alten Job ausgebrochen, hätte es die Blumenkinder nicht gegeben und hätte es die Studentenrevolte in Berlin nicht gegeben. Ich war zwar immer schon links, nicht gerade ultralinks, aber ich habe nie was anderes gewählt als SPD und stand damit in der Firma einsam und allein, denn alle anderen waren CDU. Das also war nicht neu, aber ich gehorchte dennoch den mir anerzogenen Normen der Pflicht und Beständigkeit und alldem, was man schließlich gelernt hat, wenn man so alt ist wie ich. Und auf einmal standen da in Amerika, wo ich noch nie gewesen war, schöne junge, ungeschminkte Leute in Fetzen und verteilten Blumen, und in Berlin gingen die Studenten auf die Barrikaden. Das hat mich mitgerissen. Ohne diese soziale Entwicklung hätte ich wahrscheinlich den Absprung gar nicht geschafft. Das hat mir diese Kraft zum Ausbruch erzeugt.

Ich hatte immerhin eine Frau und die Verpflichtung, zwei Kinder zu ernähren. Ich hatte Freunde, eine Vier-Zimmer-Wohnung, einen Job mit einem guten Einkommen, ein gewisses Sozialprestige als leitender Angestellter, der ich nun mal war – all das habe ich hinter mir gelassen. Rückblickend betrachtet war es wenig, aber es gab für mich ja nichts zu gewinnen. Ich wollte Schriftsteller werden, aber ich wußte ja noch gar nicht, ob ich schreiben kann. Ich wußte nur, daß ich hervorragende Briefe schreiben konnte, daß diese Briefe überall sehr beliebt waren, aber etwas anderes als Briefe hatte ich nie geschrieben. Also hatte ich im Grunde keine Chance. Also habe ich viel zurückgelassen.

In Formentera versuchte ich zum erstenmal in meinem Leben kreativ zu arbeiten, indem ich begann, einen Roman zu schreiben. Jeden Tag vier Stunden, ziemlich diszipliniert, das bin ich nun mal, ich habe sogar immer im Tagebuch notiert, wieviel ich geschrieben habe. Und ich erlebte zum erstenmal Beziehungen, die ganz anders waren, als ich sie bis dahin kannte – leise, ohne Streit, ohne Forderungen.

Wir lebten ja damals in Bonn, und da Ute aus einer adeligen Familie kam, verkehrten wir in Diplomatenkreisen, und jedesmal, wenn man sich auf Parties traf, gab's Handküsse und die große Show, aber nichts dahinter. Die totale Leere. In Formentera erlebte ich nun zum erstenmal Beziehungen, die waren fast wortlos, aber sehr emotional. Ich tauchte ein in eine ganz neue Welt, ich genoß meine Ruhe, und ich machte mir auch kein großes Gewissen aus meiner Familie. Die wußten zwei Jahre lang nicht, wo ich war. Ich habe ihnen über bestimmte Postkanäle ein bißchen Geld zukommen lassen, damit es nicht zum Kriminalfall würde; man kommt ja für unterlassene Alimentezahlungen in den Knast. Ute verdiente ja Geld, das wußte ich, die Kinder mußten nicht hungern. Also hatte ich keine großen Schuldgefühle. Ich hatte in diesen acht Jahren Ehe zuviel gelitten, Ute natürlich auch, aber ich habe gelitten bis zur Selbstverleugnung, denn so, wie ich mich gab, war ich ja nicht. Ich habe mich erst in Formentera entdeckt, bin zu dem geworden, der ich wirklich bin.

Bis dahin hatte ich ein Leben lang nur nach Mustern gelebt, die nicht meine Muster waren. Erst war ich in der Hitlerjugend, dann in einer preußischen Schule mit Oberstudienräten, alles Dinge, mit denen ich mich im Grunde nicht identifizieren konnte. Und nach dem Krieg wieder Schule und der Versuch zu studieren, die frühe Ehe, die Notwendigkeit, Karriere zu machen in einem ungeliebten

Beruf ... Manchmal träume ich davon, daß ich nicht mehr schreiben kann und wieder Organisator bin, das sind schreckliche Träume.

Und so war jede neue Partnerschaft nach meinem Ausstieg irgendwo auch eine Bedrohung meiner neuen Freiheit – die große Angst, wieder in das zurückzufallen, wovon ich mich befreit hatte. Irgendwo tief in mir habe ich diese Angst immer noch. Vor diesem Hintergrund mußt du unsere Geschichte sehen.

Aber zunächst fühlte ich mich durch dein Interesse an mir außerordentlich geschmeichelt. Ich war ja ein Anfänger, und für mich als kleinem Anfänger waren alle, die da im Hamburger Pressehaus saßen und redigierten oder schrieben, ersehnte Märchenfiguren, und eine davon warst du. Zudem attraktiv – also, ich fühlte mich geschmeichelt. Ich hatte auch noch nie eine Frau kennengelernt, die so war wie du. Etwas aggressiv – so, wie du mich angesprochen hast, das hat mir sehr imponiert – und so schnell im Denken und Sprechen und eigentlich auch im Entscheiden. Du entscheidest ja sehr viel, wenn du was sagst. Nina war ja sehr still. Und Ute war eine Ehefrau nach dem Muster, nach dem Ehefrauen in den letzten hundert Jahren gemacht wurden: fordernd und frustriert.

Und dann bist du nach München gekommen, und wir haben in deiner alten Wohnung geschlafen, und da hatte ich ein schlechtes Gewissen Nina gegenüber, wie immer in solchen Fällen. Ich machte es zwar, aber ich hatte ein schlechtes Gewissen. Als ich es ihr irgendwann erzählte, hat sie still und schmerzbewegt reagiert, wie immer. Nina hat sechs Jahre lang solche Dinge in ihrer großen Geduld und Leidensfähigkeit hingenommen. Der Auflösungsprozeß war schon mindestens vier Jahre alt, davon mal abgesehen, und du warst nur der letzte Anstoß. Ich habe meinen Nachfolger sogar gefördert – so sehr gefördert, daß Nina schließlich mit ihm in unserer Wohnung schlief, während ich im Nebenzimmer lag. Anschließend kam sie weinend rausgelaufen, zu mir. Das war das Ende. Das hat mir schon was ausgemacht. Aber ich dachte, so muß es sein.

Trotzdem mußte das Schuldgefühl Nina gegenüber erst mal abgebaut werden. Das gelang dann sehr schnell, als ich endlich bei dir in Hamburg war. Meine emotionale Hinwendung zu dir war sehr stark bestimmt von sexueller Attraktion, die wiederum sehr stark beeinflußt war von der Tatsache deiner intellektuellen Persönlichkeit, denn ich hatte noch niemals eine Intellektuelle gefickt. Zumal ich damals noch nicht wußte, daß du so intellektuell gar nicht bist! Intellektuell bist du nur in deiner Art zu schreiben und in deiner Art, Fragen zu stellen, die von einer kristallenen Schärfe ist. Aber du bist da nicht mehr intellektuell, wo das Gefühl deine Entscheidungen beeinflußt. Denn so verstehe ich den Intellektuellen, daß er selbst seine Gefühle dem Intellekt unterordnet. Insofern bist du keine Intellektuelle.

Du mußt das alles wieder vor meinem Hintergrund sehen, ich war – abgesehen von meiner Hippie-Zeit – ja nur ein Angestellter in einer Stahlfabrik, und für so jemanden ist eine Redakteurin bei einer großen Illustrierten halt etwas Unerreichbares.

Du hast deine Überlegenheit anfangs nicht sehr ausgespielt, aber hingebungsvoll hätte man dich auch nicht gerade nennen können. Wobei ich wohl den Fehler machte, daß ich etwas überemotional war, was du nicht mochtest. Jedenfalls sagtest du das mal.

Auf der anderen Seite war ich aber vom ersten Tag an auf der Hut; ich wollte die in Formentera erkämpfte Freiheit nicht wieder aufgeben. Darum sprach ich auch immer davon, daß ich diese Existenz nicht beibehalten, sondern nach Formentera zurückgehen wolle, um dort zu leben. Ohne zu wissen – das sagtest du mir dann erst später –, daß ich in dir damit ein Unsicherheitsgefühl weckte. Aber du wolltest doch damals auch nach Kuba gehen und Lehrerin werden, du hattest also ähnlich gerichtete Pläne, vielleicht mehr politisch, und so nahm ich an, daß ich mit meinen Sehnsüchten auf der gleichen Ebene lag wie du. Ich habe mir nicht vorstellen können, daß das irgendwelche Unsicherheiten in dir auslöste, weil ich dachte, daß du gar nicht scharf auf Sicherheit bist. Was du übrigens auch verbalisiert hast, du hast ja immer erklärt, heiraten kommt nicht in Frage, Kinder kommen nicht in Frage. Das war sicherlich ehrlich, aber wahrscheinlich warst du nur verstandesmäßig ehrlich, denn vermutlich hast du tief in dir doch die Sicherheit beim Mann gesucht.

Das ist das entscheidende Mißverständnis zwischen uns überhaupt gewesen, nehme ich an. Es war ja auch die Mode jener Zeit, daß man mobil war, flexibel, daß man sich nirgends anbinden ließ, weder beruflich noch partnerschaftlich. Es war die ausgehende Hippie-Zeit, und wir waren alle ein bißchen Hippies, wir liebten dieses Hippie-Dasein, und wir wollten das nicht aufgeben für eine Beziehung, die uns durch und durch bürgerlich, also hassenswert erschien. Aber mit dem Anhängen an diese Mode haben wir unsere wahren Sehnsüchte wahrscheinlich stark überspielt und vor uns selbst verborgen. Mir ist zwar klar gewesen, daß ich keine Sicherheit erzeugte, aber ich war davon überzeugt, daß – würde ich diesem Wort auch nur in irgendeiner Weise Gestalt geben – ich dich verlieren würde. Denn dann wäre ich ja ein Bürger der fünfziger Jahre gewesen, den du unmöglich lieben konntest. Das durfte ich also auf keinen Fall. Aber das war ein fundamentales Mißverständnis.

Meine Interpretation ist die, daß es für dich nie wirklich positiv war, wenn du die Starke in einer Beziehung warst, weil du gar nicht die Starke sein willst. Aber das mag ambivalent sein, weil du instinktiv weißt, daß du dann in den meisten Fällen den Mann verlierst. Ich habe die Anfangszeit auch als positiv empfunden, obwohl ich der Schwächere war, ich habe damals nicht empfunden, daß ich litt. Ich glaubte, mich als einen neuen Menschen zu erfahren, wenn ich nachmittags einkaufen ging und die schweren Tüten die Treppen raufschleppte und was in den Kühlschrank einräumte und abwusch.

Ein sehr wesentliches Moment unserer Beziehung war ja dein Versuch, mich zu emanzipieren, und ich habe mir – wie du hoffentlich bestätigen wirst – wirklich Mühe gegeben, mich diesem Versuch zu fügen. Und es hat ja auch eine leichte Veränderung gegeben, indem ich nun an der Hausarbeit mitwirkte, das war aber auch alles. Mich hat das ziemlich überfordert – wahrscheinlich auch besonders deshalb, weil du ja nicht so emanzipiert warst, wie du selbst immer meintest, was ich dann irgendwann erkannt habe und was mir wie ein kleiner Betrug vorkam.

Heute bin ich mit mir im reinen, heute habe ich erkannt, daß diese Veränderung sich nicht vollziehen läßt, wenn du über vierzig bist und in der Nazi-Zeit deine ersten Erziehungserfahrungen gemacht hast. Aber damals dachte ich, aha, das ist das Gebot der Stunde, du mußt jetzt ein Softie werden, sonst kommst du bei den Damen nicht mehr an. Das war ja schon eine Überlebensfrage, daß man ein Softie wird. Das ist so, als wenn du aus einem Eber ein Schaf machen willst, was eben nicht geht. Aber erst glaubte ich, dieser Überforderung gewachsen zu sein, denn nachdem ich mich schon auf Formentera auf anderem Gebiet erheblich verändert hatte – wo es allerdings leichter ist –, glaubte ich, nun schaffe ich auch das. Es war aber nicht zu schaffen. Ich bin nun mal kein Hausmann.

Wenn du beispielsweise nach Paris gefahren bist, um irgendwen zu interviewen, oder auch nur, wenn du in die Redaktion gegangen bist, um mit Leuten zu arbeiten, zusammen zu sein und deine Zeit zu teilen und dein Gelächter und deine Gedanken – mit Leuten, denen ich nichts bedeutete –, dann erzeugte das in mir doch eine viel stärkere Eifersucht, als mir jemals bewußt war.

Und das erklärt übrigens auch zum Teil mein Fremdgehen: Ich war ja noch nicht gesettled, ich mußte mir ja noch Erfolge nachweisen, was ich heute nicht mehr muß. Und außerdem: Takt war damals ja nicht deine stärkste Seite, du hast es nie unterlassen, mir doch sehr genau zu erzählen, mit wem du geflirtet hattest, und es waren oft sehr prominente Männer. Mit denen warst du zwar nicht im Bett, aber in einem engen Kontakt. Jedenfalls hast du meine Phantasie in dieser Richtung immer beflügelt. Und der prominente Nebenbuhler macht natürlich den Partner verflucht klein. Ohne es sich auszuformulieren, sagt man sich doch innerlich, offenbar bin ich nicht groß genug für sie.

Ich habe das mit großer Tapferkeit ertragen. Bei mir ist das ja so: Ich schlucke immer alles runter, das ist die preußische Erziehung, aber eines Tages kommt die Explosion, denn ich bin natürlich überhaupt nicht cool. Auch mein Ausbruch in die Freiheit war eine solche Explosion.

Aber damals war es mir lange gar nicht bewußt, daß ich mich falsch eingerichtet hatte mit dir. Sicher war es rückblickend betrachtet eine gute Schule für mich, für mein seelisches Werden und auch für meine Persönlichkeitsbildung als Mann, aber es war nicht unbedingt die Beziehung, in der ich mich behaglich fühlte. Behaglichkeit war es nicht. Es war eher eine Herausforderung und auch viel unterschwellige Eifersucht auf eine Welt, der ich nicht angehörte und die du mir immer mit leuchtenden Augen mitteiltest – in aller Unschuld. Das war deine Welt, das ist logisch, daß man seinem Partner erzählt, was gewesen ist.

Und ich meinte immer, ich kann damit umgehen, das schaffe ich schon, das ist nun mal die Zeit, das muß man leben. Aber auch das gehört zu meinem Machismo, daß ich es dann doch nicht so kann. Und dann kamen eben jene beiden Ausbrüche – Angst vor Liebesverlust, Versagensängste, all das hängt wohl damit zusammen. Aber ich glaube, ich reagiere da gesünder als andere Männer. Ein anderer Mann hätte sich vielleicht in eine lebenslange Abhängigkeit begeben. Daß wir nicht mehr zusammen sind, war für mich notwendig zum Überleben. Denn in dieser Abhängigkeit hätte ich nicht bleiben können. Und darum mußte ich mich befreien, so, wie ich mich auch von den alten Jobs befreit habe.

Bei Sanna ist das genau umgekehrt. Es war kein Befreiungsprozeß, als ich kürzlich versucht habe, mich von Sanna zu trennen, sondern eher eine Art Verantwortungsgefühl ihr gegenüber. Ich meinte, eigentlich müßte sie ihren Weg jetzt allein gehen können. Ich empfinde sie als zu stark abhängig von mir, da hat sich nie etwas aufgestaut oder angesammelt. Sanna appelliert natürlich stark an meine Beschützerinstinkte; ich glaube, starke Frauen wie du rufen immer weniger Zärtlichkeit hervor als Frauen wie Sanna. Sie ist ja das ziemlich diametrale Gegenteil von dir, und erst mal habe ich sie ein dreiviertel Jahr gar nicht ernst genommen. Aber Sanna war für mich ja auch eine Aufgabe, und ich darf mit einigem Stolz sagen, daß ich da wirklich eine Leistung vollbracht habe: sie hat sich unter meinem Einfluß in diesen Jahren erstaunlich entwickelt.

Sanna hat ja an dieser Beziehung mit einer Energie gebastelt, die wohl nur ein so junger Mensch wie sie haben kann. Sie hat diese Wohnung gefunden, sie hat eigentlich alles Materielle aufgebaut, um diese Beziehung zu halten. Sie hat mir die absolute Wärme gegeben, und ich weiß auch nicht, ob ich das eintauschen sollte gegen ein Plus an Intellektualität, denn das Plus an Intellektualität geht höchstwahrscheinlich mit einem Minus an Wärme einher. Sie war ja praktisch wie eine Tochter; sie ist jünger als mein Sohn Mischa. Und das hat dieser Beziehung einen Inhalt gegeben, daß ich hier der Verantwortliche bin und in gewisser Weise der Vater. Ich bin der Dominierende, was ich wohl auch sein muß. Was hat's für 'n Zweck, darum herumzureden.

Mischa ist anders, Mischa ist eine andere Generation. Mischa hat große Schwierigkeiten mit Partnerschaften, also geht er demnächst nach Poona ins Ashram, um zu lernen, mit einer Frau leben zu können. Wenn seine Freundin ihn betrügt, ist Mischa imstande, mit dieser Freundin und dem Mann, mit dem sie ihn betrogen hat, hinaus ans Meer zu gehen. Und dort umarmen sich dann alle drei, damit sein Gefühl von Eifersucht verschwindet.

Ich könnte das nicht. Ich bin Macho. Ich bin sicher anders Macho, als irgendwelche konservativen Typen Macho sind, aber irgendwo bin ich eben Macho. Mein Macho-Sein, zu dem ich mich heute voll bekenne, bedeutet unter anderem, daß ich mit einer Frau, die mir auf irgendeinem Gebiet überlegen wäre, nicht leben könnte. Das war mir damals, in meiner Softie-Phase, auch nicht möglich, und deswegen war ich ja auch so competetive. Das war für mich eine unglaubliche Herausforderung, daß du erfolgreicher warst als ich. Das konnte ich nicht ertragen. Du warst für mich der Motor meines Erfolgs. Wenn es dich damals nicht gegeben hätte, sondern schon eine Sanna, dann wäre ich vielleicht gar nicht so rangerobbt. Denn als ich aus Formentera zurückkam, war ich ja nicht leistungsorientiert, sondern lebensorientiert. Ich war der Meinung, daß Leistung Knechtschaft ist. Aber daß du so sehr viel erfolgreicher warst, das konnte ich nicht hinnehmen. Da mußte ich alle Kräfte mobilisieren, um diesen Gap zu überwinden.

Das hat mir niemals leid getan, denn ich bin ja gerne ein erfolgreicher Journalist. Das war deine große Leistung in meinem Leben. Ich bin heute sehr leistungsbewußt, sehr leistungsorientiert, und ich bin keineswegs der Meinung, daß Leistung Knechtschaft ist. Ich bin vielmehr der Meinung, daß Welt und Gesellschaft nicht existieren könnten ohne Leistung. Alles andere war nur eine Modeerscheinung, eine Phase, die man damals nicht zu Ende gedacht hat und die ich inzwischen zu Ende gedacht habe.

Ich habe durch dich beruflich sehr profitiert. Durch dich habe ich Insider-Kenntnisse gewonnen, die ich als journalistischer Außenseiter damals nicht hatte. Und ich sehe heute, wo ich selbst einer Redaktion angehöre, wie groß mein Vorsprung gegenüber freien Autoren ist, die fast jede Geschichte schmeißen, weil sie einfach nicht wissen, wie eine Geschichte auszusehen hat. Keiner weiß es, keiner kann es formulieren, aber wenn du drin bist, dann weißt du es instinktiv. Du hast mir damals solche Insiderdinge vermittelt. Und dann hat mir wohl auch geholfen – du hast mir zwar nie gesagt, wie man eine Geschichte schreibt, aber ich erinnere mich doch sehr genau, daß ich von dir gelernt habe, eine Geschichte mit einer Einstiegs-Anekdote zu eröffnen. Heute versuche ich das übrigens immer zu vermeiden, weil es mich langsam ankotzt, aber damals war es sehr wichtig. Denn sonst gibt es ja keine Schreiber, die Schreibern sagen könnten, wie man schreibt. Du konntest das auch nicht, aber du gabst mir ein Beispiel. Ich habe ja auch deine Geschichten immer viel aufmerksamer gelesen als irgendwelche anderen Geschichten – na ja, und all das zusammen war für mich eine berufliche Schule, die mich ganz sicher sehr gefördert hat. Aber am meisten hat mich die Herausforderung gefördert.

Irgendwann habe ich mal gesagt, nie wieder eine Schreiberin, ohne dabei reflektiert zu haben, warum ich das sagte, wahrscheinlich aber, um nicht wieder innerhalb einer Partnerschaft so einen Wettbewerb zu erleben, wie wir ihn erlebt haben. Er hat mich zwar effektiv weitergebracht, aber der Partnerschaft hat er nicht wohl getan. Vielleicht habe ich aber auch gemeint, nie wieder eine Intellektuelle, nie wieder eine sogenannte Emanze.

Wenn du dir mal die Generation der dreißig- bis vierzigjährigen Frauen ansiehst, der du angehörst, dann sind diese Frauen meiner Meinung nach die wahren Opfer der Emanzipationsbewegung. Sofern sie intelligent und leidenschaftlich und engagiert sind, haben sie sich daran beteiligt. Das hat aber nach meiner Theorie nur zur Folge gehabt, daß diese Frauen heute einer größeren Einsamkeit ausgesetzt sind als je eine Generation von Dreißigjährigen zuvor. Weil sie natürlich – da sie die Emanzipation intellektuell geleistet haben – bestimmte Sorten Mann einfach nicht mehr akzeptieren können. Und wenn man es intellektuell nicht kann, dann kann man es wohl auch emotional nicht. Da sie aber auf der anderen Seite in ihrer Kindheit zu einer ganz anderen Art von Frauen-Existenz erzogen worden sind, bleibt die Sehnsucht. Und diese Frauen – das beobachte ich an dir und an vielen anderen –, diese Frauen leben in der Spannung zwischen ihrem intellektuellen Hochmut und ihrer tiefen emotionalen Sehnsucht, die nicht befriedigt werden kann, weil dieser Hochmut ihnen im Wege steht.

Und ich glaube, diese Frauen sind die Opfer dieser Emanzipationsbewegung. Menschen wie Alice Schwarzer haben ja ihre Alternative in ihrer Publizität, das wird sie befriedigen. Aber die meisten Frauen, die außerhalb der Öffentlichkeit versucht haben, sich zu emanzipieren, die stehen nun da. Und ich stünde genauso da, hätte ich mich weiterbelogen, würde ich statt mit der kleinen Sanna mit einer Karrierefrau zusammensein – die ich ja nun meide. Ich mag diese Art der Auseinandersetzung nicht mehr.

Das heißt nicht, daß ich mich nicht der Auseinandersetzung stelle, aber ich will mich nicht partnerschaftlich auseinandersetzen. Ich rechne so: Ich bin fünfzig, ich werde noch zehn sehr produktive Jahre haben, und ich will meine Kraft in diese Produktivität investieren und nicht in ein spätes partnerschaftliches Experiment. Das wäre doch ein Wahnsinn! Vielleicht habe ich überhaupt nur noch zehn Jahre, wer weiß? Dann will ich diese zehn Jahre nach dem Schnittmuster leben, nach dem ich geschnitten bin. Diese Erkenntnis ist durchaus auch ein Gewinn aus der Beziehung zu dir.

Und ich glaube, ich bin heute ganz anders fähig, mein Leben zu genießen, meine Erfolge, meine Arbeit, meine Sexualität. Das ist vielleicht meine größte Leistung, daß ich mich sexuell befreit habe. Ach, meine Kindheit war furchtbar ... Ich hab dir sicher mal erzählt, wie meine Mutter mir meine Unterhose vor die Nase gehalten hat und sagte, das tut man nicht. Und so hatte ich vom zwölften Lebensjahr an täglich Schuldgefühle, weil ich jeden Tag gewichst habe, kannst du dir das vorstellen, bis zu meinem achtzehnten Lebensjahr. Dann das erste Erlebnis, ich hatte keine Ahnung, und ich steckte ihn rein und spritzte auch gleich. Dann lange das Gefühl, nicht imstande zu sein, eine Frau befriedigen zu können, weil ich in den ersten Jahren immer ziemlich schnell kam ...

Inzwischen sind mir Orgasmen nicht mehr wichtig, sondern das Erlebnis des Fickens, auch das haben mich die späten sechziger Jahre gelehrt und die frühen siebziger. Ich kann heute zwei Stunden lang mit einer Frau ficken und ohne Orgasmus nach Hause gehen und habe ein wunderbares Erlebnis gehabt. Es ist mir völlig scheißegal, ob ich einen Orgasmus habe oder ob die Frau einen hat, der Leistungsdruck ist vollkommen weg. Insofern empfinde ich mich da als absolut befreit, das muß ich sagen. Das war mit dir noch anders, ich meinte noch, du müßtest unbedingt einen Orgasmus haben. Was falsch war.

Aber Sex war in unserer Beziehung ja nie ein Problem. Für dich lag das Problem zum Schluß wohl eher in der Überforderung. Das habe ich damals nicht richtig erkannt. Das konnte ich auch nicht erkennen, weil ich ganz andere Überforderungen gewöhnt war.

Gut, du warst überfordert durch deinen Job und durch die Verhältnisse in dieser unmenschlichen Redaktion, das wußte ich, und Mischa war auch ein Element der Überforderung, aber was noch? Ich meine, an der Hausarbeit habe ich mich doch beteiligt, wenn ich mich recht erinnere, und eine Putzfrau hatten wir auch einmal die Woche. Aber ich habe da wohl sehr viel verdrängt und vergessen. Und im übrigen war ich ja auch – nun, nicht überfordert, aber doch gefordert, denn ich mußte ja mit dem Schreiben die Kohle verdienen, um meine Kinder zu ernähren.

Das war übrigens – nach Mexiko und dem Kind – der dritte Schock in unserer Beziehung: daß du meine Tochter nicht aufnehmen wolltest. Tine war zwar schon vierzehn, aber sie war noch ein Kind. Und sie war ein ganz besonders bedürftiges Kind. Ich hatte das Gefühl, daß du eifersüchtig auf sie warst. Die Kinder eines Mannes zu akzeptieren, die man nicht selbst geboren hat, ist natürlich auch eine große Forderung. Aber als du damals sagtest, daß Tine nicht kommen darf, da traf es mich irgendwo an zentraler Stelle.

Und so war ich erleichtert, als du den Vorschlag der Trennung machtest. Nicht schmerzlos erleichtert, aber erleichtert.

Ein Jahr nach deinem Auszug ging es mir dann sehr schlecht. Erstens, weil ich sehr dominierende Schwierigkeiten mit den Kindern hatte, die zu liberal erzogen waren. Auch da bin ich inzwischen nicht mehr der Meinung, daß die antiautoritäre Erziehung die richtige ist. Ich war ein schlechter Vater, weil ich nicht autoritär genug war, beispielsweise habe ich meine Kinder nicht ein einziges Mal geschlagen. Ich weiß noch, wie Tine eines Abends die Kaminscheite gegen die Wand warf und damit die Rauhfasertapete abriß. Da mußte ich mich so beherrschen, um ihr nicht eine zu scheuern, daß ich rausgerannt bin. Zwei Stunden hab ich in der Kneipe bei einem Glas Wein gesessen, und mir haben die Knie gezittert.

Na ja, und dann habe ich mich einsam gefühlt, leerer. Ich habe mich nach dir gesehnt, aber weniger nach der Partnerschaft als nach den Gesprächen. Ich habe mich in dieser Zeit ziemlich unattraktiv und partnerschaftsunfähig gefühlt, weil ich einfach keine passende Frau fand. Ich wollte nun doch die Frau kennenlernen, mit der ich es besser machen konnte, aber die gab's nicht. Sie hätte dir natürlich sehr ähnlich sein müssen, was intellektuelle Kapazität und auch Lebensauffassung und Liberalismus angeht, da hast du schon Maßstäbe gesetzt. Aber das gab's nicht. Vielleicht hab ich mich mies gefühlt und die Frauen falsch beurteilt, aber das glaube ich nicht. Ich lernte einfach keine passende kennen. Völlig bekloppt. Erst jetzt, seitdem ich mit Sanna zusammen bin, habe ich viele Frauen kennengelernt, die so gewesen wären. Aber nun bin ich ja blockiert.

Eigentlich hatten wir beide, du und ich, alle Chancen. Wir waren ein sehr gleiches Paar. Aber es war nicht ganz das richtige Timing. Ich hatte noch viel zu sehr Angst vor einer erneuten lebenslangen Verhaftung. Und ich war noch nicht fertig. Formentera allein konnte mich nicht gänzlich befreien. Ich bemühte mich um eine Veränderung, die mir nicht möglich war, aber ich erkannte es nicht. Ein paar Jahre später, besser gesettled, meiner selbst bewußt, nicht mehr der Illusion hingegeben, ich werde nun ein emanzipierter Mann, wäre vielleicht alles anders gelaufen. Falls du dann bereit und imstande gewesen wärst, einen Mann, der von sich selber sagt, daß er ein Macho ist, zu akzeptieren.

Und ich glaube, du wärst dazu imstande. Weil du inzwischen sicher eingesehen hast, daß diese Veränderung in dir selber nicht bis zur letzten Lösung geführt werden kann und daß die für dich altersmäßig in Frage kommenden Männer diesen Kraftakt eben nicht leisten können.

JAN

Später, als unsere kurze Beziehung schon längst vorbei war, sanft versandet, unmerklich abgebröckelt – da habe ich mich oft gefragt: Was wäre geschehen, wenn wir uns auf irgendeinem Fest getroffen hätten oder in der Kantine des Verlags, in dem Jan arbeitete? Natürlich ist das die alte Frage. Aber ich bin mir ziemlich sicher: Wahrscheinlich wäre mir dieser distanzierte, etwas arrogant wirkende junge Mann überhaupt nicht aufgefallen.

So aber lernten wir uns in Rom kennen, am 16. März, dem Tag, an dem Aldo Moro entführt wurde, und trieben im Strom der Stadt aufeinander zu wie auf eine Insel. Wenn einer von uns ein paar Minuten früher oder später das alte, efeuumrankte Hotel *Raphaël* nahe der Piazza Navona betreten hätte – wir hätten uns nie getroffen. Jan kam aus Mailand, wo er sich um die KPI gekümmert hatte, ich kam aus Hamburg nach Rom, um Material für eine Fernseh-Serie zu sammeln.

Mein Flugzeug landete so gegen zehn Uhr abends, zu einer Zeit also, wo Rom normalerweise erst so richtig wach wird. Ich nahm den Flughafenbus in die Stadt und blickte irritiert hinaus. Ich hatte in der Hetze des Aufbruchs keine Nachrichten gehört und somit keine Ahnung, daß ein paar Stunden zuvor der Ministerpräsident gekidnappt worden war. In Rom sah es aus wie im Nachkriegsdeutschland bei Verdunklung. Es waren kaum Menschen auf der Straße, die meisten Bars und Restaurants waren geschlossen.

Taxis gab es natürlich auch nicht. Als ich endlich eins erwischte, teilte ich es mit einem jungen Engländer, der mit mir zusammen gewartet hatte. Er hatte kein Hotel gebucht, und ich nahm ihn mit ins *Raphaël*, vielleicht war dort noch was frei.

Wir platzten da einfach rein, und der Concierge schüttelte den Kopf: «*Sorry, we are completely booked out.*» Und schon stürmte der Engländer wieder hinaus zu seinem Taxi, während mich die drei an der Rezeption wartenden Männer erstaunt musterten, zwei ältere, etwas korpulente Italiener und ein großer Dunkelblonder.

Er wandte mir sein Profil zu, ich blickte zu ihm hoch – er war fast zwei Köpfe größer als ich –, und bei mir rasteten drei Worte ein: Attraktiv. Arrogant. Sicher schwul.

«Scusate, Signori», sagte ich in meinem feinsten Italienisch zu den Wartenden, und der Portier fragte so über die Schulter: «Haben Sie eine Zimmer-Reservierung?» – «Ja», sagte ich, nannte meinen Namen und fügte vorsichtshalber hinzu, «ich komme aus Hamburg.»

«Ach», sagte da der Dunkelblonde und blickte arrogant auf mich hinunter, «Sie kommen aus Hamburg? Sagen Sie, hätten Sie was dagegen, mit mir das Zimmer zu tauschen? Die haben mir ein Zimmer in der Dependance gegeben, aber ich würde lieber im Haupthaus wohnen ... Obwohl», fügte er eilig hinzu, «die Dependance auch sehr schön ist, alles ganz neu, mit Chrom und Rauchglas.»

«Klingt ja gräßlich», sagte ich, «deshalb komme ich nicht nach Rom. Was meinen Sie wohl, warum ich ausgerechnet dieses Hotel gebucht habe? Eben weil es so schön alt und unpraktisch ist.»

«Na gut», sagte der Typ kühl und ließ immer noch nicht locker, «aber wissen Sie, für mich wäre das wirklich ganz wichtig. Ich bin nämlich Journalist und muß sehr viel recherchieren.»

«Und ich», sagte ich und grinste in mich hinein, «arbeite fürs Fernsehen und muß auch unheimlich viel recherchieren. Tut mir leid. Für welches Blatt arbeiten Sie denn? Und wie heißen Sie, Herr Kollege?»

Er sagte es etwas süßsauer. Wir stellten überrascht fest, daß wir – über gemeinsame Freunde – schon sehr viel voneinander gehört hatten. Und nun standen wir uns, im Gerangel um das bessere Zimmer, nächtens in Rom gegenüber.

Darauf gingen wir erst mal einen trinken, in die leere, plüschige kleine Hotel-Bar, umgeben von florentinischen Barock-Engelchen. Ich fand Jan immer noch attraktiv. Und nicht mehr so arrogant. Eher etwas unsicher. Und ganz sicher nicht schwul.

Die Dinge entwickelten sich schnell, wie immer auf Reisen, und es gab eine Menge Gemeinsamkeiten. Wir hatten gemeinsame Freunde, wir hatten den gleichen Beruf, wir lebten in derselben Stadt, und wir hatten sogar ein Stückchen gemeinsame Vergangenheit, unsere Münchner Zeit, die für jeden von uns, aus verschiedenen Gründen, sehr wichtig gewesen war.

Ich mochte diesen schlaksigen, ernsthaften jungen Mann jetzt sehr, aber irgendwie verunsicherte er mich. Seine bewußte Distanz, seine Ruhe stand in zu großem Gegensatz zu meiner impulsiven, vorpreschenden Art. Und ich konnte mich nicht an seine Augen gewöhnen, marmelkühle, sehr analytische, durchdringende blaugraue Augen mit einer großen dunklen Pupille. Sie erinnerten mich auch später immer an einen Fisch, der mich stumm aus seinem gläsernen Gefängnis anstarrt, und ich fragte mich oft: Was denkt der, wenn er dich so anschaut?

Jan verwirrte mich mit sehr präzisen, verblüffenden Fragen oder Feststellungen, die er abschoß wie kleine Pfeile. Als ich von meinen beiden Katzen sprach und er fragte: «Was sind das für Katzen?», und ich lebhaft antwortete: «Das sind Burmesen ... ach, das sind die faszinierendsten Katzen überhaupt, unheimlich kommunikativ und offen und neugierig und zärtlich und manchmal auch ganz schön aggressiv und etwas zickig ...» Und Jan, den ich eine Stunde vorher erst kennengelernt hatte, sagte nur ruhig: «Das war eben ’ne ganz gute Beschreibung von dir selbst.»

Ich lachte. Vielleicht habe ich mich schon in diesem Moment in ihn verliebt.

Frühling in Rom! Man konnte, eingehüllt in einen warmen Mantel, schon seinen Cappuccino in einem der Straßencafés der Piazza Navona trinken, auf der Spanischen Treppe boten die Hippies wie eh und je ihre Waren an, und in den Gelaterias türmten sich Berge bonbonfarbener Eiscremes.

Ich bummelte durch die Via del Corso, blickte in die Schaufenster, sah Jans Gesicht und lächelte über mich selber. Das war nun wirklich das absolute Klischee: Junge Frau kommt nach Rom und verliebt sich in den ersten besten, der ihr über den Weg läuft. Der römische Frühling und die Bereitschaft, sich zu verlieben, gehörten so penetrant zusammen, daß ich das Ganze, bei Tageslicht besehen, eigentlich schon etwas peinlich fand.

Ich wollte einen klaren Kopf behalten, mich nicht korrumpieren lassen von diesem Gezirpe um mich herum. Abends waren Jan und ich mit Kollegen zum Essen verabredet. Ich versuchte, Distanz zu bewahren, beobachtete Jan, wie er aß, lachte, sich bewegte, den Kellner rief, mit Mario über die Möglichkeiten der KPI diskutierte. Ich beschloß, daß dies nichts mit Rom zu tun hatte, daß es vielleicht in Wuppertal-Elberfeld genauso passieren könnte. Jan war ein bißchen das Prinzip Hoffnung. Nach langer Zeit war da wieder jemand, der mich berührte, der eine Art von Zärtlichkeit in mir hervorrief.

Wir gingen zu Fuß zurück ins Hotel, am Fahrstuhl wollte ich mich von Jan verabschieden. Aber er stieg einfach mit ein, drückte auf den zweiten Stock und grinste. Auf einmal war ich nur noch Panik und Abwehr. So eine blöde, plumpe Anmache paßte doch überhaupt nicht zu dem! Aber wenn der meinte, daß er, einfach so, mitkommen könnte ...

Im zweiten Stock angekommen, nahm mich Jan in die Arme, sagte freundlich «Gute Nacht» – und verschwand in seinem Zimmer. Ich wußte nicht, daß er inzwischen ebenfalls im Haupthaus wohnte.

Seine Umarmung war eckig, fast linkisch gewesen. Ich betrat, gleichzeitig erleichtert und unbestimmt enttäuscht, mein Zimmer und dachte: Wer so eine eckige Körpersprache hat, kann kein guter Liebhaber sein.

Am nächsten Abend wäre ich wohl bereit gewesen, das auszuprobieren. Aber da war ich schon wieder auf dem Weg nach Hamburg. Wir hatten noch einen gemeinsamen Tag in Rom verbracht – genug Zeit füreinander, um festzustellen, daß wir miteinander reden und lachen konnten und die gleichen Dinge mochten. Ich entdeckte, daß ich sogar eifersüchtig war – auf Jans Vergangenheit und auf seine Zukunft.

Wir waren nach Trastevere gefahren, dem Künstlerviertel, auf der Suche nach dieser Vergangenheit. «Hier», sagte Jan und zeigte auf ein ockerfarbenes altes Haus, «hier habe ich mal gewohnt, mit Bettina.» Wir stiegen hinauf zu der Wohnung, in dem dunklen Treppenhaus roch es muffig nach Zwiebeln, und in der Wohnung lebte jetzt eine Familie aus Afrika. Die junge Frau ließ uns herein, ein Kind auf dem Arm. Jan ging geradewegs in die Küche. «Schau», sagte er, «das wollte ich dir zeigen – diesen Blick aus dem Küchenfenster.» Mitten im Häusergeviert des Hinterhofs reckte eine riesige, zottige Palme ihr Haupt dem kleinen Stückchen Himmel entgegen. Jan stand dicht hinter mir, ich lehnte mich leicht an ihn und war vage eifersüchtig auf diese Bettina, die diesen Blick so oft mit ihm geteilt hatte.

«Bettina», fragte ich später, als wir an der Theke der kleinen Eckkneipe standen und Amaretto tranken, diesen unglaublich klebrigen Mandellikör, der uns nach dem vierten Glas das Leben als solches sehr komisch finden ließ, «also, wer war denn diese Bettina, mit der du beim Abwaschen in die Palme geguckt hast?»

Bettina, erfuhr ich, war nicht nur Vergangenheit, sie war auch Zukunft. Jans Freundin seit fünf Jahren, eine wichtige Beziehung für ihn, die gerade jetzt eine Bewährungsprobe bestehen mußte: Bettina war als Studentin ein Jahr nach China gegangen. Man würde sehen, was geschah, wenn sie im Herbst zurückkehrte.

Jan versuchte nie, die Geschichte herunterzuspielen. Er sprach mit großer Wärme und einer gewissen Bewunderung von ihr. Er ließ keinen Zweifel daran, daß er Bettina nie ohne weiteres aufgeben würde, daß alles, was sich in der Zwischenzeit ergeben könnte, nur Interims-Regierungen sein würden.

So war denn das, was ich mit Jan in einigen Sommermonaten erlebte, von vornherein eine Liebe auf Widerruf. Ich machte nur sehr halbherzig den Versuch, den Kampf mit dem Phantom Bettina aufzunehmen. Immer wieder von Jan gewarnt, unbewußt oder auch ganz bewußt, zog ich von Anfang an die Notbremse bei meinen Gefühlen, sagte mir, *cool it*, Baby, die Zeit mit Jan ist nur gestundet. Bettina war der Punkt, an dem alle Fäden zusammenliefen, eine ungewisse Bedrohung am Horizont. Um so bedrohlicher, da ich sie nicht kannte und nicht einschätzen konnte. Ich nannte sie, um meine Verstörung über ihr Vorhandensein zu verbergen, ironisch die ‹Peking-Ente›. Jan fand das zuerst ganz witzig, aber irgendwann begann ich, diesen Begriff zu strapazieren. Einmal, als wir darüber sprachen, daß er gern ein Haus mit Garten hätte, und ich sagte, warum denn einen Garten, der macht doch so viel Arbeit, entgegnete er unerwartet bissig: «Damit die Peking-Ente Auslauf hat.»

Es gab mir jedesmal einen Stich, wenn ich in seinem Zimmer Spuren von ihr fand, ein schöner Patchworkschuh, den sie ihm mal zum Nikolaustag geschenkt hatte, eine kleine Holzflöte aus China, Briefe mit bunten Marken.

Ich war selbst erstaunt über meine unerwartet heftigen Reaktionen, denn irgendwann, das war mir klar, lief unsere Beziehung total schief. Wir kamen uns emotional nicht näher. Ich baute eine gewisse Distanz auf, um nicht zu leiden, um nicht in eine aussichtslose Sache hineinzuschlittern, und er blieb eigentlich immer so, wie ich ihn in Rom kennengelernt hatte: kühl, sachlich, analytisch. Es gelang mir nie, ihn aufzubrechen, diese glatte Fassade zu zerstören, die ich als Selbstschutz empfand. Aber ich erfuhr nie, wo seine wirklichen Ängste lagen, wovor er sich schützen wollte. Wir hatten nicht mal Streit, obgleich wir über viele Dinge unterschiedlicher Meinung waren, alles wurde ruhig ausdiskutiert. Ich empfand ihn emotional oft als kindlich, als regressiv, aber darin lag sein Charme, in dieser seltsamen Mischung aus Kindlichkeit und Intellektualität. Zum Beispiel seine heftige Vorliebe für Süßes, für Kuchen, Vanillepudding, Eiscreme ... Ich sah darin einen Rückzug aus der Welt der Erwachsenen in die Geborgenheit der Zuckerbäckerwelt seiner Eltern.

Auch unsere sexuellen Beziehungen blieben – na ja, eckig. Die erste, noch ganz freundschaftliche Umarmung in Rom hatte nicht getäuscht. Nachdem wir uns in Hamburg wiedergetroffen hatten, ließen wir uns – wohl beide aus einer gewissen Angst vor Enttäuschung – Zeit, miteinander zu schlafen. Ich hockte gern mit ihm in gammeligen Kneipen oder im Kino, mochte ihn gern ansehen, hatte es gern, wenn er mich ansah – aber er gab mir nie das Gefühl, scharf auf mich zu sein. Das stand unausgesprochen zwischen uns, wurde wohl von beiden als etwas Anomales angesehen. Nach einigen Wochen, in denen wir viel gemeinsam unternahmen, beschloß ich ziemlich brachial, Sex müsse nun auch mal sein. «Magst du noch mit raufkommen?» fragte ich, als Jan mich eines Abends nach Hause brachte, und er sagte ja, zögernd.

Aus Verlegenheit und Unsicherheit ließ ich ihm und mir nicht mal Zeit, so etwas wie eine erotische Situation zu entwickeln. Für mich war unsere erste gemeinsame Nacht ein Sprung ins kalte Wasser, und das Wasser blieb denn auch ziemlich kalt.

Ich weigerte mich lange, das zuzugeben, weil ich es einfach nicht wahrhaben wollte, aber wir harmonierten nie. Wir versuchten es noch ein paarmal. Doch so gut wir uns bei all unseren gemeinsamen Unternehmungen verstanden – im Bett blieben wir uns fremd.

Ich war nie frei ihm gegenüber. Ich konnte mich nicht fallenlassen, ich fühlte mich auch beim Liebemachen noch von diesen kühlen blaugrauen Augen analysiert, die im Gegensatz zu seinem schönen, sehr sinnlichen Mund standen. Sex, fand ich, paßte nicht zu Jan. Er war mir zu organisiert, zu klinisch, als daß ich so etwas wie Leidenschaft oder gar Ekstase hätte entwickeln können. Ich hatte das Gefühl, etwas Schmutziges, Unerlaubtes zu tun, wenn ich mit ihm schlief. Als er zum erstenmal das Wort «Ficken» sagte, zuckte ich zusammen. Obwohl ich dieses Wort oft und gern und ganz bewußt benutzt hatte – sei es, um das Tabu-Wort meiner Kindheit endlich zu enttabuisieren, sei es, um jemanden damit anzutörnen –, war ich irgendwie schockiert. Sex war einfach nicht selbstverständlich mit Jan, er war etwas Unorganisches, etwas, das man nur im Dunkeln oder am besten gar nicht tat. Selbst seine Nacktheit erschien mir irgendwie obszön. Ich wagte nicht, ihn anzusehen, wagte nicht mal, seinen Körper zu erforschen. Bei Jan wurde ich wieder gehemmt; frei und relaxed war ich nur, wenn mein Partner ebenfalls frei und relaxed war.

Merkwürdigerweise tat die Erkenntnis, daß im Bett nichts lief, meinen Gefühlen für ihn eine Zeitlang keinen Abbruch. Ich glaube, ich war immer wieder über den Kopf von Jan angetörnt. Das gemeinsame Frühstück auf seinem kleinen Balkon, auf dem er Tomaten und Kräuter zog, und die langen Gespräche über die Kaffeetasse hinweg waren jedesmal sehr viel schöner als die Nacht, die wir zuvor miteinander verbracht hatten und die mich natürlich unweigerlich als Frau in Frage stellte.

Ich kam mir ein bißchen wie ein Versager vor. Es war schizophren: Einerseits hatte ich keine Lust, andererseits war ich gekränkt, daß Jan auch nicht wollte. Das kratzte ganz schön an meinem Selbstwertgefühl: So unsexy war ich ja nun auch nicht! Ich lag wie paralysiert in diesen Nächten, ich wagte kaum, Jan zu berühren, aus Angst, damit bei ihm das Gefühl hervorzurufen, ich erwarte etwas von ihm. Ich hatte nicht gelernt, mich einem Mann gegenüber zu verhalten, für den ich eine Art kuscheliges Neutrum war – und das, nachdem wir bereits miteinander geschlafen hatten. Am Morgen wachte ich stets wie zerschlagen auf.

So entwickelten wir in den folgenden Monaten eine Art erotisches Bruder-Schwester-Verhältnis. Ich war gern mit ihm zusammen, fast alles, was wir gemeinsam unternahmen, habe ich als sehr harmonisch in Erinnerung, weil immer eine starke intellektuelle Auseinandersetzung da war, verbunden mit einer gewissen spannungsreichen Zärtlichkeit füreinander.

Bezeichnend war vielleicht, daß wir uns stets am wohlsten zu dritt fühlten, zusammen mit unserem gemeinsamen Freund Hannsjörg. Er bildete so eine Art Pufferzone für unsere unausgesprochenen

Spannungen. Zu dritt fuhren wir nach Worpswede und Fischerhude und machten lange Spaziergänge im Teufelsmoor, zu dritt gingen wir essen und in Jazz-Konzerte, zu dritt saßen wir an warmen Sommerabenden bei Jan auf dem Balkon und rauchten Joints, bis Hannsjörg ging und ich blieb, um eine dieser platonischen, von seltsam-distanzierter Zärtlichkeit erfüllten Nächte an Jans Seite zu verbringen.

Ich glaube, auch dieses sexuelle Unvermögen zwischen Jan und mir schob ich ganz einfach auf Bettina. Die ‹Peking-Ente› diente mir als bequemes Alibi für alles, was in dieser Beziehung nicht stimmte. Sie war der Sand, der durch das Stundenglas rann, und sie war für mich auch der Sand, der unser emotionales Getriebe zum Knirschen brachte. Heute glaube ich eher, daß sich nichts entwickeln konnte, weil die erotische Spannung nicht ausreichte, um einen von uns explodieren zu lassen.

Wir hätten Freunde sein sollen, nicht Liebende. Sex war der Störfaktor in unserer Affäre, die ganz folgerichtig zu Ende ging, ohne großen Knall, ohne Tränen. Sie versandete irgendwann, sie bröckelte ab, wir sahen uns seltener. Wenn wir uns wieder einmal trafen, war ich immer unbestimmt traurig, daß alles so gelaufen war. Jan rief jedesmal eine gewisse Zärtlichkeit in mir hervor, weil ich ihn so sehr akzeptierte und auch, weil er die Fähigkeit hatte, mich so oft zum Lachen zu bringen.

Einmal gingen wir ins Theater. Auf dem Heiligengeistfeld, wo sonst der ‹Dom› stattfindet, war ein großes Zelt aufgebaut. Dort gab das Teatro Campesino ein Gastspiel, eine politisch engagierte Theatergruppe aus Los Angeles, die sich der Probleme der Chicanos annahm – jener Mexikaner, die illegal über die Grenze nach Amerika kommen, in der Hoffnung, dort Arbeit zu finden.

Es war schön, da, unter diesem Zelt, auf den harten Bänken dicht neben Jan zu sitzen, und die einfachen Bilder dieses Volkstheaters an uns vorüberziehen zu lassen, das mal weinen und mal lachen machte. Ich war Jan an diesem Abend sehr nahe. Wir hatten eine gemeinsame Basis, ich brauchte ihm nichts zu erklären. Er fühlte sich solidarisch mit der ausgebeuteten Minderheit der Chicanos, ließ sich mitreißen, er kannte César Chavez und den Streik der Traubenpflücker … Ich sah ihn von der Seite an und dachte: Schade.

Im Herbst lernte ich die ‹Peking-Ente› kennen – Bettina, die ich so gefürchtet hatte. Ich fand, die beiden paßten gut zueinander. Äußerlich und auch sonst. Die ganze undefinierte Geschichte mit Jan kam mir in diesem Moment, wo ich die beiden da stehen sah, irgendwie irreal vor. Ich empfand die beiden als eine Einheit und fühlte mich fast wie ein Eindringling. Trotzdem tat es mir einen Augenblick lang weh, ihn zu verlieren – Jan, den ich nie besessen hatte.

Die wichtigste Szene ist natürlich immer die, wenn man jemanden zum erstenmal sieht. Und das war dein Wirbelwindauftritt in dem Hotel. Du kamst da rein wie eine Lokomotive, so rrrrrums! Mir war gleich klar, daß du der Boss bist, obwohl ich dich gar nicht kannte. Du hast dich an deinen Begleiter gewandt und sofort angeordnet: *You have to go to the next hotel!* Bum, und dann standest du allein da, und daraus hat sich eigentlich alles Weitere entwickelt.

Ich fand dich auf den ersten Blick nicht attraktiv, ich empfand dich eher als jemand, der reinkommt und 'n bißchen viel Wirbel macht. Und ich hatte erst mal auch kein Auge für deine Attraktivität, weil es mir in erster Linie darum ging, ein Zimmer zu bekommen. Ich habe mich dann auch sehr geärgert, daß ich mich so als großer Reporter vorgestellt habe – weil ich ja nicht ahnen konnte, daß du viel besser weißt als ich, was es bedeutet: Ich brauche dieses Zimmer unbedingt, weil ich telefonieren und wichtige Recherchen machen muß. Das war mir schon etwas peinlich. Also hattest du schon einen Pluspunkt in diesem Pokerspiel.

Und die Situation war ja so, daß wir von vornherein auf Konflikt gebucht waren. Wir haben uns um ein Ding gestritten, in dem Fall um das Hotelzimmer, und das läßt sich als roter Faden durchziehen. Nämlich daß wir uns später auch immer wieder um ein Ding gestritten haben: Und zwar um die Definition, was wir eigentlich miteinander wollen. Diese latente Form der Aggressivität auch in den unterschiedlichen Auffassungen und Meinungen, in der unterschiedlichen Bewertung der Dinge, das war damals in Rom schon alles so wie in einer Schlüsselszene angelegt.

Das erste Gespräch, das wir miteinander hatten, das fand auf einem Sofa statt, hinten in der Bar, mit all diesem antiken Gerümpel, mit den barocken Engelchen und den antiken Vasen, die da rumstanden, und da haben wir uns über Zeiten unterhalten, die für uns irgendwas Gemeinsames waren, nämlich deine Münchner Zeit in der High-Fish-Kommune. Das war so 'n bißchen Heimatgefühl und so 'n bißchen Rückkehr auch in meine Studentenzeit, und das war eigentlich der auslösende Punkt, warum ich mich für dich interessiert habe. Weil ich gemerkt habe, daß du aus irgendeinem Hintergrund kommst, mit dem ich was anfangen kann, der auch etwas politisch definiert war.

So hat sich das Gespräch sehr schnell einer gewissen Gemeinsamkeit zugewandt und ein gewisses Wohlbefinden ausgelöst. Du hast diese Zeit in der Kommune ja wohl sehr intensiv erlebt, du hast sehr plastisch von den Leuten erzählt, mit denen du dich damals umgeben hast.

Wir kamen dann auch auf deine Katzen zu sprechen, das weiß ich noch, und ich hatte schon damals den Eindruck, daß sie einen hohen Stellenwert für dich hatten, daß dein Verhältnis zu Katzen sehr viel mit deiner Selbstbestimmung zu tun hat. Das hat sich fortgesetzt. Wir haben uns oft in den Zeiten danach, wenn wir uns getroffen haben, über die Katzen unterhalten. Meist habe ich das in Form von ironischen Anmerkungen gebracht, was dir Katzen bedeuten, und meine Meinung ist unverändert: Daß Katzen etwas kompensieren, daß Katzen ... na, irgendein Ersatz sind, ein ganz schöner, ganz angenehmer Ersatz, aber doch nur ein Ersatz für eine verläßliche, vertrauensvolle, gute Beziehung. Deshalb der Rückzug auf die Katzen. Ich kann mir bei dir nur halbherzig den Tag vorstellen, wo du sagst, ich hab von Katzen so was von die Nase voll und alles zurückläßt, was mit Katzen zu tun hat. Wo du aufhörst, Katzen zu sammeln, Katzen liebzuhaben, dich mit Katzen zu umgeben. Auch in unserer Beziehung hast du mir immer den Gedanken vermittelt, warum braucht sie eigentlich so ein Medium wie die Katzen ... Aber es war nie so wichtig für mich, daß ich etwa eifersüchtig auf die Katzen gewesen wäre. Wir haben ja nie eine Beziehung gehabt – jedenfalls von mir aus –, die so etwas Stabiles, Dauerhaftes, über die Jahre hinweg Tragendes gewesen wäre oder hätte sein können. Na, hätte sein können vielleicht, aber es kam eben anders.

Noch mal zurück nach Rom, dem Anfang. Irgendwie sehr eingeprägt hat sich mir die Szene im Fahrstuhl, wo ich einfach mit eingestiegen bin, während du doch immer noch der Meinung sein mußtest, ich wohnte in der Dependance des Hotels. Wir waren vorher essen, in diesem Prominentenlokal, wo all die alten römischen Filmstars aus den wilden sechziger Jahren auftauchten, und es war eigentlich die klassische Situation, wo der Mann sich an die Frau ranmacht oder umgekehrt: Man ist genügend angetüdelt, um gern noch was fortzusetzen. Ich drückte also auf den zweiten Stock, und du hast große Augen gemacht, bist einen Millimeter zurückgewichen in deinem Gesicht und hast betont gleichgültig gesagt: Fährste noch mit? Und dann war erst mal Funkstille, der Fahrstuhl hob ab und du hattest Zeit, darüber nachzudenken. Deine Reaktion hat mich überrascht, weil du da so eine Angst gezeigt hast, die darauf hinauslief, daß du dich von mir sexuell bedrängt fühltest.

Am nächsten Tag waren wir auf dem Flohmarkt, da hast du mich fotografiert, mit einer römischen Zeitung, und du hast dich besonders für den Mann interessiert, über dessen Kopf die Büstenhalter, Größe 6, baumelten und von dem du unbedingt ein Foto machen wolltest.

Und dann waren wir noch in dem Haus in Trastevere, in dem ich früher mal gewohnt hatte, mit Bettina. Ich wollte dir unbedingt diesen Blick auf die Palme zeigen, aus diesem schmalen Küchenfenster, und danach sind wir Amaretto trinken gegangen, in die kleine Eckkneipe.

Ich fand das einfach gut, daß ich dich getroffen hatte, daß ich mit dir zum Flohmarkt gehen konnte und die Palme anschauen konnte, aber ich hatte eigentlich nicht unbedingt Erwartungen daran, daß es weitergeht. Also, ich war da etwas unsicher. Ich wußte nicht, was jetzt daraus wird, weil ... Vielleicht hätte sich der Eindruck dann bestätigt, den ich nach dem Gang durch Trastevere schon hatte – nämlich daß du sehr extrovertiert nach außen handelst und sicher jemand bist, der auch viele flüchtige Beziehungen hat. Das wußte ich zu diesem Zeitpunkt noch nicht so genau einzuschätzen.

Ich hatte dann so ein kleines grünes Zettelchen in meinem Reisepaß, und da war eine Nachricht darauf, die du mir im Hotel hinterlassen hattest und deine Telefonnummer, und diesen Zettel habe ich dann auch mitgenommen nach Hamburg. So bist du mit zurückgeflogen.

Ich hatte schon Lust, mit dir am zweiten Abend in Rom zu schlafen, in irgendeiner Ecke, aber in einer anderen Ecke war die Lust nicht so stark, daß ich jetzt darauf gedrängt hätte. Und das hat sich ja auch fortgesetzt. Unsere sexuellen Beziehungen waren ja doch sehr problembelastet, die sind sehr über den Kopf gelaufen, jedenfalls für mich. Also, das sollten wir, glaube ich, ruhig sehen: daß das niemals eine problemlose oder lustbetonte Geschichte war. Für dich war sie vielleicht noch stärker besetzt, weil du mehr Lust hattest, während sie für mich mehr so ein Stück Bratkartoffelverhältnis war.

Weißt du, was das ist, ein Bratkartoffelverhältnis? Es gibt sogar eine höchstrichterliche Entscheidung in Mietsachen darüber, aber ich weiß den Wortlaut nicht mehr. Daß man halt viele Dinge zusammen tut, ohne daß daraus eine Lebensgemeinschaft oder eine eheliche Gemeinschaft abzuleiten wäre.

Für mich war unser Verhältnis von vornherein auch nicht nur auf eine Zweierbeziehung angelegt, sondern mehr auf etwas zusammenmachen – beispielsweise mit Hannsjörg. Ich fand es sehr schön, wenn wir zu dritt was unternommen haben, diese Fahrten nach Worpswede ins Museum oder den Bummel morgens über den Fischmarkt ... So daß ich nie das Gefühl hatte, mit dir, wie man so klassisch sagt, gegangen zu sein. Für mich warst du wichtig im Rahmen dessen, was für dich wichtig ist. Das war so eine Einheit. Und so habe ich auch viel über dich erfahren – was für Leute dir wichtig sind, mit was für Leuten du kannst oder gar nicht kannst, und was deine Schwierigkeiten mit Männern waren.

Wir haben auch nicht sehr oft miteinander geschlafen, es war eigentlich für das halbe Jahr, das wir zusammen waren, sehr wenig. Ich hab mich da immer ein bißchen gedrängt gefühlt, die wenigen Male, wo es dann dazu kam. Ich meine, nicht gedrängt im schlechten Sinne, aber so in dem Bewußtsein, daß du da stärker motiviert warst als ich. Bei mir lief eben alles zu stark über den Kopf. Aber eigentlich darf das nicht sein. Ich meine, wenn man wirklich körperlich scharf ist aufeinander, dann muß sich der Kopf eben auch mal abmelden können. Und das war bei uns nie der Fall.

Es war immer wichtiger, so was wie ’ne Zärtlichkeit zu entwickeln, so was wie ein warmes Nest zu bauen, miteinander zu kuscheln. Ich habe das ’ne Zeitlang als sehr angenehm empfunden, das hat mir was gegeben, daß das möglich war. Aber ich habe gemerkt, daß es für dich unbefriedigend war, daß es dabei blieb, daß wir uns halt gestreichelt haben und zusammen im Bett lagen und mal eine Nacht lang nur gekuschelt haben. Aber daß es eben niemals diesen Stachel von Leidenschaft, von Begierde, von Geilheit hatte.

Woran das lag, kann ich nicht erklären. Das war eben so. Weil, wenn da mehr gewesen wäre, dann hätten wir das in Rom schon bemerkt, da hätten wir unheimlich miteinander gebumst, ganz sicherlich. Da hätte ich in Rom schon darauf gedrängt, daß wir zusammen loslegen. Aber das haben wir ja nicht.

Unsere Beziehung war erst mal auf andere Dinge konzentriert, mich hat anfangs dein Kopf mehr interessiert. Ich wollte mit dir reden und horchen, wer du bist, was du so machst und ... Es war von vornherein kein körperlich bestimmtes Verhältnis, um es mal so auszudrücken. Ich meine, du lernst doch sicher auch Männer kennen, wo du dir einfach sagst, die will ich jetzt haben, egal, was das für 'n Typ ist. So wie der Typ gestern auf der Fete, dessen ‹brutaler Charme› dich angemacht hat, wie du mir erzählt hast. Das ist halt der Macher, der steht da in seinen engen Jeans und der hat 'ne breite Brust, und an die willst du dich jetzt werfen. Und dann gibt es eben andere Brüste, die dir diesen Wunsch nicht spontan vermitteln.

Sexualität war eigentlich immer etwas Zweitrangiges in unserer Beziehung. Und deshalb frage ich mich heute um so mehr, wieso wir eigentlich miteinander angebändelt haben. Was war die treibende Kraft, was war der Schlüssel, der für uns wichtig war?

Ich habe dich immer als jemand empfunden, der etwas beendet und abgeschlossen hatte und der jetzt im Aufbruch war, auf der Suche nach etwas Neuem. Und bei mir war es so, daß meine ‹Peking-Ente› ein paar tausend Meilen weg war und ich mich auch ein bißchen hab treiben lassen, ohne zu wissen, was dabei rauskommt, ob es Perspektiven gibt, was wir so im nächsten Jahr miteinander machen.

Ich glaube, das war so die Grundsituation, die für mich vorherrschend war. Weil meine emotionale Einbindung an Bettina in dieser Zeit doch sehr stark war und der Termin ihrer Rückkehr auch für meine Bindungen hier eine Zäsur gesetzt hat. Wobei immer das Unsicherheitselement darin war, alles könnte anders kommen. Aber so im Unterbewußtsein, ganz tief, war das doch eine Konstante, die für mich eine Barriere bedeutet hat, mich mit anderen Frauen einzulassen, mich in eine Beziehung zu begeben, von der ich weiß, da kommst du nicht mehr raus. Und wo du jemandem sehr weh tun mußt, wenn du es tust, und wo du eine andere Beziehung dann aufgeben mußt. Wie gesagt, jede Beziehung, auf die ich mich voll eingelassen hätte, hätte für mich dann auch diese ganz klare Fragestellung gebracht: Entweder China oder etwas anderes. Und irgendwie wollte ich das Verhältnis zu Bettina nicht gefährden. Wir hatten ja so ein Vertrauensverhältnis, das über viele gemeinsame Erfahrungen in all diesen Jahren gewachsen ist. Daß man halt viele Sachen gemeinsam gemacht hat, vom Urlaub bis hin zu dem gemeinsamen Jahr in Kanada und dem Offenlegen von allen Karten und ... na, eben das sich Hingebenkönnen. Daß man einen Menschen hat, der mit einem eine tiefe Beziehung aufrechterhält, die kompromißlos oder ohne Vorbehalte eingegangen werden kann. Trotzdem ist Bettina sicher nicht meine große Liebe, weil da auch zuviel Rationalität mit reinkommt und die Option, daß man auch durchaus wieder auseinandergehen kann. Daß man sich nicht auf einen Menschen allein einlassen kann.

Ich weiß nicht, wie unsere Beziehung verlaufen wäre, wenn der Termin von Bettinas Rückkehr nicht am Horizont gestanden hätte. Vielleicht hätten wir dann in Rom nur mal einen Kaffee zusammen getrunken oder wären nur Kollegen geblieben. Aber so war dieser Sommer wohl für beide Teile eine gewisse Zeit des Suchens und des Übergangs. Für mich kristallisierte sich so ein Bild heraus, daß du jemand warst, der wohl, wie sehr viele in unserem Alter, eine langjährige Beziehung hatte, die irgendwann zu Ende war, aus diesem oder jenem Grund. Und dann verändert sich etwas, es gibt ein schmerzhaftes Abkapseln oder ein langjähriges Abkapseln, und dann beginnt eine Zeit der Neubestimmung, wo man offener wird und manche Dinge vermißt, manche bereut und es zum erstenmal schafft, mit sich allein zurechtzukommen.

Und das ist, glaube ich, eines der Dinge, mit denen du gar keine Schwierigkeiten hast: Daß du mit dir selbst leben willst und kannst und dich selbst bestimmst. Und das verbindet uns wahrscheinlich auch – dieser feste Wunsch, selbständig sein zu können und sich selbst in der Hand zu haben. Sowohl materiell als auch emotional, was nach außen hin dann auch sehr kalt wirken kann. Also, du bist kein Mensch, der sich unbedingt abhängig machen würde – jetzt nicht mehr – von einem Menschen und dessen Glück und dessen Schicksal. Das bringt natürlich auch eine gewisse Einsamkeit mit sich und eine gewisse Isolierung, aber es gibt ganz einfach auch eine gewisse Stärke: Wenn alles schiefgegangen ist und alle dich verlassen haben, kannst du trotzdem noch weiterleben.

Ich habe deshalb nie Schwierigkeiten mit dir als sogenannter emanzipierter Frau gehabt, obwohl du mich oft darauf angesprochen hast, das schien für dich in bezug auf Männer ein ganz wunder Punkt gewesen zu sein. Aber ich empfinde diese Selbständigkeit eben als ganz was Positives, ob bei einem Mann oder einer Frau, ist gar keine Frage. Aus meiner Perspektive ist es wirklich nichts besonders Herausragendes, wenn du als Frau selbständig bist; ich würde mir wünschen, daß viel mehr Frauen so sind. Und so hatte ich auch nie Schwierigkeiten damit, daß du besser warst – ich meine jetzt auf der beruflichen Ebene –, daß du besser warst, erfolgreicher warst, mehr verdient hast. Das waren für mich keine wichtigen Dinge, die unsere Beziehung irgendwie bestimmt hätten.

Aber natürlich hatte es auch Auswirkungen, daß du so intensiv berufstätig bist. Beispielsweise bist du ein sehr nach außen gewandter Mensch, der sehr effizient und sehr effektiv versucht, die Dinge in den Griff zu bekommen und eigentlich auch schon so einen Verwertungsgedanken hat: Was bringt mir das, wie kann ich das umsetzen, was kann ich daraus machen … Weil du ja auch über Jahre hin gedrillt worden bist, so zu denken und zu handeln. Daraus resultiert ganz schlicht ein gewisses Raster des Verhaltens – beispielsweise dieses Ruckzuckverfahren, mit dem du mit Leuten umgehst. Was auch in Diskussionen oder Gesprächen anklingt, wo du sehr schnell ein Urteil hast zu bestimmten Dingen, die du ablehnst oder bejahst oder die dich neugierig machen. Wenn man das oberflächlich nennen würde, wäre es wahrscheinlich nicht charakteristisch genug, aber es ist schon irgendeine Form von Scheinwelt oder von Illusion. Du hast ja beruflich auch sehr viel mit Leuten zu tun, die etwas darstellen wollen, was sie aber eigentlich nicht sind. Und ich glaube, das hat bei dir andererseits wieder den ganz starken Wunsch hervorgerufen, etwas Echtes in einer Beziehung zu haben, etwas, das nicht auf Illusion aufgebaut ist oder auf Selbstdarstellung oder auf Lüge oder Heuchelei oder ähnliches.

Ich bin ja eigentlich das genaue Gegenteil von dir, ich bin weder nervös noch schnell. Wahrscheinlich hat dich meine Ruhe als Gegengewicht zu deiner Angespanntheit irgendwie angezogen. Obgleich du wohl immer Schwierigkeiten mit meiner sogenannten Rationalität hattest. Jedenfalls hast du das oft gesagt. Diese Rationalität ist natürlich schon so etwas wie Selbstschutz: Daß man rational

Abstand hält, daß man sich gewissen Herausforderungen nicht total stellt, sich selbst nicht aufgeben will.

Die Frage, woher das kommt, ist, glaube ich, sehr schwer zu beantworten. Ich habe noch keine Erklärung dafür gefunden. Ich habe nur gemerkt, daß es mal zu einem Problem führen kann bei meinen sozialen Kontakten, daß viele Leute das einfach nicht verstehen können oder daß sie mich arrogant finden und mich – besonders, wenn sie mich nicht kennen – von vornherein irgendwie ablehnen. Auf der anderen Seite merke ich, daß Leute, die mich halt besser kennen, immer alle dasselbe sagen: daß es eben einfach eine Frage der Schwelle ist, über die man hinauskommen muß mit mir. Daß es eben so einen Punkt gibt – den du ja auch gespürt hast –, wo man einfach diese Unsicherheit merkt, die sich hinter der Rationalität verbirgt.

Ich habe auch noch keine Thesen gefunden, die irgendwie mit meiner Sozialisation zu tun hätten, was am naheliegendsten wäre. Daß ich Eltern gehabt hätte, die mich besonders klein gehalten hätten, so daß ich so etwas wie eine Abwehrhaltung entwickle, die dann in Unsicherheit übergeht. Genau das Gegenteil war eigentlich der Fall. Ich hatte alle Möglichkeiten, das zu machen, was ich machen wollte und hatte Zuspruch und Unterstützung und auch alle materiellen Voraussetzungen.

Ich hatte eine glückliche Kindheit in dem Sinne, daß ich die Verfügbarkeit hatte über Dinge und auch über Erfahrungen, Auslandsreisen mit meinen Eltern, Möglichkeiten, Klavier spielen zu lernen oder Posaune spielen zu lernen oder alles machen zu können, was ich wollte. Unglücklich in dem Sinne, daß ich aus einem bürgerlichen Elternhaus komme, wo in den Jahren, in denen man sich selbst bewußt wird, die Konfrontation zwischen meinen eigenen Anschauungen und dem, was damals an gesellschaftlichen Anforderungen an mich gestellt worden ist, sehr schmerzhaft verlaufen ist.

Aus diesen Differenzen heraus gab es dann so schwelende Konflikte. Beispielsweise war die Frage der Kriegsdienstverweigerung einer der zentralen Punkte, wo mir meine Eltern in den Rücken gefallen sind und mich beim Prüfungsausschuß denunziert haben, indem sie dort angerufen und gesagt haben: Unser Sohn ist nur in schlechte Gesellschaft gekommen, nehmen Sie das man nicht so ernst, im Grunde ist er ja doch ein wehrhafter Soldat ... Das hat dann zum erstenmal ganz offen zum Ausdruck gebracht, daß ich total andere Vorstellungen hatte.

Und dann begann ja auch diese Zeit des Selbstzweifels, was man eigentlich will. Wobei meine Eltern eben gestandene Handwerksleute waren, die zwölf Stunden am Tag gearbeitet und eine Konditorei betrieben haben, und ich derjenige war, der – von ihnen gefördert – als Abiturient zwecks Studium auf den Weg geschickt werden sollte. Diese Zeit des Selbstzweifels hielt ziemlich lange an, der Konflikt, was man werden will und was genau man dagegen setzen kann, gegen das doch recht glückliche Zusammenleben meiner Eltern, die sehr viel erreicht haben für sich selbst. Die zusammengehalten haben, sich gegenseitig unterstützt haben und einfach eine Form des ursprünglich guten Miteinander-Umgehens bewahrt haben. Dem mußte ich erst mal was entgegensetzen.

Das hieß für mich dann so mit sechzehn, siebzehn: Freunde oder Freundinnen haben, in einer kleinen Gemeinde von Leuten leben, mit denen wir einen Keller ausgebaut haben, Jazz-Musik gemacht haben, Händchen gehalten haben, Musik gehört haben, über Camus und Sartre diskutiert haben. Das war meine Gegenwelt, wobei mir klar war – jetzt mal ganz plakativ formuliert –, ich will mal anders leben als meine Eltern, obwohl das andere noch nicht feststand.

Daraus hat sich abgeleitet, warum ich das geworden bin, was ich bin, auch politisch. Daß man sich in der politischen Einschätzung anders entwickelt hat – eben gegen die Einstellung der Eltern. Was einem ein bürgerliches Elternhaus doch eintrimmt, ist hohe Ordnung und Anpassertum. Wenn man das alles umkehrt, hat man etwa die Ausgangsposition für einen idealistisch gewandeten politischen Standpunkt.

Dieser Standpunkt wurde mir etwas klarer, als ich nach München ging, um – wieder ganz rational – Volkswirtschaft zu studieren. Da traf ich Leute, die mir voraus waren, die mehr gelesen hatten als ich, die wußten, was Wilhelm Reich mal gesagt und was Karl Marx gesagt hat und was die Sozialdemokratie für eine Geschichte genommen hat und was die KPD mal war in Deutschland ... Aus alldem hat sich für mich dann eine Position herausgefiltert, die man vielleicht als kritisch-demokratisch einschätzen könnte. Meine Einstellung zu diesem Staat muß immer kritisch sein, weil soviel

Anzweifelbares passiert in dem bestehenden Rahmen des Sozialstaatsystems, das aber für mich immer noch eine Ausgangsposition ist, etwas dafür zu tun und nicht dagegen. Deshalb setze ich mich auch dafür ein, daß Minderheiten hier zur Sprache kommen und 'ne Stimme behalten und auch etwas verändern können. Nimm nur zum Beispiel die Ökologiefrage. Das ist vor fünf Jahren noch eine Minderheitenposition gewesen, gegen Atomkraftwerke zu sein oder gegen die weitere Zerstörung der Lebensräume – und heute ist es ein breiter Konsensus, der sich im politischen Bereich manifestiert.

Na ja, und damals, während meiner Schulzeit, schlug sich dieser politische Standpunkt eben in der idealistischen Vorstellung nieder, eine andere Gesellschaft aufbauen zu können und auch eine andere Linie finden zu können, mit Menschen – besonders mit dem anderen Geschlecht – umzugehen.

Zum erstenmal mit einem Mädchen geschlafen habe ich mit neunzehn Jahren, was damals – das war 1968 – für meine Altersgruppe und für die Leute, mit denen ich zu tun hatte, eigentlich üblich war. Es war schrecklich hektisch und im Grunde nur die Erfüllung einer längst überfälligen Pflicht. Und danach, nach diesem ersten Mal, war eine sehr lange Pause, bis ich das alles verdaut hatte. Und dann gab es eben Beziehungen, die ein paar Monate, ein Jahr, ein dreiviertel Jahr gedauert haben und die mir eigentlich sehr viel bedeutet haben.

Na, und davor gab es natürlich auch schon Beziehungen, die an das Sexuelle herangrenzten. Man hat nicht miteinander geschlafen, aber man war so verknallt und eng verbandelt, daß man sich auch schon mal angelangt hat. Das waren halt Schulkameradinnen oder Mädchen aus dem Keller, mit denen man geschmust hat, Petting gemacht hat. Ich war auch in Sachen Sex sehr behütet, und es gab auch, ganz materiell gesehen, für mich immer die Möglichkeit, einen eigenen Raum zu haben, wohin ich mich mit der Freundin zurückziehen konnte. Es gab nie das Problem, daß ich jetzt im Auto die Sitzbank ausbauen mußte ... All dies erklärt auch wieder ein Stück von diesem Überfluß oder diesen besonderen Möglichkeiten, die es mir sehr leichtgemacht haben.

Und heute ... Was hat Sex für mich für einen Stellenwert? Ich glaube, wenn man jemanden neu kennenlernt, dann ist das – auch wenn das bei uns nicht so war – eine der ganz wichtigen Möglichkeiten, etwas herauszubekommen über jemanden. Es passiert ja da sehr viel, es gehört eben auch die Zärtlichkeit dazu und vieles andere ... Sex ist nur die sehr alberne Spitze von einem großen Eisberg. Wie orgiastisch ich Sex empfinden kann – trotz meiner Rationalität –, kommt ganz auf den Partner an. Wenn man sich neu verknallt, jemanden kennenlernt, mit dem man ganz körperlich zusammen sein kann, dann passiert es schon, daß man explodiert oder implodiert oder sich gegeneinander aufschluckt. Und wenn man dieses Stück Vertrauensverhältnis hat, dann habe ich da auch sehr wenig Angst. Dann kann ich ziemlich befreit sein.

Bei uns ist diese Befreiung nie eingetreten. Da gab es diesen einen Abend, wo wir zusammen hochgegangen sind, du hast gesagt: Komm doch noch mit hoch. Und ich hatte eigentlich nicht so rechte Lust und bin dann aber trotzdem mitgekommen und dann ... Na ja, wir haben miteinander geschlafen, aber es war eigentlich nichts Intensives, nichts Wichtiges, nicht etwas, das für uns beide befriedigend gewesen wäre. Ich habe das nicht als negativ empfunden, aber es hat klargemacht, daß wir über eine bestimmte Grenze nicht hinauskommen. Also, daß die Beziehung zärtlich bleiben kann und schön sein kann und vertrauensvoll sein kann und daß man miteinander was machen kann, aber daß es nicht umfassend ist, daß es mir nicht alles geben kann. Es war ein Einschnitt, eine Zäsur, von Abkühlung kann man vielleicht nicht unbedingt reden, denn wir haben danach ja auch noch Nächte zusammen verbracht und waren zärtlich zueinander. Und es war schon schön, wenn wir in den Sonnenstrahlen in deinem großen Bett aufgewacht sind, das hatte halt ... 'ne Vertrautheit. Oder wenn wir durchs Gras gestiefelt sind, irgendwo draußen auf dem Land, über den Deich, und ringsum blühten die Kirschbäume.

Aber die Weichen waren gestellt, mir war klar, daß es immer ein bißchen kameradschaftlich, vom Kopf her definiert bleiben würde.

Wir haben uns dann nie mehr so richtig darüber unterhalten, wie es eigentlich um uns steht. Das war so eine etwas unklare Situation, es blieb alles ein bißchen in der Schwebe, es war so unausgesprochen: Ja, was ist denn nun mit uns? Ach, scheinbar ist doch nicht mehr so viel mit uns ... Aber ganz so war es wahrscheinlich nicht, so an der Oberfläche, und ich bin jetzt auch nicht der Typ, der da unbedingt Klarheit haben muß, sondern der sich eher bequem mit den Tatsachen der Realität arrangieren kann. Ich glaube, das war nicht gut, daß wir uns nicht noch mal ganz explizit hingesetzt haben und gefragt haben, was wird eigentlich mit uns, und wie hast du das empfunden. So, wie wir es heute tun. Aber so wurde alles auf dieser unverbindlichen Ebene gehalten – vielleicht mehr von mir als von dir, so daß in der zweiten Phase so eine Beliebigkeit oder Unverbindlichkeit mit hineinkam. Und daran erinnere ich mich auch, ich hatte immer ein bißchen Angst, daß du dich zu sehr engagierst, daß du mich zu sehr an dich ziehen willst. Dagegen habe ich mich gewehrt, indem ich das Distanzierte, das Beliebige mit reingebracht habe. Bewußt vielleicht nicht, aber unbewußt.

Deshalb ist es auch so schwer, eine Summe zu ziehen, da es nicht so einen abrupten Abschluß gibt, wo alles ausgelebt ist. Ich glaube auch, daß das, was wir zusammen erlebt haben, aus der Gesamtheit der Beziehungen ein bißchen herausfällt. Deine Freundschaften sonst waren vielleicht stärker oder umfassender leidenschaftlich als dies, was wir so zusammen erlebt haben. Ich könnte heute auch nicht sagen: Es war eine tolle Zeit. Oder eine intensive Zeit. Oder es war eine schöne Zeit. Ich finde es gut, daß wir uns heute noch kennen. Daß es nicht abgerissen ist, sondern daß man nach wie vor miteinander reden kann, daß es keine Mauer zwischen uns gibt, auch wenn wir uns längere Zeit nicht gesehen haben.

Es gibt keinen runden Abschluß – meine Beziehung zu dir, im Sommer '78 – danach laß ich dich oder danach lieb ich dich oder danach wünsch ich dich ins Feuer ... Sondern es ging eigentlich gleitend über in etwas anderes – in eine spannungsreiche Freundschaft.

WOLF

Wolf. Ein Jahr und drei Monate mit Wolf. Fünfzehn Monate, in denen ich gehofft und gewartet habe. Gewartet, das vor allem. Manchmal, wenn ich es nicht mehr aushalten konnte, sagte ich mir, vielleicht hast du acht Jahre auf ihn gewartet, was machen da einige Wochen mehr oder weniger aus?

Ich, die Ungeduldige, wurde plötzlich geduldig. Ich, die Aktive, wurde plötzlich zurückhaltend. Ich dachte an Sebastian, der Haken geschlagen hatte wie ein gehetzter Hase, weil ich zur falschen Zeit zu schnell auf ihn zugegangen war, und zwang mich, all das nicht zu tun, was ich so gern getan hätte: Wolf anzurufen, zu jeder Tages- und Nachtzeit. Ihn auf alle Feste mitzuschleppen, um das, was mir Spaß machte, mit ihm zu teilen. Ihn zu bekochen, ganz bürgerlich, damit er wieder ironisch grinsend sagen konnte: Ich hab's ja immer gesagt, du bist nun mal im Grunde deines Herzens 'ne Hausfrau ... Nachts, wenn mir danach zumute war, zu ihm zu fahren und zu sagen: Ich hab Lust auf dich, laß uns miteinander schlafen. Und laß uns am nächsten Morgen rausfahren, irgendwohin, und über neblige Deiche gehen und in einer Bauernkneipe einen Schnaps trinken und ein gewaltiges Schinkenbrot essen und dann einen Abend zu Hause vertrödeln, bei dir oder bei mir, lesend, schmusend, fernsehend.

Nichts von alldem haben wir gemacht. Gar nichts. Alles, was wir je zusammen unternommen haben, spielte sich nur in meinem Kopf ab. Ich hatte so eine Technik entwickelt, Wolf kraft meiner Phantasie neben mich hinzudenken, Dinge mit ihm zu erleben, daß ich manchmal aufschreckte und dachte, er steht wirklich neben mir.

Die Situation erinnerte mich an einen Amerika-Trip vor einigen Jahren. Zusammen mit vier Freunden wollte ich ein paar Wochen durch die USA fahren, von New York nach San Francisco. Die Autos, zwei betagte Buggies, hatten wir rüberschippern lassen, um sie nach unserem Trip zu verkaufen. Die waren gerade unheimlich ‹in›, jeder, der es sich leisten konnte, fuhr einen Buggy.

Aber auf einmal erklärten Susan, Georg und Jane, sie wollten lieber die Nordroute fahren, Richtung Kanada. Ich und Karl, ein verklemmter, humorloser Jura-Student, waren hingegen für die Südroute. Was sollte ich machen? Ich wollte zum Death Valley, zu den Mesas der Hopi-Indianer, zu den verlassenen Goldgräberstädten in Arizona, mehr als der Yellowstone Park reizten mich der Gran Canyon und Las Vegas und Big Sur und die Highway Number One. Ich entschied mich für die Südroute und damit für Karl, den ich nicht leiden konnte und der mich nicht leiden konnte und auf den ich nun angewiesen sein würde, wochenlang.

Verbiestert hockte er hinterm Steuer und muffelte sich durch Amerika, das Gesicht leicht grünlich – morgens aß er immer eine Portion von diesen scheußlichen amerikanischen Gummibärchen, dann wurde ihm schlecht und der Appetit war ihm für den Rest des Tages vergangen, was Geld sparte. Um mir den Trip nicht ganz vermiesen zu lassen, griff ich zu einem Trick. Ich phantasierte mir Karl mit seiner grämlichen Gummibärchen-Miene einfach weg und ersetzte ihn durch Bill, meinen amerikanischen Hippie-Freund aus München. Stundenlang fuhren wir so schweigend durch die endlose Weite Arizonas, und ich war happy mit Bill. Meilenweit redeten wir über alles, was wir sahen, auf englisch natürlich, das paßte in die Landschaft, und manchmal, wenn ich den Kopf wandte, war ich richtig erschrocken, daß der Gummibär neben mir saß.

So, ungefähr, war das auch mit Wolf. Er war die leere Leinwand, auf die ich lange meine Träume projizierte. Eine Illusion, eine Fata Morgana, sozusagen das schäumende, eiskalt beschlagene Glas Bier am Horizont der Wüste.

Wolf war mein Traum-Mann, im wahrsten Sinne des Wortes. Ich lebte ganz gern mit diesem Traum, hatte es gar nicht eilig, aufzuwachen. Deshalb fragte ich nichts, forderte nichts, forcierte nichts. Nahm Wolf, wie er kam – wenn er kam. Das tat er selten, aber immerhin oft genug, um meinen Träumen neue Nahrung zu geben. Genügsam pickte ich das Bröckchen Liebe auf, das mir Wolf so im Vorübergehen hinwarf. Damit konnte ich wieder eine Zeit überwintern.

Irgendwie war das ein ziemlich klarer Deal mit Wolf: Ich war für ihn da, wenn er gerade mal wieder Lust auf mich hatte. Und er bewahrte mich davor, in ein emotionales Vakuum zu fallen. So beuteten wir uns gegenseitig aus, jeder auf seine Weise. Es war zwar eher eine Illusion als eine richtige Beziehung, das war mir klar, aber immerhin hatte ich jemanden, an den ich hinträumen, hinreden, hindenken konnte.

«Der Mann hat eine Liebe, die Welt, die Frau hat eine Welt, die Liebe», sagt André Heller in einem seiner Lieder. Nichts schlimmer als Zeiten ohne diesen emotionalen Mittelpunkt, da wird alles zu einer grauen, eintönigen Soße, ohne Farbe, ohne Glanz, wenig, an das ich mich später würde erinnern können, kein kindisches Herzklopfen beim Klingeln des Telefons, kein Messer in den Bauch beim Anblick eines Mannes, selbst Erfolge bleiben blaß: für wen sind sie wichtig, wenn man sie nicht teilen kann?

Zeiten ohne starke Gefühle können befriedigend sein, sogar aufregend und ausgefüllt – aber sie bleiben in der Erinnerung irgendwie unwirklich, weil nichts da ist, was mich berührt. Und irgendwann, denke ich oft, müssen wir alle von der Erinnerung leben. Von dem, was letztlich haftengeblieben ist von all den hunderttausend Tagen, Minuten, Sekunden, die ein Leben ausmachen.

Wenn ich an das Warten-auf-Wolf-Jahr denke, fällt mir eine Szene ein, gar nichts Dramatisches. Ich sitze ihm gegenüber, in der winzigen Wohnung, die er nach der Trennung von seiner Frau bezogen hat, zwischen uns steht ein alter Kneipentisch, mit Manuskripten überhäuft, eine Schreibmaschine, eine Flasche Wein. Eine Hängelampe taucht alles in grelles Licht. Wir schweigen und sehen uns an. Plötzlich sagt Wolf: «Weißt du was? Du hast unheimlich schöne Augen ...»

Ich sage: «Du auch», und falle hinein in seine grünen Augen, falle und falle ... Ich krieg das Messer in den Bauch, es ist wie ein Orgasmus. Und es ist nichts passiert, nichts, wir sitzen uns immer noch gegenüber, da unter der Lampe, und sehen uns an, und dann gehe ich.

Das war es wohl, was mich über eine so lange Zeit an Wolf faszinierte: seine Fähigkeit, eine unglaubliche Intensität herzustellen. Es war, als wolle er die vier, fünf Wochen, die wir uns nicht gesehen hatten, auslöschen mit einem Übermaß an Emotion. Er rief an, spätabends und sagte: «Hier ist Wolf. Weißt du was? Ich bin gleich da», und dann war er da, nahm mich in die Arme, stand da, minutenlang unbeweglich, ohne ein Wort, hielt mich nur fest.

Später habe ich mich oft gefragt, ob das eine Masche war, kühl kalkuliert, aber lange glaubte ich ihm diese Intensität, glaubte seinen Augen, seiner Stimme, wenn er mit seinem breiten Hamburger Tonfall, der die Worte wie Labskaus vermuste, sagte: «Du bist doch 'n altes Miststück, 'n richtiges Raben-As bist du ...» Zärtlichkeit hinter Rauhbauzigkeit verbergend.

Genau diese Rauhbauzigkeit war es, die ich anfangs so an Wolf gehaßt habe, damals, vor acht Jahren, als ich in die Wohnung nebenan zog. Ich klingelte, um mich vorzustellen, er öffnete, schlank, vom Segeln gebräunt, grüne Augen, und ich dachte: Mann, sieht der gut aus, und sagte: «Tag, ich bin die neue Nachbarin.»

«So, sind Sie das», sagte Wolf gedehnt, ohne ein Lächeln, «na, denn man viel Spaß», und machte die Tür wieder zu.

Arsch, dachte ich und starrte die verschlossene Tür an, der hat ja wirklich die Höflichkeit eines Schlagbohrers.

Drei Tage später bekam ich gleich noch eine Kostprobe von diesem Haut-den-Lukas-Charme, mit dem Wolf die Leute reihenweise vor den Kopf stieß. Ich hatte einen Handwerker bestellt, der mir ein Bücherregal anbringen sollte, schwarz natürlich, und als er abends um Viertel nach zehn immer noch hämmerte, stand plötzlich Wolf vor der Tür und fauchte mich an. Unverschämtheit, so was, seine Kinder könnten nicht schlafen, und wenn dieser verdammte Krach nicht binnen zwei Minuten aufhörte, würde er Anzeige wegen nächtlicher Ruhestörung erstatten. Nicht genug damit: Am nächsten Abend fand ich einen Brief an den Hausbesitzer in meinem Briefkasten, mit Durchschlag an mich, in dem er sich in scharfem Ton über das ‹rücksichtslose Verhalten› der neuen Nachbarin ausließ. Ich schrieb prompt einen geharnischten Brief zurück, mit Durchschlag an Wolf.

So ging das los.

Später beruhigten sich die Fronten etwas, aber irgendwie blieben wir jahrelang auf Kollisionskurs. Wann immer wir uns sahen – wir machten uns sofort an. Ich fand ihn immer sehr attraktiv, aber gleichzeitig entsetzlich grobklotzig. Was er für richtig hielt, wurde getan. Basta. Was er sagte, stimmte. Basta.

Auch über mich hatte er eine vorfabrizierte Meinung, von der er lange nicht runterkam. Meine ganze konfliktreiche Auseinandersetzung mit dem Problem der Gleichberechtigung, die Tatsache, daß ich mich durchboxte wie ein Mann, lebte wie ein Mann, daß ich mich bemühte, in Partnerbeziehungen nicht mehr in alte, bequeme Rollenklischees zu verfallen – das war für ihn nur Fassade. Modisch. Ich konnte mit ihm nie ernsthaft über diese Dinge sprechen, er machte sich gar nicht erst die Mühe, mich kennenzulernen, ich war für ihn eben irgendwo das Hausputtelchen, auch wenn ich noch so emanzipiert auftrat, und damit basta.

Das brachte mich zur Weißglut. Mieser Chauvi, dachte ich, und wurde um so wütender, wenn ich in Krisen-Zeiten tatsächlich so Hausputtelchen-Rudimente an mir entdeckte. Wenn ich mich überfordert und schwach fühlte, ausgelaugt von dem jahrzehntelangen Kampf, in der Männergesellschaft meine Frau zu stehen, ein eigenes Selbstverständnis zu entwickeln, für mich allein oder auch noch für einen Mann zu sorgen, ohne irgendeinen Rückhalt, ohne jemanden, der mich aufgefangen hätte, wenn ich gestolpert wäre.

Wolf, dachte ich manchmal, der ist so ein ganzes Auffanglager für verzagte Frauen, der strahlt Stärke und Sicherheit für zwei aus, aber sofort ärgerte ich mich über solch einen unfeministischen Gedanken. Er ist und bleibt nun mal ein Grobian, sagte ich mir, der nicht zu einem differenzierten Gedanken fähig ist und dessen Stärke eben nur darin besteht, eigene Schwächen abzublocken und auf den Schwächen anderer herumzutrampeln.

Er war stark, weil er niemanden an sich herankommen ließ, nicht mal sich selbst. Und erst recht nicht Mieke, seine Frau. Ich fühlte mich solidarisch mit ihr, mehr noch: Ich hatte Mitleid mit ihr.

Mieke war für mich die klassische Nora, die im Puppenheim sitzt und um ihre Identität kämpft. Nicht ausgefüllt mit ihrer Rolle als Hausfrau und Mutter, ökonomisch total abhängig von Wolf und damit unfrei, gepeinigt von Verlassensängsten und Minderwertigkeitskomplexen – denn woher sollte sie ihr Selbstwertgefühl beziehen, wenn nicht von Wolf? Und der, dachte ich oft, ließ sie emotional am ausgestreckten Arm verhungern.

Die beiden lebten völlig zurückgezogen, abgekapselt, wie viele Ehepaare. Sie saß abends, wenn die Kinder schliefen, allein in der mustergültig aufgeräumten Wohnung und trank mehr, als ihr guttat, er arbeitete nächtelang in seinem Arbeitszimmer, einem Turm, den er sich auf dem Dach gebaut hatte. Ich empfand diesen Turm –

einen romantischen Utkiek mit Blick über die ganze Elbe – immer als symbolisch: als eine Art Fluchtburg, in der Wolf sich einigelte, in der ihn nichts erreichte, nichts und niemand.

Ich hätte, selbst in Krisenzeiten, nicht mit Mieke tauschen mögen. Immer mehr kristallisierte sich für mich das Bild einer Frau heraus, die unglücklich ist und das, schuldbewußt, vor sich selber nicht zugibt, weil nicht sein kann, was nicht sein darf. Ging es ihr nicht gut? Hatte sie nicht eine schöne Wohnung? Und einen attraktiven Mann? Und zwei hübsche Kinder? War sie nicht behütet und versorgt? Also hatte sie, verdammt noch mal, auch glücklich zu sein!

Sie war es nicht. Zu sich selber fand Mieke erst, nachdem Wolf sie verlassen hatte. Befreit von der emotionalen und ökonomischen Abhängigkeit, hatte sie endlich die Kraft, sich einen Freundeskreis zu suchen und einen Job, der ihr Spaß machte und viel zu ihrer Selbstverwirklichung beitrug.

«Und», sagte ich, «wie geht's Wolf?» als ich Mieke nach langer Zeit mal wieder anrief, nicht auf dem laufenden über die neuesten Entwicklungen.

«Ach», sagte sie und es klang fast fröhlich, «der hat endlich seine große Liebe gefunden. Wir haben uns getrennt. Mir geht's gut. Richtig gut.»

Und Wolf veränderte sich in der Beziehung zu dieser Frau, die ich niemals kennenlernte. Er ging weniger brachial mit Menschen und Ansichten um, wurde offener und gleichzeitig verletzlicher. Die Mauern, die er jahrelang um sich aufgebaut hatte, bröckelten ab, Stein für Stein. Er entwickelte eine ganz neue Sensibilität, die ab und zu unter seiner alten Hauruck-Mentalität durchschimmerte, und plötzlich entdeckte ich: Mit dem kann ich ja reden.

Da begann ich, mich für Wolf zu interessieren.

Manchmal traf ich ihn im Verlag, zufällig, und war erstaunt, daß ich jedesmal ganz durcheinander war, dummes Zeug redete, Herzklopfen hatte – eben all die untrüglichen Anzeichen dafür, daß es mal wieder passiert war, das, was man so Liebe nennt oder Verliebtheit oder Angetörntsein oder weiß der Geier. *«Do you believe in love?»* fragt jemand Paul Newman in einem Film, und er antwortete: *«No. But I believe in confusion.»*

Ich wehrte mich lange gegen dieses Gefühl – so, wie ich heute glaube, daß es sicherlich schon damals gefunkt hat, als er arrogant die Tür öffnete, und daß ich mich von diesem Augenblick an gegen Wolf gewehrt habe. Das alte Cowboyfilm-Prinzip. Er macht sich nichts aus der Heldin, steht im Saloon und kippt schweigsam seinen Whiskey, statt ihr den Hof zu machen, sie ärgert sich darüber und ist kiebig zu ihm – na, und zum Schluß reiten sie im Sonnenuntergang gemeinsam in die Prärie hinaus: *THE END*.

Die Affäre mit Wolf hatte weder einen richtigen Anfang noch ein richtiges Ende, ein Happy-End schon gar nicht. Irgendwann lud ich mal einen Haufen Leute ein, Wolf kam als letzter und blieb, wortlos, nachdem alle schon gegangen waren, fiel über mich her mit einer Heftigkeit, die ich lange mit Leidenschaft verwechselte, zum Schluß aber nur noch aggressiv fand.

Das war's. So unvermittelt und sporadisch blieben all unsere Treffen, dieses war programmatisch. Er tauchte auf wie der Deus ex machina, quatschte 'ne Runde, vögelte 'ne Runde, frühstückte 'ne Runde – und verschwand wieder für die nächsten paar Wochen.

Das war okay mit mir. Das war es nicht, was mir zu schaffen machte. Schließlich war Wolf immer ehrlich gewesen. Er hatte mir keine Hoffnungen gemacht, mir nie gesagt, daß er mich liebte. Kein Schmonzes, keine roten Rosen. Alles, was er jemals sagte, waren so Sätze wie: Ich mag dich, ich faß dich unheimlich gern an, ich schlaf gern mit dir ... Und er sprach oft von seiner Beziehung zu dieser anderen Frau, einer schwierigen, konfliktbeladenen, sehr intensiven Beziehung, die immer ein bißchen auf der Kippe stand. Ich erlebte Wolf als Spiegelbild dieser Liebe zu jener Frau. Er war immer anders, wenn er kam. Mal zynisch oder verbittert, mal weich und zärtlich, mal verschlossen, mal kommunikativ. Natürlich hoffte ich, daß es irgendwann ganz vorbei wäre mit dieser Geschichte, die ihn so beutelte, aber ich wollte ihm genügend Zeit lassen, seine Gefühle zu sortieren. Also nahm ich mich zurück, ging mit Wolf so behutsam um wie mit einer Christbaumkugel, die beim kleinsten Druck zerplatzt. Ich wagte nicht mal, ihm zu sagen, daß seine heftige, fast brutale Art, Liebe zu machen, mir nicht gefiel – aus Angst, ihn zu verprellen.

Aber woran ich mich nie gewöhnte war das fehlende *feedback*. Wolf kam, war ungeheuer da, packte in die paar Stunden mit mir die Intensität von Wochen, im Gespräch und in der Liebe – und dann: Nichts. Schweigen. *Finito l'amore*. Bis zum nächstenmal. Nicht mal mehr ein Telefonanruf: War's schön, geht's dir gut, was hast du heute gemacht? Nichts. Für die nächsten Wochen hatte sich Wolf einfach aus meinem Leben ausgeklinkt. Er hatte seine Mütze voll Sex genommen, und damit basta. Und ich saß da mit meinen hochgepuschten Emotionen.

Zuerst litt ich, war verunsichert. Wartete. Dann versuchte ich, mich mit dieser Ex-und-Hopp-Beziehung zu arrangieren. Lebte ganz angenehm mit einer Illusion. Schließlich ärgerte ich mich, fühlte mich benutzt, begann, meine – bescheidenen – Bedürfnisse endlich zu artikulieren. «Laß uns doch mal zusammen essen gehen», sagte ich, «und einfach einen ganzen Abend nur reden. Ich kenn dich so wenig, ich möchte gern mehr über dich wissen ...» Oder ich rief ihn an, sagte: «Kommst du mit ins Kino? Ich hab Lust, mir *Manhattan* anzusehen ...»

Er hatte immer eine Ausrede, kam weiterhin, wann er wollte, und nie, wann ich wollte, und damit basta. Ich konnte mir sein Leben nie richtig vorstellen. Ich glaube, er brauchte wenig Menschen, er war so ein Quartals-Kommunizierer. Ich weiß nicht, ob er glücklich war in dieser selbstgewählten Isolation. Ich traf ihn niemals, weder auf einer Vernissage noch auf einer Party oder in einer Kneipe. Auch unsere Beziehung – das Surrogat einer Beziehung – fand stets unter Ausschluß der Öffentlichkeit statt. Ein einziges Mal gingen wir tatsächlich zusammen in einen Film, an einem Samstagnachmittag, er und ich, ein ganz normales Paar. Seltsam, Wolf am Tag zu sehen. Es gab Syberbergs monumentalen Hitler-Film im Theater an der Kunsthalle, sieben Stunden am Stück, und als wir bei unseren Plätzen angekommen waren, riß mich Wolf plötzlich vor den Augen der verblüfften Besucher in die Arme und küßte mich. Ich hatte vage das Gefühl, daß er irgend jemandem – dieser Frau? – etwas beweisen wollte damit, sich rächen wollte, und war verärgert und verwirrt.

Als ich erkannte, daß sich an dieser Wegwerf-Beziehung nie etwas ändern würde, daß das, was wir zusammen erlebten, vollkommen unabhängig von seinen Gefühlen zu dieser anderen Frau ablief, erwachte ich aus meinen Träumen von Wolf. Die Fata Morgana löste sich auf, ich war zu lange darauf zugegangen. Es war nichts als eine Luftspiegelung gewesen, etwas, das ich mir so sehr gewünscht hatte, daß es lange Zeit fast greifbar vor mir stand.

Ich kehrte zurück zu einer schwierigeren, weil realen Beziehung, flüchtete nicht mehr in eine emotionale Traumwelt. Ich sah Wolf zum letztenmal auf einem Fest, er machte mit einem etwas dümmlich wirkenden Mädchen rum, ich lehnte am Türrahmen, sah den beiden zu und war erstaunt, wie wenig es mich berührte.

Ich muß dir ehrlich sagen: Ich fand unsere Beziehung schön, aber sie hat mich nicht berührt oder gar verändert. Ich fand's schön und ich find's immer noch schön, ich bin immer noch gerne mit dir zusammen, weil ... Es war eben nicht nur so 'ne Vögel-Beziehung. Es ist 'ne Ecke mehr. Ich mag dich wirklich, und ich kann gut mit dir quatschen. Ich kann gern auf deinem Bett liegen, und ich kann gut mit dir 'n Wein trinken. Und man muß auch nicht unbedingt nachher ins Bett miteinander. Das ist irgendwo schon 'ne Freundschaft.

Aber ich habe dich nicht geliebt. Ich kann das nicht begründen, ich kann die Liebe nicht anstellen, ich kann sie nicht abstellen. Sie ist da oder nicht. Und es war einfach kein Funke da. Darüber habe ich mir auch keine Gedanken gemacht, das war 'ne Tatsache, das hat mich nicht angetörnt und hat mich nicht abgetörnt.

Das mit uns, das war halt 'ne ganz natürliche Sache. Der Sex ist einfach eine Form des Gesprächs. Eine ganz natürliche Form. Natürlich kann ich auch mit jemandem bumsen, mit dem ich nicht unbedingt reden kann. Wenn ich scharf bin auf jemanden, auf irgend 'n Körperteil, dann rauf auf die und nix wie wieder weg. Dann komm ich zu mir und mach mich aus dem Staube. Mehr oder minder höflich. Passiert mir auch nicht allzu oft. Nach meinen letzten zwei, drei Jahren nur noch in Ausnahmefällen. Na ja, wenn dir da irgendwelche Titten vor den Augen schaukeln ... Das ist so 'ne Art Wunschvorstellung, guck mal, nun müßte sie einfach so vom Himmel regnen, benutzbar sein und dann wieder abschwirren. Das ist aber sicher keine einseitige Geschichte, sondern das geht Frauen manchmal genauso. Nehme ich jedenfalls an.

Aber sonst ist es doch mehr eine Sache des individuellen Kontaktes. Etwas mehr muß da schon sein, sonst habe ich einfach keinen Bock, mich mit jemandem zu beschäftigen. Man hat da so 'n Gefühl von Zeitverschwendung. Und du weißt, ich kommunizier nun mal nicht mit so vielen Leuten oder auch Frauen, weil sie mich einfach nicht genügend interessieren. Ich weiß nicht, ob das ein arroganter Standpunkt ist, aber ich bin eben nur mit jemandem zusammen, wenn ich Spaß daran habe. Und in den wenigen Malen, wo ich mit jemandem kommunizieren will, sind das oft Frauen, weil ich mit Frauen einfach besser kann. Frauen sind viel interessanter als Männer. Frauen sind Menschen, genau wie Männer, also von da sind sie schon mal genauso interessant wie Männer. Aber obendrein haben sie ein viel dickeres Paket zu tragen. Sie müssen sich viel stärker mit ihrer Rolle auseinandersetzen als der Mann, weil das ja eine Männerwelt ist, in der wir leben. Und Menschen, die sich mit ihrer Umwelt auseinandersetzen, die finde ich einfach sehr viel ergiebiger. Da ist mehr Kommunikation. Andere singen lieber Lieder miteinander oder pokern. Ich rede gern. Mir hat mal 'ne gute Freundin gesagt: Du spinnst, du machst dir plötzlich Gedanken, die sich sonst nur Frauen machen. Die stellte das hin als so 'n Ding, das Männer nun wirklich nicht drauf haben. Vielleicht liegt darin ein Teil der Problematik zwischen Männern und Frauen: daß sie sich ganz unterschiedliche Gedanken machen.

Na, und dann gibt es so Dinger, daß die Frau ja wohl die angeschissene ist und so. Das stimmt ja auch. Die Frau ist nun mal in gewissen lebensnotwendigen Phasen – lebensnotwendig im Sinne der Erhaltung der Gattung – einfach auf den Mann angewiesen. Es muß ja irgendwoher kommen, daß Männer offensichtlich die Stärkeren sind. Was ja nicht stimmt. Die Viecherei einer Geburt, beispielsweise, die würde doch kein Mann aushalten. Körperliche Schmerzen, das ist ein alter Hut, die erträgt eine Frau viel besser als ein Mann. Sie ist viel zäher. Aber andererseits haben die Männer eben doch irgendwie diesen Krieg der Geschlechter gewonnen – bis auf wenige Ausnahmen, wo's ein Matriarchat gibt. Und ich kann mir das nur so erklären, daß Frauen eben in gewissen Phasen schlecht in der Lage sind, auf so 'n Wurm zu achten, ihn zu schützen, und obendrein sich und den Wurm noch zu ernähren. Während der Mann, der macht seine Stoßnummer, und dann ist er sofort wieder im alten Trott, mit Pfeil und Bogen. Oder mit Aktentasche und Kreditkarte. Damit ist das Ding für ihn erledigt. Und die Frau, die ist auf seine Hilfe angewiesen.

Und das haben diese Scheißmänner einfach erkannt und ausgespielt, wie das in diesem Leben so geht. Wo du 'ne Schwäche zeigst, da kriegst du einen drauf. Das ist den Frauen offensichtlich passiert. Und dagegen wehren sie sich jetzt. Aber sie haben immer noch dieselbe Schwäche. Denn es ist nun mal leider so, in dem Moment, wo du 'n Kind hast und dieses Kind großziehen mußt und nebenher auch noch einen Haushalt ans Bein gebunden kriegst, von dem du dich befreien müßtest, bevor du dich selber entwickeln kannst – da schleppst du Handicaps durch die Gegend. Und nun willst du dich obendrein auch noch persönlich entfalten?

Die Männer, die haben einen Rahmen, an dem sie sich festhalten können. Und wenn dieser Rahmen mal auseinandergenommen wird, weil die Frau daran schraubt oder hobelt oder sägt, dann fallen die Typen gleich mit auseinander. Das heißt, sie fallen nicht auseinander, sie schlagen dazwischen. Psychisch oder auch physisch. Lassen den Bizeps spielen, kehren den Chauvi raus. Deshalb kann ich mit Männern so wenig anfangen; deren Rolle ist mir zu durchsichtig.

Bei den Frauen ist da sehr viel mehr Substanz. Bloß, wenn so Frauen daherkommen und sich anpassen und ihre Karten so hintenrum ziehen ... Eben die alten Tricks, die immer noch die Mehrheit aller Frauen draufhaben und die an sich ganz wirkungsvoll sind, den Männern Honig um den Bart schmieren, und dann läuft das schon mal – dieses opportunistische Verhalten finde ich nun auch wieder bescheuert.

Da entstand dann das, was ich das ‹Hausfrauen-Syndrom› nenne. Und genau das hat mich damals, als wir uns kennenlernten, so ungeheuer angemacht an dir. Daß du so tust, als seist du eine wahnsinnig emanzipierte Frau – aber auf die Vorteile, nicht emanzipiert zu sein, auf die wolltest du nicht verzichten. Übertragen ausgedrückt, du hattest überhaupt nichts dagegen, wenn ein Mann dir die Autotür aufhielt. Das ist natürlich 'n dummes Beispiel, aber irgend so was ist da abgelaufen. Daß da nachts so 'n Typ bei dir gehämmert hat, das war vielleicht der Anlaß, dich nicht zu mögen, aber nicht der Grund. Der Grund war dieser Widerspruch in dir, daß du so tust als ob. Das hat mich gereizt.

Da gab's so zwei, drei Schlüsselerlebnisse, die mir diesen Widerspruch deutlich machten. Eine davon war beispielsweise, daß du mir zum erstenmal aufgefallen bist, als dein Name auf einem Zettel an einer Glastür im Verlag stand, und du da 'ne Wohngemeinschaft gesucht hast. Und dann sagte ich mir, guck an, und nun landet sie hier. Das war das Gegenteil von 'ner Wohngemeinschaft: 'ne schicke kleine Dachwohnung mit dunklen Balken und Blick auf die Alster. Das war so 'ne Diskrepanz für mich. Das allein kann's aber nicht gewesen sein. Es sind eben alles so Nebensachen, Nebensätze, Nebenblicke, die da zusammenkommen, und das eine stellt sich aufs andere und plötzlich ist das so groß.

Du warst für mich so eine Mischung aus ... Wie gesagt, dem berühmten Hausfrauchen und dem Gegenteil davon. Da entsteht Spannung. Das waren so die beiden Pole, zwischen denen du dich bewegt hast.

Mit Hausfrau umschreibe ich nur den Zustand, daß die Frau sich mit den tradierten fraulichen Waffen unter den Schirm des Mannes begibt. Die alte Scheiß-Frauenrolle, die sich über Generationen fortpflanzt. Und du wolltest davon weg. Verachtet hast du diese Rolle! Durchschaut hast du, wie beschissen sie ist, diese Rolle! Aber – es gibt so gewisse Situationen, da fällt sie einem leicht, da ist sie angenehm, und da kann man sie doch nicht so ganz abstreifen.

Der Weg, den du gegangen bist, war für dich immer 'ne Aktion, das war nie eine Selbstverständlichkeit. Das war immer eine Auseinandersetzung mit dem, was sie dir in die Wiege gelegt haben. Weil du das beschissen gefunden hast, hast du das ziemlich schnell durchschaut. Seitdem du von zu Hause weg bist, hast du dich intensiv bemüht, das nicht zu werden, was deine Mutter sicher sehr gerne gesehen hätte: nämlich eine Hausfrau. Und natürlich bist du's nicht geworden. Du hast dich mit allen Fasern deiner Seele und deines Leibes dagegen gesträubt. Du hast ein ganz anderes Leben geführt und das auch genossen. Aber du hast immer gemerkt, daß du dich so sehr aus deiner Pelle, die sie dir da mitgegeben haben, nicht lösen kannst. Sie loszuwerden war immer mit Aktion verbunden. Das ist dir nicht in den Schoß gefallen. Das hatte sogar 'n Beigeschmack von modisch, da mußt du nun wieder darüber lachen, aber ich will damit auch nichts Negatives ausdrücken. Modisch im Sinne von *out* und *in*. Hausfrau ist *out*, Freiheit ist *in*.

An sich bin ich ja ziemlich mies gewesen zu dir, nicht? Ich hab dich schon manches Mal richtig verarscht mit meinen kleinen Spitzfindigkeiten. Ich hätte ja auch sagen können: Schwester, ich seh dein Problem, laß uns mal darüber reden. Ich hätte mich also auch so verhalten können, daß ich dir bei deiner inneren Auseinandersetzung helfe. Statt dessen habe ich dir die Zunge rausgestreckt. Hab dich Hausfrau geschimpft. Hab dich angemacht. Ich dachte immer nur: die blöde Kuh! Soll sie doch nicht so tun, als ob! Das heißt, emanzipiert warst du ja irgendwo, aber ich dachte, nur da, wo's ihr mehr bringt. Wenn ihr das andere mehr bringt, dann ist sie das. Es ist natürlich auch ein Element an Unsicherheit dabei. Du spürst 'ne ganze Menge Unsicherheit, und du überspielst sie durch ein bewußt forsches, fortschrittliches, aufgeschlossenes Auftreten. Du spielst eine Rolle, du spielst 'ne Menge Theater. Und ich bin allergisch gegen Theater. Das stank mir. Aber das hat sich dann gegeben, das wurde alles so ein bißchen runder, ein bißchen lebendiger, und daher wurde dieser erste Eindruck relativiert. Ich habe davon viel zurückgenommen. Aber von dem Kern geh ich nicht weg.

Dein Rollenverhalten ist natürlich wesentlich weniger geworden. Das alles ist ja acht Jahre her. Du sagtest vorhin, damals hat es dich geärgert, Hausfrau genannt zu werden, und heute findest du das gar nicht mehr schlimm. Du lebst heute mehr im reinen mit dir selber. Damals mußtest du mehr darum kämpfen, als sogenannte Emanzipierte anerkannt zu werden. Damals hast du Auseinandersetzungen gehabt, bist herausgefordert worden, hast in einem Spannungsfeld gelebt. Und das sind Dinge, die habe ich zu der Zeit überhaupt nicht übersehen. Ich glaube, es gibt sowieso wenig Männer, die sich mit Frauen nicht nur vögelnderweise, sondern auch denkenderweise beschäftigen. Die denken schon nicht mal über sich selber nach, geschweige denn über Frauen.

Ich habe damals über Frauen auch nicht nachgedacht, weder über meine Frau noch über dich. Bis dann eine Frau kam, in die habe ich mich ungeheuer verliebt. Mit der bin ich heute noch befreundet, die ist an sich mein bester Freund. Die hat irgendwie in vielen Dingen den Durchblick gehabt, den ich zu der Zeit überhaupt nicht gehabt habe. Und die hat mir Denkanstöße gegeben, und irgendwie – weil ich wohl nachdenklich bin von Hause aus – brauchte man nur noch wenig Papier zu durchstoßen. Ich habe das umgesetzt, was sie sagte. Das war der noch nie passiert, und das hat von ihr aus diese Bindung ungeheuer stark gemacht. So haben wir uns beide 'ne ganze Menge gegeben. Und von da an ging das los. Wenn du einmal auf so 'n Zug aufspringst, dann fährst du durch ganz neue Landschaften. Du mußt nur erst mal drauf sein. Dir passieren eben viele Dinge, die dich dann eher noch nachdenklicher machen.

Dazu kamen Schwierigkeiten mit Mieke, dieses fruchtlose Bemühen schon vor unserer Heirat, es ging immer um denselben Punkt. Mieke hat Flucht begangen, in Haushalt und Kinder. Sie hat sich bis vor kurzem nie einer Herausforderung gestellt – der Herausforderung, die darin begründet ist, daß sie von sich immer annahm, sie müßte eigentlich sehr viel mehr sein als bloß Mutter und Hausfrau. Sie hat aber damals nie gesagt, okay, dann mach ich eben was. Davor hat sie gekniffen. Das war die Scheiße, wegen der wir nie miteinander klargekommen sind. Es hat sie offensichtlich belastet, daß ich ihr immer gesagt hab, dann pell dich doch aus dir raus, dann mach doch und klag nicht immer nur dein Schicksal an in Form von verkorkster Vergangenheit und verkorkster Gegenwart. Aber sie knallte mir bei diesem Konflikt immer wieder die Schuld vor die Füße wie so 'n dicken Findling, und das tat allmählich weh.

Früher war sie halt Assistentin in einer Redaktion, und das fand sie todschick, aber dann kamen eben die Kinder dazwischen, und dann fand ich das auch in Ordnung, daß wir uns diese Aufgabe geteilt haben, echt geteilt. Du machst die Kinder und brauchst nicht zu arbeiten, wir wuppen das schon irgendwie, und ich schaff eben die Knete ran. Das war natürlich 'ne Arbeitsteilung auf die alte, beschissene Tour, und ich hätte mir auch was ganz anderes gewünscht. Wir hätten zusammen was entwickeln können. Aber Mieke hat mir ganz klipp und klar gesagt: Mit dir zusammenarbeiten? Nie! Ich fand das schade, ich hätte das wahnsinnig gut gefunden.

Aber vielleicht hat meine Gegenwart sie erdrückt. Vielleicht bin ich wirklich so ein brachialer, dominierender Typ. Sie kriegte da einfach kein Bein auf den Boden, sie war nur noch – Rücken gegen die Wand. Ich habe sie immer viel zu sehr eingeschüchtert, das ist auch heute noch nicht ganz weg. Immer, wenn ich mich entferne, wenn ich auf Distanz gehe, geht's ihr prima.

Es ist wohl wahr: ich bin sicherlich wenig subtil. Damals jedenfalls nicht. Und heute auch nur, wenn ich will. Ich muß mir dann fast schon Mühe geben, subtil zu sein. In irgendwelchen Diskussionen, wenn das um Sache geht. Oder wenn das um eine Person geht.

Damals war ich auch oft ganz schön gestresst. Durch Auseinandersetzungen mit Mieke, durch die ewigen Basteleien an der Bude, durch die ewige Anspannung in der freien Arbeit. Ich meine, du mußtest ja nie so viel Geld auf die Beine stellen wie ich. Es ist was anderes, wenn man, so wie du, nur für sich selber sorgen muß. Wenn du das mal drei nimmst, oder mal vier, sieht die Sache schon gleich ganz anders aus. Aber daß die Belastungen zu groß sind, das merkt man erst, wenn's zu spät ist.

Wenn ich mich in einer solchen Spannung befinde, und dann plötzlich in einer Beziehung noch mehr Spannungen auftreten, dann kann ich wahnsinnig emotional reagieren. Solche Stress-Situationen können sich ziemlich tödlich auswirken. Und die reagiert der Mann dann nicht einfach deshalb an seiner Frau ab, weil sie die Schwächere ist oder sein Besitz oder sein Fußlappen, auf dem er sich abtreten kann – sondern weil sie vielleicht durch ihre eigenen Ansprüche an ihn zu einer Steigerung seiner inneren Anspannung beiträgt.

Ich glaube, Mieke und mir hat die Trennung gut getan. Die Einsicht, daß es aussichtslos ist, wenn ich mich emotional an Mieke hänge, als Alternative zu jener anderen Frau, die hat mich entspannt. Ich bin jetzt fähig, da viel lockerer darüber zu reden. Männer haben es da nun mal schwer. Die hängen entweder an ihrer Mutter oder an ihrer Frau. Aber es hat keinen Zweck, sich an jemanden zu hängen, nur um des Hängens willen, und um nicht irgendwo im luftleeren Raum zu schaukeln.

Ich habe während der Trennung von Mieke entdeckt, daß Emotionen eine ganz große Bandbreite haben können, daß ich selber fähig bin, Emotionen zu haben, so tief wie ein Brunnen. Die meisten stehen doch nur daneben, werfen höchstens mal einen Stein rein und hören, wie's plumpst. Ich bin selber unten gewesen, in der Beziehung zu dieser anderen Frau, ganz unten auf dem Grund. Ich finde das wahnsinnig, ich freu mich darüber, weil es 'ne Menge Leute gibt, die erleben das nie.

Ich habe mich eigentlich nie einer Erfahrung versperrt. Wenn ich merke, da ist was, bin ich sofort dabei, koste es, was es wolle. Es sei denn, ich sehe sofort, daß es nicht so weit trägt. Mann, nicht so lange quatschen – mach doch mal! Du wirst nur reicher davon. Aber viele Leute schaffen das nicht, die haben Angst. Angst vor schmerzlichen Erfahrungen, weil sie vielleicht zu früh mal was auf die Finger gekriegt haben. Die sind einfach nicht mehr offen.

Und das ist eine Sache bei dir, die mich wahnsinnig angetörnt hat, die ich richtig gut fand: Daß du dich durchaus auf Dinge einläßt, daß du offen bist für alles. Auch mit dir selber. Trotz der ganzen inneren Unsicherheit, die du hast – das ist schon ein Widerspruch. Du hast ’ne Unsicherheit, auf der anderen Seite hast du aber auch ’ne Sicherheit. Und du wirfst deine Unsicherheit einfach über Bord und machst das eben doch. Du machst das! Und das akzeptiere ich sofort. Weil das wenige Leute machen.

Ich finde es gut, daß du dich mit dir selber auseinandersetzt. Daß du hinter die Kulissen deiner selbst guckst, kritisch dir selber gegenüber bist. Bei all deinen Macken. Du kennst deine Macken, du setzt dich mit denen aktiv auseinander, du schonst dich selber nicht. Und das finde ich einen wahnsinnig positiven Ansatz, den haben so wenige Menschen. Das ist zum Beispiel einer der wesentlichen Punkte, wieso wir uns näher gekommen sind. Das habe ich ziemlich schnell begriffen, das ist ’n Teil von unserem Ding. Ich kann die Typen nicht ab, die sich immer nur sonnen in sich selber. Wichtig ist, daß man sich weiterentwickelt, daß man sich neben sich selber stellen kann.

Na ja, und als ich zum erstenmal deine Titten in die Hand genommen hab, da war’s sowieso vorbei mit dieser Ablehnung. Die wippten so schön unterm T-Shirt, und da hab ich mal richtig Maß genommen. Dich in den Arm genommen. Da war das in Ordnung. Da hatte ich schon immer Lust zu, mit dir ins Bett zu gehen. Wenn ich jemanden in den Arm nehme, dann mag ich ihn gerne leiden. Du bist schon ’ne Menge Frau. Es war gar nicht so entscheidend, wann ich mein Pimmelchen da mal reingetan habe, das ist irgendwo ’n Stück von ’ner Beziehung, das gehört dazu. Wie ich schon sagte: die logische Fortsetzung eines Gesprächs.

Obwohl Sex für mich schon einen wahnsinnig großen Stellenwert hat. Das schlimmste am Knast finde ich, daß die nicht vögeln können. Aber ich glaube, daß auch das bei Frauen stärker ist, wie so vieles, das körperliche Gefühl, der Orgasmus. Ich weiß noch: Als wir mal versucht haben, das zu beschreiben, da hast du irgendwas von einem Sternenhimmel erzählt, der auf dich runterfällt, und ich habe was von einem angenehmen Jucken gesagt. Beim Mann ist das ziemlich auf den Schwanz konzentriert, also auf den Körperteil ... welchen, und bei der Frau ... Na, das muß ihren Körper irgendwie von oben bis unten durchfluten, durchrieseln, erschauern lassen, was weiß ich. Und das sind zwei ganz verschiedene Mechanismen. Soweit ich das beurteilen kann. Das ist ja so witzig, daß der Mann nicht weiß, was die Frau empfindet, und umgekehrt.

Und dann ist es ja auch noch die Frage, inwieweit man auf diesem Gebiet harmoniert, den gleichen Rhythmus findet. Du hast mir vorhin gesagt, daß du im Bett eigentlich nie sehr gut harmoniert hast mit mir, obwohl du emotional sehr engagiert warst. Daß ich für dich zu *heavy* war, daß du so jemand bist, der lieber langsame, intensive Sachen macht. Ich habe darüber nachgedacht, und bin zu dem Schluß gekommen: Irgendwo hat ja wohl jeder Mensch ein aggressives Potential, das sich auf diese oder jene Weise Luft macht. Und ich bin vergleichsweise wenig aggressiv in normalen, alltäglichen Lebenslagen – nur eine Sache macht mich ungeheuer aggressiv: Wenn ich sehe, wie ein Schwächerer von einem Stärkeren kujoniert wird. Also, das ist eine Sache, die Aggressionen bei mir auslöst, ganz einwandfrei, die ich sonst eigentlich nicht spüre.

Na ja, und manchmal spür ich beim Vögeln so 'ne Sache, die ich eigentlich nicht unbedingt mit Aggression umschreiben würde. Nee, Aggression ist das nicht. Aber es muß in derselben Ecke wohnen – ein besseres Wort wäre vielleicht: Inbesitznahme. Oder: Eroberung – aber im aggressiven Kontext. Das ist ja sowieso immer etwas Aggressives: Erobern, eindringen, vorstoßen – ja, und das ist 'ne emotionale Haltung bei mir. Eine Art von gebremster Aggression. Und dann vögel ich einfach drauflos, das macht mir Spaß, da leb ich mich aus in diesem Moment, und manchmal harmoniert das ja auch.

Sex ist ja auch eine Frage der Stimmungslage, die du so mitbringst. Und in dieser sexuellen Begegnung passieren dann eben die unterschiedlichsten Sachen, weil jeder seine eigenen Emotionen reinbringt. Meine Emotionen sind in dem Fall andere gewesen als deine. Meine Kommunikation war in dem Moment offensichtlich besitzergreifend – von dir, von deinem Körper, von deiner Person. Na, erobern eben. Das ist ja ein klassisches Wort, das kommt in jeder Schnulze vor, und wenn nicht, die Paretti hätt's erfunden. Sex mit dir ... das fand ich schön. Ich mochte deinen Körper. Und ich mag auch dein ziemlich direktes Verhältnis zum Sex. Ich empfinde dich da als unkompliziert. Du sagst halt, was schön ist, und wenn es nicht ganz so schön ist, na, dann eben nicht. Alle anderen Spannungen, dein Frust in unserer Beziehung, der lag sicherlich nicht im Sexuellen. Der lag sicher woanders, wenn man das Frust nennen kann. Der lag wohl eher in einer Hinwendung, die nicht erwidert wurde.

Und meine sogenannte ‹Intensität›, die dich immer so verblüfft hat ... die ist in dem Moment, wo ich mal wieder auf der Matte stehe – und ich bin ja nie aus Zwang zu dir gekommen – auch wirklich da. Mein Gott, du hast 'n Körper, der ist 168 Zentimeter lang, was weiß ich, und da meine ich jeden Zentimeter. Und dazu kommt die Seele, die ist genauso lang, die wohnt da drin. Und das alles zusammen, das bist du. Und das Erlebnis mit dir ist auch nicht auf diese paar Stunden beschränkt.

Aber: Dann habe ich erst mal wieder genug gebadet, jetzt trockne ich mich ab und gehe an meine Arbeit oder ins Kino oder mach irgendwas anderes. Und irgendwann bin ich wieder da. Natürlich ist in dieser Art von Beziehung von meiner Seite aus nicht das drin, was ich unter Liebe verstehe. Eine Art Besessenheit – das war es nicht. Eher: ein warmes Bad. Und ich bade wahnsinnig gerne. Und komm auch schlecht wieder raus aus der Wanne. Wenn's mir gutgeht, dann kann ich kein Ende finden. Aber irgendwann dreh ich einfach den kalten Wasserhahn an, zack.

Daß ich mich zwischendurch nie gemeldet habe, liegt einfach daran, daß ich ein vergleichsweise reservierter Typ bin. Viele haben das Gefühl, man kommt nicht an mich ran. Das sagt Mieke, das sagen viele. Mein Vater war auch sehr verschlossen. Vielleicht ist das 'ne Frage der Veranlagung. Ich habe auch nie das Bedürfnis gehabt, so aus mir herauszugehen, Leute zu sehen, weil ich da wenig Defizite verspürt habe. Ich habe schließlich 'ne Menge zu tun, immer den Kopf voll und habe nie in meinem Leben Langeweile gehabt. Mir hat mal jemand gesagt, daß ich wohl gar nicht anders könnte als arbeiten, aber das ist dummes Zeug. Du meine Güte ... Flucht in die Arbeit, dieses neurotische Verhalten, sich mit Arbeit zu betäuben, nach Arbeit süchtig zu sein ... das hatte ich nie in meinem Leben!

Gestern zum Beispiel, das fand ich herrlich. Da war der Tisch leer, ich hatte auch kein Werkzeug da, um noch irgendwas in meiner Bude zu machen, ich hab mich hingesetzt, hab mir einen Tee gemacht und die Beine auf den Stuhl gelegt und hab dieses Frauenbuch gelesen, das jeder Mann lesen sollte. *Die Scham ist vorbei* von der Anja Meulenbelt. Den ganzen Tag. Ich kann wirklich für mein Leben gern den ganzen Tag lesen oder mit 'ner Frau im Bett liegen und dazu 'ne Buddel Wein oder zwei und reden und schmusen und vögeln und aus'm Fenster gucken ... Nichts schöner als das.

Aber gut: ich brauch das vielleicht nicht so oft. Ich bin ganz gern allein mit mir. In der Zeit, wo ich mich nicht gemeldet habe, war ich wahrscheinlich befriedigt, und zwar nicht nur körperlich, sondern auch seelisch. Ich mag keine halben Sachen. Und wenn ich mit dir zusammen war, dann war das keine halbe Sache. Das war meine Sache ganz. Die ist aber nicht unbedingt identisch mit deiner Sache. Und auch nicht unbedingt so tief. Tief war ich doch damals ganz woanders.

Die Umwelt hat von manchen Menschen immer das Gefühl, der läßt sich nicht so schnell begeistern, der zieht sich zurück – der Betroffene empfindet das nicht so. Ich empfinde das auch nicht so. Aber wenn ich mich darauf abklopfe, muß ich zugeben, daß ich manchmal schon ziemlich kühl bin, vielleicht sogar abweisend. Ich geh mit mir nicht gern hausieren. Da sind schon Mauern da, aber die sind ja ziemlich leicht zu durchbrechen.

Es gibt eben 'n paar Menschen, die mag ich sehr, bei denen kann ich diese Emotionalität zeigen – das, was du immer diese Intensität von mir nennst –, es sind nicht allzu viele, aber zu denen gehörst du eben auch. Ich habe Beziehungen zu mehreren Frauen, aber jede Beziehung ist anders. Wie ein Bündel Sonnenstrahlen, und in der Mitte bin ich. Das mußt du bitte nicht so ernst nehmen, aber so kommen die dahin und ergeben zusammen dieses Ding da in der Mitte. Die Sonne. Mach 'n Mond daraus, wenn dir das sympathischer ist! Nur, der Mond hat nicht so schöne Strahlen.

Ich glaube, es gibt eine ganze Menge Frauen, die wären froh, wenn es auch hinterher noch eine Beziehung ist. So wie bei uns. Wir können doch jederzeit mal zusammen essen gehen. Oder einen Abend zusammen verquatschen. Wir können auch mal wieder miteinander vögeln. Da hätte ich überhaupt nichts dagegen. Du möglicherweise, aber für mich wäre das ganz natürlich. Und ich finde, das ist eine ganze Menge.

Was für dich ein Jahr war, fünfzehn Monate, das ist für mich viel länger. Das geht viel weiter zurück und geht auch noch viel weiter in die Zukunft. Der einzige Unterschied zwischen dem Gestern und dem Jetzt ist der, daß wir wohl jetzt gleich nicht miteinander ins Bett gehen werden, wenn du dein Tonband-Ding da abstellst.

NICO

Bilder tauchen auf.

Nico, zusammengerollt auf der Couch, er kritzelt, wie er das nennt, er schreibt an seinem inneren Monolog, in seiner spitzigen, abweisenden Handschrift, er schreibt, um nicht zu explodieren. Nico, auf einem Fest in Hamburg, seine ewige, abgeschabte Ledertasche über der Schulter, schmutzige Jeans, ein griechisches Wollunterhemd mit Löchern unterm Arm, für den Durchzug im Sommer; sein bloßes Vorhandensein brachte Sprünge in die Gelacktheit rings um uns her. Nico, der mit weit ausgreifenden Schritten über die Berge geht, immer kleiner wird, unten am Strand hat er seine Stiefel vergessen, er vergißt immer irgendwas, seinen Paß, seine Zahnbürste, manchmal auch Menschen. Nicos Körper hingestreckt auf dem Bett, makellos wie eine Skulptur, ich sagte mir oft, präge ihn dir nicht ein, du wirst dich nie wieder an einen anderen Körper gewöhnen können. Nico und Stefan beim Backgammon-Spiel, Stunde um Stunde, schweigend, nur die Würfel klacken. Nico, der mal wieder Scheiße gebaut hat, die Frau eines Freundes gebumst, sein Motorrad zu Schrott gefahren, sein ganzes Geld im Spielcasino verloren hat. «Ach, fuck», sagt er, schüttelt sich und hat es schon vergessen. Nico auf dem Klo, gemütlich, Zeitung lesend. Nico, der in einer Kneipe sitzt wie der Märchenerzähler auf dem Markt von Marrakesch, seine Geschichten entfalten sich wie japanische Papier blumen im Wasser, mit einem untrüglichen Sinn für Pointen und Dialekte. Nico, der weit hinausschwimmt, ich paddle aufgeregt hinterher, um ihn zu retten, Nico schwimmt auf mich zu und lacht über meine Panik. Nico in seinem Atelier, umgeben von seinen kleinformatigen, akribisch gemalten Ölbildern, die künstlerische Gegenwelt seiner eruptiven Innenwelt.

In seinen Bildern verriet Nico sich nicht.

Nico: unfähig zu lieben, aus Angst, verletzt zu werden, unfähig, irgend etwas ernst zu nehmen, selbstzerstörerisch, unsicher, immer am Rand, des Abgrunds lebend, einer, der gegen sich selber Amok läuft und andere dabei auf der Strecke läßt.

Nico: humorvoll, gelassen, treuherzige blaue Augen überm dunklen Bart, stets voller Schnurren, albern wie ein Kind, das sein Spielzeug kaputtmacht.

Nico, der Janusköpfige.

Immer, wenn er kam, fiel ich erst mal auf den gemütlichen Nico herein, ließ mich täuschen von seiner scheinbaren Unerschütterlichkeit, bis seine Zerrissenheit sichtbar wurde und sich auf mich übertrug, alles zerschlug, mein ganzes ‹Plastikleben›. Jedesmal machte er mir deutlich, wie sehr ich abhängig war von der Harmonie um mich herum, weiße Blumen vor sandfarbener Wand, den Büchern, den Platten, dem ganzen ertrödelten Schnickschnack eines Lebens. Ich hing an diesen Dingen, freute mich an ihnen, aber wenn Nico da war, wurden sie zur belastenden Staffage. Totes Gerümpel, das dich hindert, frei zu sein, dir den Weg zu dir verstellt, Kulissenzauber für ein Stück, das du täglich neu vor dir selber inszenierst.

Einmal, als wir bei flackerndem Kerzenlicht zusammensaßen und Musik hörten und rauchten, hatte ich eine Vision. Alle Gegenstände wurden lebendig, begannen sich zu bekämpfen, balinesischen Schattenspielen gleich. Ich fühlte mich bedroht von der dinglichen Welt um mich herum, bedroht auch von Nico, dem Kaputtmacher.

Nico, der sich und andere in Gefahr bringt, einer, der immer mal wieder am Tode vorbeischrammt, sei es beim Kentern seines Bootes in der Ägäis, als ein Unwetter aufkommt, sei es bei einer Messerstecherei unter isländischen Fischern. Einer, der Pläne für seinen Selbstmord macht, immer auf dem Sprung ist, weg von dem ganzen Scheiß, mißtrauisch allem gegenüber, was er sich aufgebaut hat, plötzlich wirklich verschwunden ist, monatelang mit dem Motorrad durch Afrika und Europa fährt, frei und verzweifelt.

Yvonne, seine Frau, weiß nie, wann er wiederkommt. Ob er wiederkommt. Bisher ist er immer zurückgekommen, aber die Angst bleibt. Yvonne, die er vor fünfzehn Jahren vor die Alternative gestellt hat: Ich gehe nach Griechenland, wenn du mitkommen willst, pack deine Sachen. Und Yvonne packt ihre Sachen, verläßt die Kunstschule, lebt monatelang mit ihm von Tomaten und Kartoffeln, schleppt Zementsäcke, im siebten Monat schwanger, kampiert im Sommer mit ihm in einer Bretterbude, weil das Haus von zahlenden Gästen besetzt ist, weiß im Winter nicht, wie sie die Kinder sattkriegen soll. Bargeld gibt es nie, Nico macht es verrückt, Geld im Haus zu haben, er investiert es sofort wieder in Grundstückskäufe.

Yvonne erträgt das alles, klaglos. Sie erträgt es, daß Nico mit hübschen Touristinnen in den Oliven verschwindet, erträgt es, daß er sich nach einem schlechten LSD-Trip ein Jahr lang schweigend in seinem Atelier vergräbt, er hat das Lachen verlernt, Yvonne erträgt alles, wenn Nico sie nur nicht verläßt. Und Nico respektiert ihre Fähigkeit zum Erdulden seiner selbst, die Kraft und die Heiterkeit, die sie ausstrahlt, die Bedingungslosigkeit ihres Lebens, dessen Zentrum er ist. Yvonne macht Nico erst möglich. Zu ihr flüchtet er sich wie ein Kind, wenn alles mal wieder in Scherben liegt. Zurück in den Mutterschoß.

Andere Frauen benutzt Nico und wirft sie weg wie eine leere Erbsenhülse, Yvonne bleibt die Achtung, immerhin. Nico ist ein Chauvinist der schlimmsten Sorte, er kann Frauen nie für voll nehmen, er ist ein Männer-Mann. Mit Männern kann er reden, zocken, saufen, Frauen sind für nichts von alldem gut, nur dafür, benutzt zu werden.

Seine Verachtung spürten die Frauen immer erst, wenn es zu spät war. Und in Griechenland wirkte sein Zauber, unfehlbar. Wie er da auf einem seiner Boote steht, braun und bärtig, läßt er in allen Frauen das archaische Bild vom Fischer und Jäger wach werden, diesen Wunsch nach dem starken Mann. Neben Nico wirken die meisten Männer wie schwitzige, mehlwurmweiße Schreibtischtäter, Nico kann alles, was andere eben nicht mehr können, er baut seine Häuser selbst, er repariert Boote, schlachtet Hühner, hackt Feuerholz für den Kamin, geht fischen, macht sein Öl selbst.

Nico: Natur und Intellekt in einem. Der personifizierte Widerspruch, in allem, was er tut.

Warum habe ich mich auf Nico eingelassen?

Ich kann nicht sagen: Ich habe ihn nicht gekannt. Ich habe ihn beobachtet, jahrelang, ich habe die Trümmer gesehen, die er überall zurückließ. Ich war teils fasziniert von ihm, teils abgestoßen. Und oft auch amüsiert. Nico war eine Herausforderung. Ich wollte versuchen, ihn von seiner Frauenverachtung runterzubringen, wollte ihm beweisen, daß es möglich ist, mit einer Frau zu schlafen und trotzdem mit ihr befreundet zu sein. Das war zunächst einmal eine ganz kühle Überlegung. Ich brachte mich ein, als Mittel zum Zweck.

Ich überschätzte mich.

Zwischen Nico und mir bestand eine Spannung, von Anfang an. Wir gingen vorsichtig miteinander um. Zuerst war ich sogar enttäuscht von ihm, ich hatte ihn mir anders vorgestellt, differenzierter, nicht so bäuerisch. Ich weiß noch: Es war Winter, er kam zur Tür hereingestapft wie der Alte vom Berge, er lachte viel und verlegen und wirkte, bei aller Ungehobeltheit, weich und verletzlich.

Schon damals hatte er diese braune, abgewetzte Ledertasche, in die er alles hineinstopfte, was er für Wochen oder Monate brauchte, zwei Paar Socken, die Zahnbürste, einen Pullover, ein T-Shirt, Geld, Paß und das Manuskript, an dem er gerade arbeitete; die Malerei interessierte ihn schon nicht mehr. Nico lebte mit der Illusion, so, nur mit dieser Tasche über der Schulter, eines Tages alles verlassen zu können, seine Häuser, seine Boote, auch Yvonne und die Kinder. Hinauszutreten aus einer Existenz, die er sich aus dem Nichts heraus geschaffen hatte, um wieder in das Nichts zurückzukehren. Frei zu sein. In diesem Freiheitsdrang lag auch seine Gefährdung: es gab nichts, was er als sinnvoll empfunden hätte, nichts, außer seinen Kritzeleien, der Niederschrift seines inneren Monologs. «Laß uns schweben», schrieb er mir mal auf einer Postkarte, «mit irgendeiner Strippe erdverbunden, damit das Gefühl der scheinbaren Sicherheit nicht verlorengeht, bis wir begreifen, daß sich die Dinge zwar bewegen, aber ohne Richtung sind.»

Nico war Stefans Freund, sein einziger. Damit war er für mich tabu. Als ich merkte, daß ich Lust hatte, mit Nico zu schlafen, hatte ich ein schlechtes Gewissen, wegen Stefan und Yvonne. Das war in Griechenland, Monate nach unserem ersten Treffen. Stefan und ich lebten mit Freunden ein paar Wochen in einem der weißen Wohntürme, die Nico auf einer Insel gebaut hatte, kochten abends auf einem primitiven Herd im Schein von Karbidlampen, fuhren zum Einkaufen mit dem Boot ins nächste Dorf: das einfache Leben.

In Griechenland begann dieser verdammte Pan-Zauber zu wirken, die atemlose Stille des Mittags und das scharfe Sägen der

Zikaden und der Retsina, kühl und immer etwas nach Mottenkugeln schmeckend und Nicos nackter Oberkörper zwischen den Olivenbäumen ... Er hatte immer etwas zu tun, im Gegensatz zu uns, die wir träge in der Sonne dösten. Die Runde wirkte seltsam leer und kraftlos, wenn Nico nicht da war, um die Stille mit seinen endlosen Geschichten zu füllen. Ich hatte Lust auf ihn, gleichzeitig ärgerte ich mich ständig über ihn, über seine Frauenverachtung, die immer deutlicher wurde, über seine grenzenlose Egozentrik, über seine ausbeuterischen Pascha-Allüren. Er und Stefan spielten Backgammon, die Hausarbeit wurde uns Frauen überlassen, dazu waren wir schließlich da. Was, dachte ich, befähigt uns eigentlich, ständig abzuwaschen und zu kochen, selbst in den Ferien? Nach zwei Wochen weigerte ich mich eines Tages, diesen Abwasch zu machen, der genauso Männersache war wie unsere, aber Nico lachte nur und Yvonne übernahm schweigend die ganze Arbeit.

Einmal trafen wir uns nachmittags in dem kleinen Bad, in dem man sich mit kaltem Wasser aus der Zisterne waschen konnte, beide nackt, beide erhitzt von der Liebe, und Yvonne sah so gelöst aus, daß ich dachte: Was soll dies ganze emanzipatorische Gerede ... Wahrscheinlich ist sie glücklich so.

Ich träumte in diesen trägen Wochen oft davon, Nicos braunen, kräftigen Körper zu berühren, begehrte ihn selbst dann, wenn ich ihn beschimpfte, aber mir war klar, daß ich für einen Augenblick der Lust zuviel aufs Spiel setzte. Vielleicht Stefans Vertrauen, ganz sicher Nicos Achtung. Ich, die Freundin seines Freundes Stefan, hätte diesen Freund hintergangen, der Lächerlichkeit preisgegeben. Das hätte Nicos Frauenhaß noch weiter geschürt, der in Wirklichkeit wohl Selbsthaß war.

Dann passierte die Geschichte mit Usch.

Auf einer kleinen, der Bucht vorgelagerten Insel wurde ein Fest gefeiert, Hammel brieten am Spieß, der Retsina floß. Gegen Mitternacht wanderten wir den Hügel hinauf, um uns unter einem Baum schlafen zu legen, Stefan, Nico, Jürgen und seine Frau Usch. Jürgen schaffte es gerade noch, seine Hängematte zu befestigen, dann ließ er sich hineinfallen und war weg. Unten im Dorf konnten wir die langsam verglimmenden Feuer sehen, Bouzouki-Fetzen wehten herauf, und plötzlich stand Nico auf, reckte biblisch die Fäuste gegen den sternbeladenen Himmel und ließ eine wütende Tirade gegen

Frauen los. Ich dachte nur: Welch ein Haß ... Wer hat ihn so kaputtgemacht?

Irgendwann gingen Stefan und ich. Usch blieb bei Nico. Er nahm sie, zornig.

Am nächsten Morgen kam er über den Hügel, es wurde gerade hell. Ich sagte: «Wie war's?», und Nico strich sich mit einer verächtlichen, sehr griechischen Geste den Bart: «Bah!»

Ich hätte ihn schlagen können, wie er da stand, jeder Zoll der Sieger, ich fühlte mich in diesem Moment genauso gedemütigt wie Usch: Ich hätte Usch sein können. Ich haßte Nico und begehrte ihn trotzdem, gleichzeitig schämte ich mich. Einer, der zu schwach ist, nein zu sagen und damit einen Freund verrät, und dann die Wut über diesen Verrat und seine eigene Geilheit an der Frau ausläßt ... Nico übersah Usch, es dauerte Tage, bis er sich überwinden konnte, wieder das Wort an sie zu richten. Sie schlich herum wie ein geprügelter Hund.

In gewisser Weise fühlte ich mich genauso schuldig wie Usch. Ich hatte Stefan drei Wochen lang betrogen, ich sah keinen Unterschied zwischen einem erträumten und einem vollzogenen Liebesakt.

Die einzige, die von diesem Gefühls-Wirrwarr unberührt schien, war Yvonne. Sie saß, in eine weite indigoblaue Djellabah gehüllt, sehr gerade auf einem Stuhl und nähte stundenlang, ihr fast klassisches Profil hob sich scharf konturiert gegen das Weiß unseres Turms ab. Sie war gleichbleibend freundlich, aber immer, wenn sie mich ansah, fühlte ich mich ertappt.

Alles, was geschehen konnte, war schon geschehen. Ich hatte kein Bedürfnis, Opfer zu sein. Ich beschloß, abzuwarten.

Drei Jahre später hörte Nico, daß ich mich von Stefan getrennt hatte. Er kam spontan nach Hamburg, aber so einfach wollte ich es ihm nicht machen. Einfach hatten es ihm alle gemacht; ich hatte es nicht eilig. «Wenn du mich sehen willst», sagte ich zu Nico, «komm im Sommer nach Mykonos.»

Nico kam.

Mykonos war unsere beste Zeit. Da war dieses Pan-Gefühl wieder da, aber diesmal konnte ich es ausleben. Nie werde ich dieses kleine Häuschen am Strand vergessen, das wir für eine Stunde mieteten, weil wir in der Siesta-Zeit plötzlich Lust aufeinander bekamen. Rauhe, schäbige Leintücher, ein Eisenbett, fast so groß wie das

Zimmer, sonst nichts, nur Hitze und Fliegen und salziger Schweiß, Ströme von Schweiß.

In Mykonos passierte, was ich nie gewollt hatte, ich verliebte mich in Nico – wenn das Liebe ist: in bezug auf jemanden Pläne zu machen, ihm einen Platz in deinem Leben einzuräumen. Nico, der ewige Wanderer, brauchte diesen Platz nicht, aber ich verrannte mich mal wieder in eine aussichtslose Geschichte. Ich hatte geglaubt, dagegen gewappnet zu sein, aber ich hätte mit meiner Neigung zu Spätzündungen rechnen müssen.

Nach Mykonos versank ich in romantische Träume vom einfachen Leben mit Nico – selbstgebackenes Brot und ruhige Abende vorm Kamin und der kleine Gemüsegarten, alles biologisch-dynamisch gedüngt, und Sonnenenergie und frische Eier zum Frühstück und das allmähliche Einswerden mit der Natur und überall Friede und Freiheit. Eben dieses ganze Erdhafte, von dem wir alle immer wieder mal träumen in den grauen Städten. Ich sah Nico eine Zeitlang gewissermaßen als Retter aus meiner ‹Plastikwelt›, zurück zu den wirklichen, den wesentlichen Dingen, was auch immer das sein mochte. Yvonne kam in diesen Träumen nicht vor.

War Nico dann da, Todessehnsucht und Zerrissenheit unter treuherziger Miene, entlarvte er diesen ganzen Traum vom konfliktfreien Leben auf dem Land als verquast und illusionär. Keiner soll sich selbst entfliehen, und Nico war das beste Beispiel dafür, daß die Stille um dich herum erst Abgründe spürbar macht, weil sie dich auf dich selber zurückwirft, ohne Ablenkung.

Das plötzliche Bewußtsein, einem unerfüllbaren Tagtraum von falschverstandenem Frieden mit mir selbst nachgehangen zu haben, machte mich aggressiv: Auch Nico konnte mir da nicht helfen. Ohnehin kollidierte er ständig mit meiner Erwartungshaltung, denn so einen durfte ich nicht versuchen zu domestizieren. Er blieb ganze Tage und Nächte weg, verlor sich im Dickicht der Städte, denunzierte mein Leben als Lebensersatz, ließ mich stundenlang warten, wenn ich was gekocht hatte, vergaß Verabredungen oder Adressen, wenn wir uns irgendwo treffen wollten, versprach, etwas zu reparieren und schaffte es nie – ich verstand ihn und fand ihn trotzdem rücksichtslos, gedankenlos, lieblos.

Er lebte in einer anderen Welt als ich, lebte nur aus sich heraus, alles, was ihn interessierte, spielte sich in seinem Kopf ab, der Rest war ihm gleichgültig. Es war ihm egal, ob ein Glas alt oder neu war: Hauptsache, man konnte daraus trinken. Es war ihm egal, wie ich gerade aussah: Hauptsache, ich redete keinen Stuß. Es war ihm egal, was er anhatte: Hauptsache, der Pullover wärmte. Er reduzierte alle Dinge auf ihre Funktion, entkleidete sie Wertbegriffen wie: antik, schön, kostbar, modisch.

Nico ‹funktionierte› nicht, widersetzte sich ständig, ich funktionierte zu gut. Bis sich meine aufgestauten Aggressionen gegen ihn jedesmal in einer Szene entluden, in der all meine enttäuschten Erwartungen explodierten, all die nicht eingehaltenen Verabredungen, all die vergessenen Geschenke – wie gern hätte ich nur mal eine Flasche Olivenöl aus Griechenland gehabt! –, all die nicht gemachten Komplimente, all das zerschlagene Porzellan, das Nico hinterließ.

Immer, wenn ich nach einigen Tagen oder Wochen des Zusammenseins die Tür hinter Nico schloß, mit einem Knall, der ihm wie ein Schuß durchs Treppenhaus nachhallte, dachte ich: Das war's. Aber dann schälten sich die Wut und die Enttäuschung und die Aggression im Laufe der Zeit ab wie die Häute einer Zwiebel und übrigblieb das, was Nico wohl den ‹Kern› nennen würde: ein Gefühl der Zärtlichkeit, das unzerstörbar war, trotz aller Unvereinbarkeiten.

Ich sah endlich ein, daß es keinen Zweck hatte, Nico ändern zu wollen. Es gab nur eine Möglichkeit, gelassener miteinander umzugehen: nichts zu erhoffen und nichts zu erwarten.

Die größere Distanz brachte mich Nico näher. Er blieb, als er nicht mehr gezwungen wurde, zu bleiben. Er kam pünktlich, weil es gleichgültig war, ob er kam. Er schenkte mir nie etwas, bis heute, aber ich sehe darin keine Lieblosigkeit mehr, weil ich aufgehört habe, ihn mit Geben-und-Nehmen-Maßstäben zu messen. Mit Nico befinde ich mich permanent im Ausnahmezustand.

Geliebt hat Nico mich wohl nie, da gab es im Laufe der Jahre andere Beziehungen, die ihn stärker berührten und jedesmal im Chaos endeten. Aber ich glaube, er hat Vertrauen zu mir, wir können zusammen reden und schlafen und blödeln, das ist schon eine ganze Menge. Vielleicht habe ich ein bißchen dazu beigetragen, daß sich sein Verhältnis zu Frauen verändert hat. Als Nico mir mal in einer Kneipe, ganz nebenbei, sagte: «Du bist der einzige Frauen-

Freund, den ich habe» – da bin ich ihm spontan um den Hals gefallen. Weil es das war, was ich mir immer gewünscht hatte: die Männerdomäne der Freundschaften bei Nico zu durchbrechen, das gespaltene Bild zu kitten, Hure und Heilige, weil Frauen nun mal beides sind. Keins von beidem sind sie.

Ich höre manchmal Monate nichts von Nico. Dann steht er plötzlich vor der Tür, und es ist jedesmal, als sei er nie weggewesen.

Ich kann mich an eine Szene erinnern, die sich in irgendeinem Privatclub in Hamburg abspielte. Da hockte ich also an der Bar und Stefan fragte, willst du eine von den Miezen hier haben, ich spendier dir eine ... Und in diesem Augenblick bist du spontan zu mir gekommen und hast mich geküßt. Da dachte ich, hoppla, die hat ihren Typ hier sitzen und nimmt sich ganz schön was raus! Stefan hat sich amüsiert. Diese Spontaneität, die fand ich imponierend: Okay, die macht einfach, was sie fühlt. Das war 'ne Form von Ehrlichkeit, die gefiel mir.

Ein anderes Mal habt ihr im Bett gelegen, und ich hab so an der Tür gestanden und ein bißchen Gitarre gespielt. Und plötzlich sagte Stefan, willst du mal sehen, was hier unter der Decke liegt, und hob die Decke hoch, und du sagtest, laß das, und hast gelacht. In diesem Moment war ich von meiner eigenen Geilheit überrascht, am liebsten hätte ich mich dazu gelegt. Ich hätte das ganz locker gefunden, wenn wir am Anfang alle drei großzügig gewesen wären und es zusammen gemacht hätten, aber das war ja offensichtlich nicht möglich. Wenn man noch so in diesen alten Denkkategorien von Besitz gefangen ist, dann verliert man ständig nur, weil man dauernd gewinnen will. Dann muß man ständig auf der Hut sein vor Verletzungen und Schaden und Schmerz und dem ganzen Scheiß.

Dabei ist das eine unheimlich schöne, sinnliche Erfahrung, daß man zum Teilen fähig ist. Ich hab das schon einige Male ausprobiert, zuletzt in Hamburg, wo wir zu dritt eine Frau hatten, und das war so phantastisch, weil es keinen Beigeschmack von Perversion bekam. Das war total natürlich. Der eine hat gelesen, der andere gevögelt, der dritte zugeguckt, und es blieb ein gutes Gefühl. Schopenhauer hat Glück mal definiert als Abwesenheit von Not und Langeweile, und das ist in solchen Augenblicken sehr stark spürbar. Du langweilst dich nicht, weil du deinem Gefühl völlig freien Lauf lassen kannst, und eine aktuelle Not ist dadurch auch nicht mehr vorhanden.

Ich habe dich schon begehrt, aber das habe ich verdrängt, wegen

Stefan. Nicht weil ich Angst vor ihm hatte, sondern er war mir offen gestanden wichtiger. Denn in dem Augenblick, wo ich was mit dir angefangen hätte, da hätte ich ihn verloren. Und was hätte ich dann gewonnen? Das ist eine ganz pragmatische, ökonomische Geschichte, die mir schon öfter passiert ist. Nach der einen Seite gewinn ich, nach der anderen Seite verlier ich, das ist wie Null. Dann lieber gar nicht oder warten. Und das ist vielleicht das einzige, was ich wirklich kann: warten. Ich habe mal auf eine Frau zehn Jahre gewartet. Bis der Gatte gestorben ist.

Einmal kommt die Zeit, vielleicht morgen, vielleicht erst in zehn Jahren, aber sie kommt. Da bin ich vom Gefühl her todsicher. Und so war es auch bei uns. Diese Hochspannung zwischen uns, die hat sich dann ja auf sehr natürliche Weise in Mykonos entladen.

Die Zeit in Mykonos fand ich gut. Das liegt wahrscheinlich auch daran, daß es so exterritorial war, auf einem neutralen Punkt, wo wir beide nicht von unserer Umgebung und unseren Verhältnissen gefesselt waren. Das ist ungeheuer wichtig, wenn man sich intensiv ausleben will. Das kann man eben am besten an einem neutralen Fleck, sonst kommen täglich Dinge, die einen stören, sei es ein Telefonanruf oder ein unglaublich wichtiger Film im Fernsehen, oder man muß kochen und einkaufen. Und dann wird die Sexualität selber innerhalb dieser Organisation zur Funktion und damit irgendwann zum Überdruß.

Mykonos – das war Sorglosigkeit, nicht diese Alltäglichkeit, das Banale – und das hat das so wichtig gemacht. Das war richtig am Boden wurzelnd, wachsend, das war Geruch, Sinnlichkeit ... Beispielsweise dieses Zimmer, das wir da einfach mittags gemietet haben, um zusammen zu schlafen, ich sehe heute noch den Blick aus dem Fenster auf den Gemüsegarten. Die ganze Atmosphäre habe ich als ungeheuer harmonisch empfunden, und das kann man nur, wenn man alles andere vergißt. Das sind dann so Momente, wo das Göttliche durchschimmert: Sommer und Sonne und Sinnlichkeit und Schweiß.

Also, das war sehr intensiv. Die Geschichte, die wir da in Mykonos erlebt haben, die hatte 'ne Qualität, die war von mir aus nicht belastet mit Liebe, die war überhaupt nicht belastet. Das war das Schöne daran.

Du hast mich manchmal gefragt, ob ich jemanden liebe. Ich

könnte das heute nur noch sagen, wenn ich absichtlich lüge. Wenn ich sagen würde, ich liebe dich, dann würde ich mich über dich lustig machen, das hieße für mich, daß ich dich nicht liebe. In dem Augenblick, wo du alles liebst, in dem du einen Teil von dir selber entdeckst, kannst du nicht mehr sagen: ich liebe dich, sondern nur: ich liebe in dir einen Teil von mir selber. Insofern ist es eine Lüge, wenn man sagt, ich liebe dich.

Warum habe ich beispielsweise Barbara geliebt? Das fing mit einer rein körperlichen Anziehung an, die kam nach Griechenland und fiel mir auf durch ihre Schönheit und ihre Traurigkeit und ihre Zurückhaltung. Wahrscheinlich entsprach sie am ehesten diesem Idealbild einer Frau, das ich mal hatte, rein und mysteriös. Aber inzwischen habe ich das auch als ein Phantom enttarnt, als eine Vorstellung von mir in ihr.

Die Ähnlichkeiten, die lagen vielleicht nur im Abgrund, wir hatten sehr ähnliche Abgründe, das Tiefe, was uns ins Licht stürzen ließ … Und dann dieses Bewußtsein von der Banalität, der Sinnlosigkeit des Lebens. Dieses Gefühl übertrug sich merkwürdigerweise auch auf unsere körperliche Beziehung, indem sich alles in Nichts auflöste. Mir ging es jedenfalls so, daß ich dabei unfähig war, zwischen ihr und mir irgendeinen Unterschied feststellen zu können. Ich löste mich einfach auf, aber ohne dieses leidenschaftliche Pathos der Liebe. Ich habe die nicht geliebt, so, wie man durch Augen liebt. Es war eher so eine Art Wiedererkennen. Manchmal passiert das, da kommst du irgendwo rein und sagst, das ist einer aus deinem Dorf, und zwar einer von dem inneren Kreis.

Ich glaube, im traditionellen Sinne liebe ich niemanden. Und das ist ein unheimlich schönes Gefühl, wenn du niemanden liebst, dadurch stehen alle Türen offen. Die besitzergreifende, paranoide Liebe, die arrangiert dich nur an einen Platz, wo du gar nicht hingehörst. Seitdem ich das erkannt habe, geht es wunderbar. Ich habe seitdem nur noch schöne Erlebnisse, keinen Ekel, auch keinen Leistungsdruck. Ich schäme mich nicht, wenn es nicht geht, und ich freue mich auch nicht wie ein Idiot, wenn es besonders gut ist. Dann ist es eben gerade im Moment so gewesen, okay. Dieser extreme Pathos der Freude und der extreme Pathos des Schmerzes, die sind dann natürlich nivelliert, auf eine beruhigende Ebene gebracht, die mir entspricht.

So wie unser Verhältnis, das erst sehr stark sexuell bestimmt war, inzwischen ruhiger geworden ist, freundschaftlicher. Aus der Vergangenheit habe ich dir gegenüber ein recht gutes Gefühl in die Gegenwart hinübergerettet, sonst säße ich nicht hier. Und dieses Gefühl setzt sich fort. Es ist nicht so, daß wir sagen können, so, jetzt ist es aus, es ist vorbei, sondern … das fließt, das geht weiter, man trifft sich, man trifft sich nicht, und das empfinde ich als sehr angenehm, daß man nicht zwanghaft irgendeine Affäre daraus macht oder beendet. Vorausgesetzt, man ist ehrlich zueinander.

Bei uns war ja sehr viel Schmäh und Angst dabei – all dies Zeug, das einen daran hindert, ehrlich zu sein. Wir kannten uns ja selber nicht so genau und wußten nicht, wie der andere ist. Das hemmt natürlich, wenn sich da so ein Draht aufbaut, ob der nun erotisch geladen ist oder intellektuell, egal, man beschnuppert sich erst. Und wenn man die Technik des Beschnupperns halt oft nur mit Lügen geübt hat, dann dauert es unheimlich lange, bis man zu dieser Ehrlichkeit vorgedrungen ist.

Und da ist so was vorhanden, was mir bis heute ein sympathisches Gefühl hinterlassen hat, und das ist einfach nicht zerstörbar. Dieser Kern bleibt immer der gleiche, ob wir nun zusammen schlafen oder nicht, ob wir zusammen sind oder nicht. Das geht sogar noch weiter. Ich habe so ein Gefühl auch meinem Hund gegenüber, ich entdecke dieses Gefühl langsam auch den Pflanzen gegenüber, ich kann in der gleichen Form eine Tomate lieben. Und so komme ich allmählich darauf, einen Bezug zu meiner Umwelt zu kriegen, die ja auch aus dem Gras besteht oder aus dem Zitronenbaum, den ich gepflanzt habe, den Zypressen, mit denen ich mich jeden Tag vergleiche, weil ich sie wachsen sehe. Und diese Vergleiche, die entdecke ich dann auch wieder in dem physischen Zusammensein mit anderen. Dann sehe ich, wo er sich hin entwickelt hat und was er gerade macht, und das macht eine Begegnung auf der Basis des Kerns interessant … Ich weiß nicht, ob ich mich vernünftig ausgedrückt habe.

Ich bin froh, daß ich das endlich erkannt habe: Daß dieses Gefühl der ‹Liebe›, das du entwickelst, nur eine Auto-Suggestion ist, die du brauchst, um dich am Leben zu erhalten. Daß du dir eine Madonna zurechtbaust, in die du Gefühle hineinprojizierst, die absolut unrealistisch sind.

Beispielsweise mein Gefühl Ilka gegenüber, die ich so geliebt habe. Da bin ich immer ins Wasser gestiegen, um ihre Gegenwart zu spüren. Ich dachte, das ist nur mit Wasser möglich. Das geht nun wieder zurück in die Antike: Es gibt Philosophen, die das Wesen an sich im Wasser entdecken, andere im Feuer, andere in der Erde, andere im Willen an sich oder in der Dialektik, und alle hatten sie recht. Ich bin zu der Zeit halt ins Wasser gestiegen, um das, was ich liebe, zu spüren, weil ich hoffte, daß Ilka da in Elba auch gerade ins Wasser stieg. Das wäre natürlich optimal gewesen, daß wir durch das Plankton des Mittelmeeres verbunden gewesen wären, leuchtend, platonisch ... Das hatte so eine unschuldige Intensität, die ich mir gern bewahrt hätte.

Und dann habe ich mir gesagt, ich komme da hin, wo sie hingeht, und da ist Ilka nach Paris gegangen und ich bin ihr gefolgt. Aber es wäre besser ein Produkt meiner Phantasie geblieben, dann hätte ich wahrscheinlich heute noch was davon. So ist diese Liebe zerstört worden. Ich hatte mir etwas Bestimmtes unter ihr vorgestellt, und sie erfüllte das nicht und da kommen so Kampfstimmungen zustande. Wir haben uns nur wie mittelalterliche Armeen gegenübergestanden, die sich nicht entschließen können, abzuziehen und auch nicht, aufeinander einzuschlagen, sondern nur dastehen und die Spannung genießen. So eine destruktive Spannung, die bringt nur Schmerzen.

Zwischen uns gibt es ja auch immer noch Spannungen, aber das ist okay. Na klar, stell dir vor, wie langweilig das wäre, wenn wir diese Konflikte nicht hätten. Deswegen produzieren wir doch unentwegt diese Konflikte, um nicht an Langeweile zu ersticken! Unsere Konflikte brachen wohl zum erstenmal offen aus, als ich damals im Winter nach Hamburg kam, um eine Zeitlang bei dir zu wohnen. Da brachte ich meine Schwierigkeiten plötzlich hier mit her, die Ansprüche an mich selber, die Zweifel.

Ich kann ja im Grunde mit keiner Frau zusammen leben, außer mit meiner eigenen. Weil ich das Gefühl habe, daß sie meinen ganzen Scheiß versteht, noch bevor ich den mache. Meine ganzen etwas schizophrenen Dinger, die handhabt sie wie ein Torero. Ich bin manchmal wie ein Stier, blindwütig im Guten und im Schlechten, ich laß mich von mir selber packen, und da ist sie mir überlegen. Sie ist einfach wie ein Torero, aber ohne mich zu pieksen. Wenn sie das täte, dann ginge es eh nicht mehr. Und sie weiß wahrscheinlich, daß ich in dem Augenblick, wo sie sich gegen mich wenden würde, sofort verschwunden wäre, ohne Rücksicht auf Besitz oder irgendwas. Besitz ist mir überhaupt nicht wichtig, ich hänge nur an dem Notwendigen. Geliebt habe ich Yvonne nicht. Ich hätte niemals eine Frau heiraten können, die ich so psychopathisch geliebt hätte. Das hätte mich in eine Abhängigkeit gebracht, der ich nicht gewachsen gewesen wäre. Da hatte ich Gott sei Dank einen sehr wachen Instinkt. Aber bei Yvonne habe ich eben das Gefühl des Verstehens. Sie hat so eine Art von Schutzwall um mich gezogen, teils mütterlich, teils krankenschwesterhaft, teils geschwisterlich.

Bei dir hatte ich diesen Schutzwall nicht, das machte mich verletzlich und aggressiv zugleich. Zum Beispiel hatte ich in deiner alten Wohnung immer das Gefühl, daß eigentlich alles schon besetzt war von Gegenständen und daß ich höchstens eine Chance hätte, dort zu sein, wenn ich selber zum Gegenstand würde. Aber da ich ein schwieriger Gegenstand bin, war ich nicht leicht zu integrieren. Mit den Katzen geht das, die sprechen nicht, mit dem Fernseher geht das, den kann man abschalten, die Lampen kann man ausmachen, die Flaschen kann man aussaufen und die Bücher kann man sogar lesen, wenn man will, das geht alles wunderbar. Aber da kommt ein Mensch rein, mit tausend Fehlern behaftet, der fühlt sich nirgends wohl. Der rennt immer von einer Ecke in die andere und sagt sich, was ist hier los, liegt es an mir, liegt es an dir, liegt es an der Gesellschaft ... Ich fand keine Lösung. Außer in der Aggressivität, die sich immer weiter aufstaute.

Ich habe dir das nie erzählt, daß ich hier am Fenster saß und nach draußen starrte und diese kahlen Bäume sah und die einsamen Möwen, die vorbeizogen, und unten diese graue Alster, alles grau, und ich fühlte mich richtig eingesperrt, und das staute sich immer weiter auf zu einer Aggression. Die ging aber nie auf dich, sondern zuerst auf mich und dann auf das, was das Innen von dem Außen trennt ... Überhaupt bedrücken mich Wohnungen, ich werde schier wahnsinnig, ich muß unbedingt raus, ich habe sonst das Gefühl, daß ich Amok laufe.

Und dann war es wohl so, daß wir nicht das in uns gefunden haben, was wir uns vorgestellt hatten. Ich hatte beispielsweise die Vorstellung, daß ich hier im Winter jemand finden kann, mit dem ich mich unterhalten kann, Konflikte austauschen, Spaß haben, und daß sich vielleicht auch das Körperliche da entladen kann, so alles zusammen. Und daß ich da in einem Raum sitze, und das Schwierige und das Negative mit mir selber ausmache. Aber es war auf so engem Raum offensichtlich nicht möglich, diese Idealvorstellung zu verwirklichen, die mir da vorschwebte.

Ich hatte überhaupt immer so einen Hang zum Idealisieren, von kleinauf. Als ich neun Jahre alt war, hatten wir in der Klasse ein Mädchen, das hieß Roswitha. Die hatte so schöne blonde Zöpfe, und die hab ich unheimlich geliebt, diese Dame. Die war auch neun Jahre alt, und die einzige Möglichkeit, nach der Schule ihr Haus zu sehen, war, aus dem Klofenster rauszugucken über eine lange Wiese hinüber zur anderen Seite des Dorfes, das beherrscht war von einer Maschinenfabrik. Ich wohnte in dem Teil, wo die Arbeiter wohnen, und sie wohnte in dem Teil, wo die besseren Leute wohnen, die Ingenieure, die Direktoren. Die andere Seite erschien mir unglaublich weit entfernt, und so bin ich mehrmals am Tag aufs Klo gegangen, ohne scheißen zu müssen, und habe sehnsuchtsvoll auf die unerreichbare andere Seite geblickt und habe ganz intensiv gebetet, daß der liebe Gott mir doch Roswitha zur Frau geben solle, und zwar, wenn's geht, möglichst bitte schnell. Diese Hoffnung trug ich jahrelang mit mir herum, aber ich kam mir viel zu niedrig vor, um sie als Frau gewinnen zu können. Ich bin ein paarmal mit ihr spazierengegangen, aber da ist außer Blumenpflücken nie was zustande gekommen.

Als ich dann in Berlin war, auf der Kunstakademie, da machte ich irgendwann eine Ausstellung in einer Galerie, und jemand kaufte ein Bild, der den gleichen Namen hatte wie Roswitha. Das war eine Schwester von ihr, und die gab mir ihre Adresse. Und da dachte ich, fuck, mal sehen, was aus deinem Idealbild geworden ist, aus deiner Sehnsucht, deiner Hoffnung, deinen Gebeten ... Und da habe ich die aufgesucht und war wahnsinnig enttäuscht. Da kam so eine Ente, das war richtig schlimm. Ich glaube, wenn man nicht kontinuierlich so 'ne Beziehung ins Alter hinüberrettet, dann sollte man die Vergangenheit ruhenlassen. Das zerstört nur. Auf der anderen Seite macht es aber auch sichtbar, indem es zerstört – ein Hinweis darauf, daß es eigentlich gar nicht so toll war, was du da vorhattest. Und das ist auch mit anderen Sachen so, mit deinen Hoffnungen, deinen Plänen. Nach einer Weile, wenn sich der Schimmel drübergelegt hat, dann stellen sie sich als Fehlgeburten heraus.

Ich glaube, ich habe Frauen immer als Idealbild gesehen. Als Wesen, die vollkommen sein müssen, fehlerlos und rein wie die Jungfrau Maria, und dennoch meine Lüste befriedigen. Also eine Jungfrau, die sozusagen die Klappe offen hat. Ich habe eigentlich den Gott im Menschen gesucht, zur Göttin idealisiert. Das ist natürlich totaler Quatsch, aber du brauchst eine Weile, um das zu entdecken.

Nach mehreren Enttäuschungen glaubte ich mit siebzehn schließlich, so eine Göttin gefunden zu haben. Aber die entpuppte sich als Teufel, jedenfalls in meiner Vorstellung. Sie trieb ein Spiel, das auf meine egozentrische Manie, das Hehre und Reine, nicht zutraf. Da hab ich mich praktisch selber aus einer normalen Beziehung zu einer Frau herausgeschleudert, indem ich dieses Mädchen geohrfeigt habe. Peng! Und dann habe ich mich rumgedreht und Frauen nur noch benutzt. Ich konnte nie eine für voll nehmen. Das war halt die altertümliche Vorstellung von Frauen: Wesen, die aus Enttäuschung benutzt werden.

Die Liebe wurde für mich zu so 'ner Bedürfnisanstalt, alle Pisse in eine Rinne, und dann läuft das durch irgendwelche Röhren in die öffentliche Klärgrube, wo sie dann mit Schwefel zersetzt wird und gen Himmel stinkt. Da geht man also in diese Bedürfnisanstalt, befriedigt seinen Sex, und wenn das nicht mehr klappt, ist es aus.

Aber das finde ich das Interessante an unserer Beziehung: daß es mir mit dir möglich war, mich aus dem Muff der Bedürfnisanstalt herauszubewegen. Das ist dein großes Verdienst, daß du mich sehr früh auf meine Frauenverachtung aufmerksam gemacht hast. Denn das ist wichtig, daß einem das durch so eine Kritik immer wieder bewußt wird. Auch daß dir so haftengeblieben ist, daß ich dich mal als ‹meinen einzigen Frauen-Freund› bezeichnet habe, hat meiner Beziehung zu Frauen einen Spiegel vorgehalten. Daraus hat sich dann alles weitere entwickelt. Durch den Verlust der Angst ist auch meine Scheu vor der Frau verschwunden und damit ihre Idealisierung. Die Frau ist für mich kein Ideal mehr, das sich irgendwo in der Luft befindet und sich aus unerdenklich vielen Persönlichkeiten zusammensetzt.

Inzwischen halte ich von dieser psychopathischen Liebe, die so pathetisch nach einem Bild sucht, das einfach nicht existiert, gar nichts mehr. Seitdem bekomme ich allmählich ein normales Verhältnis zu Frauen. Und da spielt auch das Äußere nicht mehr so eine Rolle, es ist mir schnuppe, ob sie Hängetitten hat und einen dicken oder dünnen Arsch. Wenn sie nur irgendeins von meinen kleinen Dingern anspricht, reicht mir das völlig. Daß sie alle auf einmal anspricht, das gibt es einfach nicht. Dieses eine gibt es nur in uns allen zusammen; diese merkwürdige Suche nach Harmonie entpuppt sich als eine Illusion.

Früher, da war mir das Äußere wichtig, da war eine Frau, und sei sie noch so intelligent, in dem Augenblick, wo sie häßlich war, sogar als zu beurteilendes Objekt völlig uninteressant. Beispielsweise mußte eine Frau immer einen schönen Hintern haben, da stand ich drauf, weil meine Mutter einen schönen, dicken Hintern hatte. Ich hatte ja einen ganz ausgeprägten Ödipus-Komplex. Mit fünfzehn wollte ich sogar mit meiner Mutter schlafen. Ich hätte das auch sofort gemacht, selbstverständlich, aber sie hat abweisend reagiert. Das hatte gar nicht so viel mit meiner Mutter zu tun, da hätte jede andere auch kommen können. Mich hat eben eine unglaubliche Geilheit getrieben, und die hat dann jahrelang angehalten.

So mit achtzehn habe ich zum erstenmal mit einem Mädchen geschlafen, die hieß Lisa und war fünf Jahre älter als ich. Wir sind nach Amsterdam gefahren, weil sie da unbedingt hinwollte, haben uns ein Hotel genommen und haben dann auch gleich zusammen geschlafen. Ich fühlte mich von einem unglaublichen Druck befreit, wie ein aufgepumpter Reifen, der Luft ablassen mußte, eigentlich weiter nichts. Ich war nur endlich froh, daß ich den Druck los war. Aber dann kam der immer wieder, der Druck. Ich dachte, das sei ein einmaliges Erlebnis ... Merkwürdigerweise bin ich mindestens ein halbes Dutzendmal mit anderen Frauen in das Hotel zurückgekehrt. In Amsterdam habe ich nur eines im Kopf: dieses Zimmer. Und es war jedesmal gut.

Aber ich fühle mich erst regelrecht befreit, seitdem ich nicht mehr so von diesem Trieb beherrscht werde. Der eine wird nach Geld getrieben, der andere nach Briefmarken, und mir stand halt der Schwanz dauernd. Woher das kam? Selbstbestätigung, der Versuch, aus meiner Schüchternheit herauszukommen, die Lust nach Wärme, nach Umarmung, nach Lust überhaupt ... Das alles ist durch die verklemmten Verhältnisse nie befriedigt worden.

Als Junge hatte ich schwere Schuldgefühle christlicher Art. Das Sexuelle war erst mal schlecht. Ich hatte immer das große Auge im Genick. Wenn ich onaniert habe wie 'n Teufel, dann hat der Obergeist immer mitgeguckt und hat gesagt, verdammt noch mal, Junge, was machst'n da … Aber der Trieb war immer stärker als Gott.

Danach kamen jedesmal die großen Schuldgefühle; ich war völlig gespalten. Mein Pflegevater, bei dem ich zwei Jahre lebte, der war Presbyter, ein unglaublich guter Mensch, der Gott aber nur als Vorstellung des hängenden Kreuzes sehen konnte, nicht im Schwanz oder in der Nase oder den ganzen Gliedern, wie Meister Eckhart das mal gesagt hat: Gott ist in jedem Glied des Menschen. Aber leider ist dann die Bannbulle über ihn verhängt worden.

Wir erstreben doch diese Einheit in der Vereinigung, und sind jedesmal enttäuscht, daß sie nicht über den Orgasmus hinaus anhält. So retten wir uns von Enttäuschung zu Enttäuschung in einer einsamen Hetze. Der Orgasmus ist der Wunsch nach Einheit, aber im Orgasmus läßt sich die Einheit nicht finden, weder dort noch in dem einen Glied. Das ist das Komische. Wir denken, daß der Schwanz ein Symbol der Einheit darstellt, weil wir plötzlich dieses orgiastische Gefühl darin haben. Aber dann haben wir beispielsweise den guten Meister Eckhart mißverstanden: Gott ist in jedem Glied, in jedem Organ, und das Gehirn ist auch 'n Organ. Mir kam die plötzliche Einsicht durch die endlose Rumvögelei, daß ich diese Einheit im Zusammensein mit der Frau – und also auch im Orgasmus – nicht finde. Er hat mich zwar im Moment befriedigt, aber danach stand immer wieder das Fragezeichen vor mir: Ist es das? War es das?

Ich lebe wahnsinnig gerne jetzt, seitdem ich nicht mehr nach meinem Schwanz orientiert bin. Erst seit ich in einer Frau nicht mehr nur eine Bedürfnisanstalt sehe, kann ich sie auch als Menschen wahrnehmen. Wahrscheinlich hat das auch was mit dem Nachlassen der Sexualität zu tun; ich nehme das jetzt wie jede andere Sache auch. Ich tue es nur noch, wenn ich wirklich Lust dazu habe. Ich kann neben der schönsten Frau liegen – wenn ich das Bedürfnis nicht habe, sag ich, tut mir leid, heute nicht. Ich strenge mich keine Sekunde an, wozu auch.

Ich habe die Sexualität zu lange benutzt, um mir selber etwas zu beweisen, eben als Folge des Leistungsdrucks. Und dann habe ich nachher immer ein schlechtes Gefühl gehabt, selbst der Frau gegenüber, weil ich sie als Objekt benutzt habe, und das hat bei mir einen Ekel hervorgerufen, weil ich nicht aufrichtig zu mir selber war. Ich war nicht mal aufrichtig zu dem Objekt, sondern habe mich da nur als Verfolgter verausgabt. Wie eine Lokomotive, die sinnlos in eine Richtung fährt.

Dieser Ekel war dann manchmal so stark, daß ich mir sagte, ich fasse nie wieder eine Frau an. Bis sich die Libido nach einer gewissen Zeit wieder mit meinem Körper beschäftigte, bis ich selber wieder aufgeladen wurde von dieser paranoiden Mischung aus animalischer Triebhaftigkeit und Leistungsdruck. Und diese Mischung wirkt letztlich selbstzerstörerisch und treibt dich in einen Schwindel, der vielleicht eines Tages in einer anderen Form von Zwang sublimiert wird. Irgendwann wendest du dich in Ekel von der Frau ab, wirst homosexuell, erfährst dort das gleiche und schließlich wirst du erfolgreich im Beruf und der Schwindel setzt sich dort fort.

Und so waren es nicht tausend Orgasmen, die mich entdecken ließen, was für mich Liebe ist, sondern eigentlich Schmerz. Die Auseinandersetzung mit Schmerz. Was auch immer ich gemacht habe – es endete schmerzlich, selbstzerstörerisch. Wie oft wollte ich mich umbringen ... Aber nicht im pathetischen Sinne, sondern als Ergebnis einer ganz kalten Überlegung. Auf Grund der Überlegung, daß es mir unmöglich war, diesen Kern oder diese Liebe oder das, was uns vielleicht stabilisiert, zu finden, wäre die konsequenteste Lösung die Beseitigung meiner selbst gewesen. Und so habe ich mir gesagt, okay, dann mache ich das ein bißchen spannend und in einer Form, die mir entsprechen würde.

Ich wollte ein großes Schiff mit Dynamit füllen und einen Zeitzünder auf eine unbekannte Zeit stellen und ein phantastisches Essen machen und mich mit einem Freund da hinsetzen oder mit einer Freundin, das ist egal, irgend jemand halt, mit dem ich dies hätte machen können – Schach spielen, essen, trinken und dann diesen Urknall tatsächlich in dem Augenblick erleben, wo du stirbst. Das hat mich fasziniert. Das habe ich ernsthaft erwogen. Danach habe ich noch was Kokettes daraus machen wollen: jemand sollte einen Film darüber drehen, der absolut realistisch seinem Höhepunkt entgegensegelt.

Und der Urknall, der hätte dann tatsächlich stattgefunden, davon bin ich insgeheim immer noch überzeugt: Von dem Zusammenhang des Seins im Moment von Geburt und Tod. Aber diese Geschichte mit dem Kern, die gefällt mir inzwischen besser. Die erlaubt mir nämlich, Tod und Leben nicht mehr so wichtig zu nehmen. Es ist gleichgültig, ob du tot bist oder lebendig. Damit läßt es sich ungeheuer gut leben. Das einzige, was als Angst noch übrigbleibt ist die Angst vor Krankheit und Schmerz. Denn was sollst du fürchten, wenn ich zwischen dir und mir nicht unterscheiden kann und auch nicht zwischen mir und einer Tomate ... Jeder ist sein eigenes Sonnensystem. Wichtig ist nur der Kern.

Und du gehörst halt zu meinem Kern. Ich weiß, daß du etwas hast, was mir sehr sympathisch ist. Aber das ist nicht diese Geschichte nach außen, die du dir selber immer vortäuschst, weil du so eine Angst vor deinem wirklich weichen Kern hast. Du bist ungeheuer weich, und da machst du nach außen hin dann diese harte Haut dazu. Du gibst dich anders, als du bist, aber das muß wohl sein, weil du hier sonst nicht bestehen kannst! Und das riecht dann manchmal so ein bißchen nach Plastik, ähnlich wie der Lorbeerbaum bei dir im Bad. Der ist ganz hübsch, aber wenn du mal dranfaßt, ist das Plastik.

Das ist dieses Illusionäre, das man sich in dieser Gesellschaft wohl aufbauen muß, um überhaupt existieren zu können: diese Plastikschale um sich herum. Verpackung, Hauptsache: Verpackung, Inhalt scheißegal, das ist doch immer dasselbe. Aber die Verpackungen ändern sich, und da mußt du immer auf dem laufenden bleiben. Dieser ganze Reklame-Idiotismus, die verkaufen doch nichts Neues, immer den gleichen Scheiß. Und so sind die Menschen auch, ich seh sie halt so, und bei dir habe ich eben das Gefühl, daß da was anderes ist. Sonst könnte ich gar nicht mit dir befreundet sein.

Dein eigentliches Ich unter dieser Plastikschale – das spürt man manchmal so in Andeutungen. Beispielsweise heute morgen, als du lachend zu Sebastian sagtest, du würdest zu ihm nach Toulouse in die Landkommune kommen und den Gemüsegarten machen und kochen. Du bist wie ein sympathischer Baum, der hier im Gewächshaus steht und bei dem die Gefahr besteht, daß die Blätter langsam einer Metamorphose unterliegen, sich in Plastik verwandeln.

Darin liegt eine Gefahr. Eine andere Gefahr liegt in deinem etwas zu ausgeprägten Hang zu deiner Vorstellung von Vollkommenheit.

So, wie du das vorhin bei deinen Fotos schildertest. Du hast ganz präzise Vorstellungen von dem, was du fotografierst. Du siehst eine Szene und objektivierst sie und sagst, das ist die optimale Lösung, die in diesen Rahmen paßt. Und dann mußt du das auch erreichen. Und da sehe ich auch deine Probleme mit Beziehungen, weil sich das schwer realisieren läßt, was du dir unter dieser Perfektion vorstellst. Wenn etwas nicht so in den Rahmen paßt, wie du dir das gedacht hast, glaubst du zu versagen. Dann entsteht so was wie Hemmung, oder du ziehst dich zurück in deine Schale und dann kommt dieses Plastik wieder zum Vorschein, dieses ganze Theater, was das Äußerliche betrifft und was den Klebstoff unserer ganzen Gesellschaft ausmacht, dieses Spiel, das an sich lächerlich ist.

Auf dieses Spiel hast du deine Anerkennung aufgebaut. Das ist eigentlich ein sehr männliches Verhalten, das machen die Männer in ihren Hahnengeschichten, die bauen sich da die Federn des Erfolgs auf und streben und streben, weil sie auf diesem Umweg imponieren wollen. Und davon hast du auch was. Obwohl, ich sehe diese bunten Federn und den Erfolg nicht, das sind für mich lächerliche Lappalien. Da kann ich nichts mit anfangen.

Auf der anderen Seite bewundere ich diese Haltung, weil das eine gewisse Bedeutung für deinen Kampf hat. Viele gehen hier an ihren Seelenkrisen ein, und du kämpfst einfach munter weiter. Ich finde es also einerseits gut, daß du dich so durchsetzt in dieser Männerwelt, und auch mit Erfolg, wie man sieht, aber ich habe das Gefühl, daß dadurch andere Dinge vernachlässigt werden. Und das ist eigentlich auch der Grund dafür, daß da so vieles gescheitert ist bei dir: Nach außen hin Erfolg, nach innen gescheitert. Denn ganz tief innen weißt du wahrscheinlich auch, daß irgendwo was nicht stimmt. Aber in dieser Gesellschaftsform schlägst du dich tapfer. Obwohl es letztlich wohl nicht das ist, was du suchst. Ich glaube, doch eher das, was in diesem Kern ist ... Aber das mußt du selber herausfinden.

Die Bedeutung unserer Beziehung, die ergibt sich einfach daraus, daß ich festgestellt habe, daß das Wesentliche unserer Beziehung nicht verlorengehen kann. Da hast du eine gewisse Urheberschaft; bei dir habe ich das vielleicht zum erstenmal ausgedrückt. Ich bin sicher, daß dieses Gefühl unsterblich ist. Wir brauchen uns nicht zu schreiben und nicht anzurufen oder auf telepathische Kontakte zu warten – das kommt und geht, das ist so ein organisches Wabern, was ich als Liebe meines Dorfes begreife. Da geht mal einer weg, zu dem fühle ich dann oft jahrelang nichts, und dann kommt er plötzlich wieder und man trifft sich im genau richtigen Augenblick und dann geht er eben wieder weg. Das ist kein Verlust und kein Gewinn, das ist einfach. Und das ist für mich Liebe – nicht die paranoide und psychopathische Liebe, die dich selbst in deiner Vorstellung anbetet.

Und du bist jetzt jemand aus meinem Dorf, und der gehört einfach dazu. Und wenn du mich eines Tages umbringst oder mich verletzt, dann gehörst du trotzdem immer noch zu meinem Dorf. Zu meinem Kern. Wichtig ist nur, daß diese Beziehung nicht beendet wird. Denn das wäre so, als würde ich mich selbst amputieren.

Inhalt